Wir gehen zum Gottlieb

Die Gottlieb-Lebensmittelmärkte 1871 bis 1992
121 Jahre Einkaufsgeschichte im Südwesten

Schriftenreihe der Badischen Heimat

Band 18

Dirk Schindelbeck

Wir gehen zum Gottlieb

Die Gottlieb-Lebensmittelmärkte 1871 bis 1992

121 Jahre Einkaufsgeschichte im Südwesten

rombach verlag

Auf dem Umschlag:
Frontseite: Gottlieb-Lebensmittelmarkt in Freiburg / Fehrenbachallee 1965
Rückseite: Gottlieb Hauptgeschäft in Freiburg / Schwabentorplatz 1 (ca. 1910)
Gottlieb-Lebensmittelmarkt in Freiburg / Schwabentorplatz 2 (1962)

Bibliografische Information der Deutschen Nationalbibliothek
Die Deutsche Nationalbibliothek verzeichnet diese Publikation in der Deutschen Nationalbibliografie; detaillierte bibliografische Daten sind im Internet über <http://dnb.d-nb.de> abrufbar.

Umschlag: Fritz Klieber, Freiburg i.Br.
Satz: Martin Janz, Freiburg i.Br.
Herstellung: Rombach Druck- und Verlagshaus GmbH & Co. KG, Freiburg i.Br.
ISBN 978-3-7930-9978-9

Inhalt

Grußwort des Landesvereins Badische Heimat

Als Vorstand des Landesvereins Badische Heimat freue ich mich sehr über das Zustandekommen dieses Buches, das die Geschichte der Firma Gottlieb über 150 Jahre in beeindruckender Weise darstellt und durch viele Fotografien in einer vorzüglichen Anschaulichkeit aufzeigt.

Gerne hat der Landesverein Badische Heimat dieses Buch in seine Reihe aufgenommen. Es dokumentiert, in welchem Maße das Unternehmen Gottlieb weite Teile der badischen Landschaft geprägt hat. Viele Familien in unserer Region sind mit »Gottlieb« aufgewachsen.

Darüber hinaus hat dieses Buch auch auf nationaler Ebene eine große Beachtung verdient, da nur wenige Firmen des Einzelhandels eine so pionierhafte Rolle eingenommen haben.

Zudem freue ich mich, dass mit dieser Veröffentlichung auch Frau Dr. Ellen Gottlieb-Schramm als Stifterin für das Freiburger Münster geehrt wird. Ich habe sie als damaliger Vorsitzender des Münsterbauvereins kennenlernen dürfen, als sie im Jahr 2000 mit einer großherzigen Spende die Restaurierung der Renaissance-Vorhalle ermöglicht hat. Darüber hinaus bin ich als Mitglied des Kuratoriums der Dr. Ellen Gottlieb-Stiftung dem Erbe von Frau Dr. Gottlieb-Schramm eng verbunden.

So gratuliere ich der Dr. Ellen Gottlieb-Stiftung, allen voran der Initiatorin Dr. Anita Stilz, aber auch dem Verfasser Dr. Dirk Schindelbeck, der mit großer Sachkenntnis und hohem Engagement seine Forschungen betrieben hat.

Ich wünsche diesem interessanten Buch eine gute Verbreitung.

Dr. Sven von Ungern-Sternberg

Dr. Ellen Gottlieb-Schramm im Jahr 2003 mit dem damaligen Münsterbauvereins-Vorsitzenden Dr. Sven von Ungern-Sternberg bei der Grundsteinlegung für die Renaissance-Vorhalle des Freiburger Münsters.

Vorwort der Dr. Ellen Gottlieb-Stiftung

Die Gottlieb-Märkte haben den Lebensmittelhandel in Freiburg und ganz Südbaden bis in die 1980er-Jahre hinein geprägt. Wenn man damals sagte, »Ich geh' zum Gottlieb« wusste jeder, dass man einkaufen gehen wollte. Warum aber erinnern wir uns – 40 Jahre nachdem die Gottlieb-Märkte aus dem Stadtbild verschwunden sind – noch an diese Zeiten?

Drei Gründe haben uns veranlasst, dieses Buch herauszugeben:

1. Dr. Ellen Gottlieb-Schramm als Stifterin

Es gibt zwar seit 2014 eine Ellen-Gottlieb-Straße im neuen Güterbahnareal. Die wenigsten Freiburger wissen aber noch, wer diese Frau war und wie eng sie mit Freiburg verbunden gewesen ist. Dr. Ellen Gottlieb-Schramm hat die Firma Gottlieb von den frühen 1950er-Jahren bis 1987 geprägt. Nach dem Verkauf der Firma hat sie sich als Stifterin für das Freiburger Münster einen Namen gemacht und schließlich ihren gesamten Nachlass der nach ihr benannten Stiftung zur Verfügung gestellt. Die Dr. Ellen Gottlieb-Stiftung hat als einzigen Zweck die Förderung und Erhaltung des Freiburger Münsters. Als Vertreter der Stiftung möchten wir mit dieser Veröffentlichung der Stiftungsgründerin ein Denkmal setzen und ihren Einsatz für das Freiburger Münster und die Stadt Freiburg würdigen.

2. Die Firma Gottlieb als Teil der Stadt- und Heimatgeschichte

Seit dem Kaiserreich – genauer seit 1898 – war die Firma Gottlieb in der Stadt Freiburg vertreten. Beginnend mit der ersten Filiale in der Kaiserstraße 158 hat sie sich in acht Jahrzehnten über die Stadt und Südbaden ausgebreitet und Generationen mit Lebensmitteln versorgt. Ihre Filialen waren zuletzt in jedem Stadtteil und in fast jedem Dorf zu finden. Wegen dieses engen Bezugs zu unserer Region unterstützt der Landesverein Badische Heimat e. V. dieses Buchprojekt und hat es in seine Schriftenreihe aufgenommen, wofür wir an dieser Stelle herzlich danken.

3. Die Bedeutung der Firma Gottlieb für die Wirtschaftsgeschichte

Die Wurzeln von Gottlieb lagen nicht in Freiburg, sondern in Saarbrücken, wo die Firma im Jahr 1871 gegründet wurde. In diesem Jahr entstand nach dem Deutsch-Französischen Krieg auch das Deutsche Reich, mit dessen Entwicklung der Aufstieg der Firma eng verbunden war: Vom Saarland ausgehend dehnte sich die Firma in den 1880er- und 1890er-Jahren besonders über das »Reichsland Elsass-Lothringen« aus und war im Kaiserreich zeitweise der größte Lebensmittelfilialhandel in Deutschland. Die Entwicklung der Firma Gottlieb über Kaiserreich, Ersten Weltkrieg, Weimarer Republik, die Zeit des Nationalsozialismus mit dem Zweiten Weltkrieg und die Bundesrepublik in ihren Bezügen zur allgemeinen Wirtschaftsgeschichte nachzuerzählen, war ein weiteres wichtiges Motiv der vorliegenden Veröffentlichung.

Wir wünschen den Lesern und Leserinnen viel Freude bei der Lektüre und würden uns über Kommentare und ihre persönlichen Erinnerungen an »Gottlieb« sehr freuen.

Dr. Anita Stilz,
Vorstand der Dr. Ellen Gottlieb-Stiftung

Einleitung – Die Reise nach Metz im August 1940

Im Sommer 1940 bekommt die 15-jährige Ellen Gottlieb von ihrem Vater ein Tagebuch geschenkt. Die jüngere Tochter des Kaufmanns Arthur Gottlieb ist ein Kind aus großbürgerlichem Haus. Schließlich ist ihr Vater geschäftsführender Inhaber einer in Freiburg und Südbaden bekannten Lebensmittelkette mit mehr als 50 Filialen. Der Familie geht es, im Gegensatz zur Masse der Bevölkerung, die sich an kriegsbedingte Einschränkungen im Lebensalltag inzwischen gewöhnt hat, außerordentlich gut. Gottlieb ist in Freiburg nicht nur ein Begriff, sondern aufgrund seiner Bedeutung für die lokale Lebensmittelversorgung während des Krieges ein politischer Faktor. Noch immer kann es sich Arthur Gottlieb erlauben, mit seiner Horch-Limousine Privatreisen zu unternehmen – im Gegensatz zu manch anderem, dessen Fahrzeug von der Wehrmacht zwangsrequiriert worden ist.

Mit dem Gedanken ein Tagebuch zu führen kann sich Ellen anfangs nicht recht anfreunden; das ändert sich, als Anfang August 1940 der Plan zu einer Reise gefasst wird. Ziel soll Metz im von der Deutschen Wehrmacht seit dem 14. Juni besetzten Frankreich sein. Hier war ihr Vater 1889 geboren worden, hier hatte die Familie Gottlieb bis 1918 gelebt und von hier aus im gesamten Elsass-Lothringen ein Imperium von Lebensmittelläden aufgebaut. Da alle linksrheinischen Filialen nach dessen Rückkehr zu Frankreich 1918 verloren gegangen waren, wird die Reise jetzt zu einer Erkundung der frühen Familien-Geschichte. Davon zeugt gleich Ellens erster Tagebucheintrag: Er wird zum längsten, den sie jemals verfasst. Tief beeindruckt von allem, was sie in der Woche zwischen dem 8. und 14. August 1940 erlebt, gibt sie auf 23 Seiten einen detaillierten Reisebericht. Tagebuch zu schreiben wird ihr von nun an zur ständigen Gewohnheit. Insgesamt 14 Tagebücher wird Ellen hinterlassen – bis zum Jahre 2006.

Zunächst suchen Ellen und ihr Vater in Kaiserslautern Onkel Gustav auf. Auch er war als Mitglied der Gottlieb-Dynastie von den geopolitischen Auswirkungen des Ersten Weltkriegs und des Versailler Vertrags betroffen. In beiden Männern scheint eine fixe Idee Platz zu greifen: Lässt sich das Rad der Geschichte womöglich zurückdrehen? Warum sonst hätte es Zivilisten wie sie zwei Monate nach der militärischen Besetzung Frankreichs so umtreiben

Arthur (in Uniform) und Ellen Gottlieb mit ihrem Cousin Karl-Heinz in Metz (August 1940).

können, das Land wie Touristen bereisen zu wollen? Der Plan nimmt Gestalt an. Die 15-Jährige schreibt:

> Papa und Onkel hatten sich entschlossen, nach Metz zu fahren und ihr Geschäft, das ihnen die Franzosen nach dem Weltkrieg abgenommen hatten, zu besichtigen und die nötigen Schritte einzuleiten. Das war aber nicht so einfach, da wir keine Pässe für das besetzte Gebiet hatten. Onkel Gustav meinte, wir kämen trotzdem durch, Papa prophezeite das Gegenteil und behauptete, dass man gerade mich als einziges weibliches Wesen nicht durchlassen würde. Versuchen wollten wir es trotzdem.[1]

Noch ist fraglich, ob das Vorhaben nicht schon am Einspruch der zuständigen Behörde in Saarbrücken kurz vor der Grenze scheitert. Um sich einen zeitgemäß-militärischen Anstrich zu geben, hat Arthur Gottlieb Uniform angelegt:

Papa und Onkel gingen gleich auf das Passamt. Schon nach 20 Minuten kamen sie glückstrahlend wieder heraus. Sie hatten Pässe für beide Familien bekommen. Ich möchte nicht wissen, was sie den Beamten alles vorgeschwindelt haben, aber die Hauptsache ist, dass wir jetzt rüber dürfen ...[2]

Zum ersten Mal in ihrem Leben erlebt die 15-jährige Ellen, was der Krieg mit einem besetzten Land macht:

In einem fort begegneten uns motorisierte Truppen. Die Häuser waren überall stark demoliert. Überall sah man Splittereinwirkung der Granaten. Fensterscheiben gab es natürlich nirgends mehr, vereinzelte Häuser besaßen noch Dächer. Wir stiegen zweimal an gesprengten Brücken aus. Die Häuser, die in der Nähe standen, waren durch den Luftdruck der Sprengung wie Kartenhäuser zusammengefallen. Ein abgestürztes, halb verkohltes Flugzeug lag auf dem Weg. Rückwanderer standen stumm vor den Trümmern ihrer Häuser. Zum ersten Mal begriff ich, was eigentlich Krieg ist: der größte moralische Tiefstand des fordernden und verweigernden Volkes. Im 20. Jahrhundert obsiegt nur die brutale Macht der stärkeren, fortgeschritteneren Technik. Wegen einem Fetzen Land oder wegen der Ehre, die ja nur irgendwo auf dem Papier steht, denn sonst dürfte es ja nicht ein solch entwürdigendes Morden geben, werden Millionen von Menschen ins Unglück gestürzt.[3]

Nicht nur die Unterschiede im Lebensalltag zwischen Frankreich und Deutschland, sondern auch die Reaktionen, die sie als deutsche Touristen bei der Bevölkerung auslösen, registriert die 15-Jährige genau:

Als wir in Metz ankamen, war es gerade Zeit zum Mittagessen. Wir gingen deshalb in das Bahnhofsrestaurant, dessen Besitzer Papa von früher her noch kannte. Das ganze Restaurant war vollgepfropft mit Offizieren. Das Essen war leidlich. Anschließend gingen wir auf die Ortskommandantur, die uns ein Hotel anwies. Die Bevölkerung sah uns ziemlich feindselig an, die Mädchen laufen wie in Frankreich in voller Kriegsbemalung herum. Ich möchte wissen, was an ihnen überhaupt noch echt ist. In der Römerstraße, der etwas schmalen Hauptstraße, kaufte ich mir herrliche Pralinen. So etwas gibt es bei uns gar nicht mehr. Überall begegneten uns so richtig vollgefressene Offiziere und Soldaten, die auf der Straße Schokolade und Pralinen verspeisten. Für sie war das hier ein Schlaraffenland. Da hieß die Parole: ›Jetzt gilt's!‹ Nachdem wir mit Papa und Onkel Kaffee getrunken hatten – diesmal war es kein Malzkaffee, sondern echter Bohnenkaffee – zeigte uns Papa die Stadt. Die Straßen, oder besser Sträßchen, sind alle ulkig klein und eng. In dem Gerberviertel sind die Häuser wie in Danzig ganz schmal und unendlich hoch. Aus

> Holz gebaut stehen sie so wackelig da, dass man glaubt, sie müssten jeden Augenblick zusammenfallen. Lieber würde ich in einer Höhle hausen als in einem solch vorsintflutlichen Haus. Trotzdem sahen sie sehr idyllisch aus und gaben der Stadt so eine gewisse Gemütlichkeit. Am Ludwigsplatz fielen mir besonders die mittelalterlichen, geschwärzten, niederen Kaskaden auf. Hier kauft die ärmere Bevölkerung von Metz. Papa schaute jedes Haus verzückt an und behauptete, es wäre alles so wie vor 25 Jahren geblieben. Sogar die Straßenbahnen sind seit dieser Zeit nicht mehr geölt und gestrichen worden. Papa wusste noch alles ganz genau, in welchem Laden es den besten Schinken und in welchem es den besten Wein gab ... Fast an jeder Straßenkreuzung traf er frühere Bekannte, die über ihn herfielen und die ihn ausfragten. Für Papa war alles noch viel interessanter als für mich, da er ja in dieser Stadt aufgewachsen war.[4]

Zum eigentlichen Zweck der Reise kommt es am nächsten Morgen, als die frühere Firma besichtigt wird:

> Papa und Onkel hatten eine fast zweistündige Besprechung mit dem Betriebsführer und wir schauten uns unterdessen alles genau an. Das etwas verlotterte, doch riesige schön ausgebaute Lager, die Brotfabriken, die Fleischerei, die großen Essig- und Ölmaschinen und schließlich die herrliche Wein- und Sektkellerei ...[5]

Zu einer »Rückführung« des ehemaligen Stammhauses der Firma Gottlieb und ihrer Filialen in Elsass-Lothringen an die ehemaligen Besitzer kommt es nicht, trotz einer kurz darauf erfolgten zweiten Reise nach Metz und Luxemburg (wo es bis 1918 ebenfalls Gottlieb-Filialen gegeben hatte). Sechs Jahre später wird aber eben diese Tatsache zur Entlastung Arthur Gottliebs beitragen. Karl Hercher, Direktor der Dresdner Bank, attestiert ihm im Mai 1946, er habe aus Abneigung gegen die Nazis darauf verzichtet, seine 1918 im Elsass verlorenen Filialen nach der Besetzung 1940 zurück zu fordern.

Diese Reise nach Metz berührt den Kern der Geschichte der Firma Gottlieb zutiefst, die wie kein anderes deutsches Handelsunternehmen im politischen Spannungsfeld zwischen Frankreich und Deutschland angesiedelt war. Das vorliegende Buch möchte das Motiv aufnehmen und weiter ausführen, einerseits ›rückwärts‹ an Metz vorbei zu den Wurzeln des Unternehmens nach Saarbrücken St. Johann 1871, andererseits ›vorwärts‹ bis zur Übernahme der Firma durch Edeka-Offenburg 1992. Schließlich blieb auch noch nach dem Zweiten Weltkrieg das deutsch-französische Verhältnis für Gottlieb schicksalhaft – so etwa 1969 bei der damaligen Wieder-Übernahme von Gottlieb-Saarbrücken durch den seit 1919 in Freiburg ansässigen Zweig der Unternehmer-Familie.

Eine Bildseite aus Ellens Tagebuch vermittelt Eindrücke von den Zerstörungen beim Westfeldzug der Deutschen Wehrmacht. Ellen schreibt dazu: »Ein französisches Fluggeschütz. In der Hand habe ich den Kanonenputzer.«

Dieses besonders wechselvolle Auf und Ab im geopolitischen Spannungsfeld mag sicherlich ein Grund dafür sein, dass die Firma Gottlieb, obwohl bis 1914 die mit Abstand größte Lebensmittelkette im Deutschen Kaiserreich, nie so recht wahrgenommen worden ist als das was sie war – und in etlichen einschlägigen Untersuchungen gar nicht oder nur am Rande auftaucht.

Schon das allein wäre Anlass genug gewesen, der Firma endlich eine ausführliche Unternehmenschronik zu widmen. Da sich in ihr aber auch ein typisches Familienunternehmen besichtigen lässt, sind alle Personen, die den Namen Gottlieb trugen, so essentiell mit der Firma verbunden, dass auch deren persönliches Handeln eine besondere Würdigung verdient. Schließlich war Dr. Ellen Gottlieb als die letzte Inhaberin und Geschäftsführerin der Firma eine bemerkenswerte Frau, die es verdient, nicht nur in die Reihe der deutschlandweit bekannt gewordenen Unternehmerinnen wie Margarete Steiff, Käthe Kruse, Aenne Burda oder Grete Schickedanz aufgenommen zu werden, sondern die sich darüber hinaus als Stifterin für das Freiburger Münster sehr verdient gemacht hat.[6]

ARREN
Consumgeschäft
L. Gottlieb
St. Johann-Saarbrücken, Bahnhofstr.
17103

1

Von Saarbrücken über Metz und Colmar nach Freiburg

Ludwig Gottlieb und seine Söhne – Pioniere im Lebensmittelfilialhandel

In seiner 1878 erschienenen Bildergeschichte vom Lehrling »Fritze« entführt uns Wilhelm Busch (1832–1908) in einen zeitgenössischen Dorfladen: Hinter der Theke sehen wir den in »Konditschon« bei Kaufmann Kunze stehenden »Ladenjüngling«, neben und hinter ihm, was man noch heute »lose Ware« nennt – von grüner Seife bis zum Kümmelschnaps. Diese muss aus Fässern und Karaffen mühsam umgepackt oder abgefüllt werden. Handels- oder gar Markenpackungen gibt es noch nicht, ja nicht einmal eine Kasse. Ob die Kundin, die den Laden betreten hat, den Schnaps, nach dem sie verlangt, auch gleich bezahlen wird oder doch lieber anschreiben lässt, oder ob er gar als Zugabe »aufs Haus« geht, all das erfahren wir nicht, ebenso wenig, ob das Sortiment auch im Schaufenster von außen zu sehen ist. Es scheint sogar zweifelhaft, ob am Laden überhaupt ein Schild hängt, wer ihn betreibt. Auch wenn Buschs Darstellung satirisch überzeichnet ist: So sah der Einzelhandel auf dem Dorf – und wohl nicht nur dort – noch um 1875 aus.

Deutlich ›aufgeräumter‹ präsentiert sich zur selben Zeit ein Laden in einer kleinstädtisch geprägten Umgebung am St. Johanner Markt, einem Ortsteil von Saarbrücken. Zwar sind auch hier im Schaufenster noch keine Markenwaren, sondern fast nur Vorratsbehälter wie Kannen und Krüge zu sehen, doch all das erscheint sauber und übersichtlich in Regalen geordnet und ist von außen gut zu erkennen. Über dem Laden hat der Inhaber ein Schild mit großen Buchstaben angebracht: »L. Gottlieb« [L. für Ludwig; Anmerkung des Autors], der mit seinem guten Namen für die Qualität seiner Waren einsteht. Seine spezifische Ware ist auf einem zweiten Schild darüber näher bezeichnet: »Colonial- und Fleischwaaren«.

Das historische Foto des kleinen, von den Nachbarhäusern geradezu erdrückten Lädchens war auch Vorlage für ein etwa 60 Jahre später entstandenes Gemälde des Saarbrücker Malers Christian Woytt (1873–1949) gewesen. Der

Lehrling Fritze und Jungfer Grete im Dorfladen (aus Wilhelm Buschs Bildergeschichte »Fritze« von 1878).

Maler aber entschied sich dazu, das obere Schild wegzulassen, dafür mehr Publikumsverkehr auf der Straße hinzuzufügen.

Fotografie und Ölgemälde zeigen den Laden in einem Zustand kurz nach der Reichsgründung. Auch zuvor war dies ein Lebensmittel-Geschäft, von einem Herrn Christmann betrieben, gewesen – leider durch kein zeitgenössisches Foto dokumentiert. Als der Inhaber seinen Laden 1868 aufgab, eröffnete sich für den Drechsler Ludwig Gottlieb, der im selben Haus seit vielen Jahrzehnten seine Werkstatt betrieb, die Chance, die Räumlichkeiten zu übernehmen, um darin seine handwerklich hergestellten Produkte zu verkaufen. In der Hauptsache waren dies gedrechselte Tabakspfeifen. Zu diesem Zeitpunkt stand Ludwig Gottlieb, 1808 geboren, bereits in seinem 60. Lebensjahr, und das Ende seiner Berufstätigkeit war nicht mehr fern. Spät erst, im Alter von 40 Jahren, war er Vater geworden: Seine beiden Söhne Ludwig jun. (1848–1917) und Heinrich (1854 –1883) waren inzwischen 20 und 14, seine Tochter Karoline (1850–1940) 18 Jahre alt. Konnte der von Lebensmitteln auf Raucherwaren umgestellte Laden der Familie oder doch wenigstens einigen ihrer Mitglieder ein Auskommen eröffnen? Schließlich wurde es für die älteren Kinder Gottliebs Zeit an die Gründung einer eigenen Familie zu denken.

Offensichtlich entwickelte sich der Pfeifenladen nicht so wie erhofft. Das jedenfalls legt eine in der Saarbrücker Zeitung im Oktober 1871 erschienene Annonce nah, die einen Neustart mit einem deutlich erweiterten Produktspektrum ankündigt. Der Drechsler L. (= Ludwig) Gottlieb, so heißt es da, werde hier fortan einen Pfeifen-, Zigarren- und Spielwarenladen betreiben:

Der erste Gottlieb-Laden am St. Johanner Markt 23 in Saarbrücken 1871.

Ölgemälde von Christian Woytt: Gottlieb-Lebensmittel-Laden Saarbrücken St. Johann (ca. 1930).

> Durch persönlich in der Frankfurter Messe gemachte Einkäufe ist mein Lager in langen und kurzen Pfeifenröhren, echten spanischen Rohrstöcken, Cigarrenhalter und Spitzen von Bernstein, echten Meerschaum-, Oel-, Wachs- und Porzellan-Pfeifenköpfen, so wie auch Kinderspielwaaren aller Art, nebst vielen anderen neuen Artikeln aufs reichlichste assortirt, und erlasse ich dieselben sowohl einzeln als auch im Dutzend zu den billigsten Preisen.[1]

Doch konnte dieser Auftritt in der Presse wirklich das Werk des 63-jährigen Drechslers sein, der sein Leben lang in seiner Werkstatt gesessen hatte und plötzlich auf den Gedanken verfallen war, sich in die Großstadt Frankfurt auf die Messe zu begeben, um dort wie ein erfahrener Geschäftsmann einen großen Posten verschiedenster Raucherwaren einzukaufen?

Die Antwort lässt sich nur aus der familiären Situation der Gottliebs ableiten. Natürlich sollte die Neuausrichtung des Geschäfts dazu führen, es profitabel zu machen – durch weitere in der Werkstatt herstellbare Holzwaren wie etwa Steckenpferde oder Springseilen mit gedrechselten Griffen. Darüber hinaus waren zu den hölzernen Pfeifenköpfen jetzt auch solche aus anderen Materialien wie Ton, Porzellan oder Meerschaum, Zigarren sowie diverse andere Raucherwaren getreten – offensichtlich, um sich der Rauchergemeinde am Ort als gut geführtes Spezialgeschäft empfehlen zu können. All das aber musste hinzugekauft werden.

Der Unternehmensgründer Ludwig Gottlieb senior (1808–1889).

Um solche Überlegungen in die Tat umzusetzen, brauchte es Akteure mit Geschäftssinn und Wagemut. Aus solchem Holz war Ludwig Gottlieb sen. nicht geschnitzt, dafür aber ganz offensichtlich sein Erstgeborener, Ludwig Gottlieb jun. Doch auch ihm, der sich jetzt mit jugendlichem Elan als Messe-Einkäufer bemühte, das Sortiment so attraktiv als möglich zu gestalten, muss sehr schnell klar geworden sein, dass auch die neue Geschäftsidee nicht trug. Sollte der Laden auf Dauer ertragreich sein, konnte er nicht von der Produzentenseite her (Drechslerwaren), sondern musste von der Abnehmerseite her gedacht werden. Was die Menschen wirklich benötigten, waren nicht Tabak- und Spielwaren, sondern Lebensmittel, und diese in möglichst guter Qualität zu billigen Preisen. Die sich daraus ergebende Konsequenz war ein erneuter Branchenwechsel. Diesen zeigen Foto und Ölgemälde, als der Laden wieder in eine Lebensmittelhandlung zurückverwandelt worden war.

Klarheit über den Gang der Geschäftspolitik vermittelt der Gesellschaftsvertrag vom 2. Februar 1880. Darin heißt es, »das unter der Firma L. Gottlieb zu St. Johann, bestehende Geschäft, zu welchem Herr Lud. Gottlieb sen., ohne besonderen Stand in St. Johann wohnend, nominell als Theilhaber gehört« sei »seit mehreren Jahren mit allen Aktiven und Passiven an seine beiden Söhne, die oben genannten Herren L u. H. G. als alleinige Inhaber, übergegangen.«[2] Ludwig Gottlieb jun., dem der Unternehmergeist offenbar in die Wiege gelegt worden war, war also schon 1871 die treibende Kraft in der Firma. Er vertraute darauf, dass das in der Annonce formulierte Geschäftsprinzip »gute Ware zu billigsten Preisen« erfolgreich sein werde. Dass er allein es gewesen war, der die Geschicke der Firma L. Gottlieb schon zu diesem Zeitpunkt in die Hand genommen hatte, machte er 1895 (sechs Jahre nach dem Tode seines Vaters) im Alter von 47 Jahren in einer Rede deutlich. Darin lässt er die Entwicklung des Unternehmens Revue passieren und erklärt:

> Das Colonialwaaren-Geschäft unter der Firma L. Gottlieb wurde durch mich im Jahre 1871 gegründet und zwar in meinem väterlichen Hause am Markt-

> platz zu St. Johann an der Saar. Es war ein kleines unscheinbares Lädchen mit nur einem Schaufenster, worin die erste Kundschaft bedient wurde, doch bestand schon der feste Wille, durch Fleiß und Thatkraft das Geschäft auf die Höhe der Zeit zu bringen.[3]

Auf die »Höhe der Zeit« zu kommen – das verlangte nach dem Ende des Deutsch-Französischen Krieges 1871 jetzt von vielen Einzelhändlern die aufmerksame Beobachtung der politischen, ökonomischen und soziokulturellen Umwälzungen. Schließlich waren sie selbst davon existenziell betroffen. In der Zeit der Kleinstaaterei zuvor hatte es, wie in Buschs Bildergeschichte, ausgereicht, sich auf das engste Umfeld, die Straße, das Dorf, ja vielleicht den Stadtteil zu konzentrieren, um über viele Jahre hin ein erträgliches Auskommen zu finden. Der Einzelhändler pflegte seine Ware vor Ort zu beziehen und vor Ort zu verkaufen – an Kunden, die er persönlich kannte und zu denen sich enge Bindungen aufgebaut hatten. Sich mit kaufmännischen Grundkenntnissen wie Einkauf, Sortimentspolitik, Preisgestaltung, Rechnungswesen, Kontoführung usw. auch nur zu befassen war als unnötige Zeitverschwendung angesehen worden. Schließlich hatte der Kaufmann ja am Ort sein angestammtes, von keinerlei Konkurrenz bedrohtes, ›Revier‹ und war es gewohnt, Abgabepreise und Verdienstspannen nach Faustformeln festzusetzen:

> So rechneten die Bäcker seit altersher mit der Gleichung 100 Pfund Mehl = 100 Pfund Brot: Beim Backprozess gewinnt das Brot gegenüber dem Mehlgewicht etwa 30 %; damit musste der Meister seine Unkosten, Gesellenlohn, und seinen eigenen Lebensunterhalt bestreiten. Mit ähnlich einfachen Rechenoperationen kam der Handel zu seinen Aufschlägen. Der Kolonialwarenhändler schlug ein Viertel, der Manufakturwarenhändler bis zu einem Drittel, der Gastwirt 100 % des Einkaufspreises zu. Im Unterschied zum Handwerk, wo die industrielle Produktion diese Aufschläge und mit ihnen auch die auskömmliche Existenz der Handwerker rücksichtslos zerstörte, behielt der Handel diese Kalkulationspraxis zunächst durchweg bei.[4]

Nach der Reichsgründung 1871 waren die innerdeutschen Grenzen gefallen, die Entfernungen – nicht zuletzt aufgrund des energisch voran getriebenen Eisenbahnbaus – schienen zu schrumpfen, viele neue Gesetze mit landesweiter Geltung traten in Kraft. In den folgenden Jahren sollte das Kaiserreich zu einem einheitlichen politischen und wirtschaftlichen Raum zusammenwachsen, mit effizienten Verwaltungsstrukturen und der Mark als geltender Währung (deren Einführung im Alltag sich freilich bis weit in die Mitte der 1870er-Jahre hinziehen sollte). Mit den politischen Veränderungen gingen ökonomische, soziale und kulturelle einher. Die industrielle Revolution, die von England ausgegangen war, verwandelte auch Deutschland in einen modernen Industriestaat, der seinen Entwicklungsrückstand gegenüber dem Empire spätestens ab Mitte der 1880er-Jahre aufholte, an den Weltmärkten an Konkurrenzfähigkeit gewann und schon um 1900 England als führende Exportnation ablöste. Zunehmend zog es die Menschen in die Ballungszentren, wo die Fabriken entstanden und Arbeit zu finden war. Ein rascher Prozess der Verstädterung setzte ein. Die neue arbeitsteilig organisierte Produktion veränderte den Lebensrhythmus immer größerer Teile der Bevölkerung. Deren Arbeitstage waren nun nicht mehr wie zuvor vom agrarisch geprägten Zyklus der Jahreszeiten geprägt, sondern wurden durch getaktete Produktionsvorgaben und Lieferketten diktiert. In ihrem Tagesablauf wurde der alltägliche Gang zum nächsten Lebensmittelkaufmann bald selbstverständlich.

Auch in der Nähe des Ladens in Saarbrücken St. Johann war die Industrialisierung mit Händen zu greifen: Ähnlich wie im Ruhrgebiet begann auch an der Saar die Kohle die Landschaft zu prägen. 1873 gründete der Hütteningenieur Julius Buch bei Völklingen an der Saar ein Puddel- und Walzwerk. Zwar musste er bereits nach sechs Jahren sein Werk schließen, da der Betrieb sich aufgrund billiger Importe britischen Roheisens und fehlender Einfuhrzölle nicht länger rentierte. Ab 1881 begann jedoch auch hier der große Aufschwung, als die Gebrüder Röchling die stillgelegten Anlagen aufkauften und den ersten Hochofen in Betrieb nahmen. Neun Jahre später waren die »Röchling'schen Eisen- und Stahlwerke« der größte Eisenträgerhersteller Deutschlands. Ein Jahr später wurde das Thomas-Stahlwerk der Völklinger Hütte eröffnet. Da das neuentwickelte Thomas-Verfahren erlaubte, auch das besondere Eisenerz der lothringische Minette zu verhütten, war die Ausdehnung der Firma Gottlieb auf das ehemals französische Gebiet im Süden ein logischer Schritt.

Infolge der politischen und sozialen Umwälzungen entstanden starke gesellschaftliche Spannungen. Die Kluft zwischen Arm und Reich vergrößerte sich, die »Arbeiterfrage«, die »Social-Demokratie« und die »Sozialistengesetze« begannen die öffentliche Debatte zu beherrschen. Die von Reichskanzler Bismarck dominierte Politik setzte alles daran, der Gefahr der Verelendung des Proletariats und drohender Volksaufstände entgegen zu wirken: 1883 wurden moderne, noch mit heutigen Systemen vergleichbare Sozialversicherungseinrichtungen (Arbeitslosen-, Kranken- und Rentenversicherung) eingeführt.

Der Prozess der Industrialisierung begann das Kaiserreich in eine Massengesellschaft zu verwandeln. Damit veränderte sich zwangsläufig auch das Gesicht des Handels. Die auf immer größere Effizienz ausgerichtete Produktion verlangte auch leistungsfähige Systeme der Versorgung der Bevölkerung mit den Gütern des täglichen Bedarfs. Der Rationalisierungs-Gedanke begann auch das kaufmännische Handeln zu bestimmen, freilich nicht im Sinne größeren Produktionsausstoßes oder höherer Produktivität je Arbeitskraft, sondern als strategisches Kalkül, mit möglichst niedrigen Abgabepreisen für die Verbraucher zugleich einen möglichst großen Gewinn zu erwirtschaften. Unter dieser Zielsetzung erkannten weitsichtige Kaufleute, dass es für sie ein besseres Geschäft bedeutete, wenn sie große Mengen einer Ware mit geringer Gewinnspanne verkauften als kleine Mengen derselben Ware mit hoher. Ohne eine exakte Kalkulation und entsprechende Professionalisierung und Optimierung ihrer Einkaufs- und Verkaufspolitik war dieses Ziel nicht zu erreichen.

Diesen Lernprozess machte auch Ludwig Gottlieb jun. in seinem kleinen Laden am St. Johanner Markt durch. Wurde ihm ein größerer Posten einer bestimmten Ware angeboten, so war natürlich die Verlockung groß, mit nur einem ›Deal‹ ein großes Geschäft zu machen, sofern es ihm gelang, die Ware an einen einzigen Kunden weiter zu verkaufen. Entsprechend groß war der Ärger über den finanziellen Schaden, wenn die Rechnung nicht beglichen wurde:

> Es wurden Engros-Geschäfte gemacht, doch da wir immer mehr Verluste durch faule Kunden erlitten, kam ich auf den Gedanken, das Engros-Geschäft fallen zu lassen und durch Filialen zu ersetzen, indem durch das Wegfallen des Zwischenhandels die Preise billiger gestellt werden konnten und daher ein lebhafter Geschäftsverkehr zu erwarten war, bei dem wir ebenfalls unsere Rechnung finden mussten.[5]

Als Kaufmann konnte Ludwig Gottlieb viel sicherer sein, auf seine Rechnung zu kommen, wenn er beim Wareneinkauf zwar wie ein größerer Händler auftrat, der größere Mengen zu günstigeren Preisen abnahm als dies ein kleiner Einzelhändler konnte; dafür hatte er nun auch dafür zu sorgen, dieses Quantum wieder loszuschlagen – am besten und sichersten an möglichst viele Endverbraucher. Um aber einen höheren Warenumschlag zu generieren, um auf diese Weise mehr Umsatz (und mehr Gewinn) zu erzielen, brauchte es mehr Publikum als eine einzige Verkaufsstelle sie anziehen konnte. Es war also ein logischer Schritt, die Zahl der Verkaufsstellen, die dasselbe Sortiment an verschiedenen Orten anboten, zu erhöhen:

> Wir gründeten daher unsere erste Filiale auswärts in Dudweiler, und da es unser Geschäftsprinzip war, eine gute Waare so billig wie möglich zu verkaufen, so wurden die gehegten Erwartungen durch den Erfolg noch übertroffen.[6]

Mit ihrer 1878 eröffneten ersten Filiale auf deutschem Boden beschritt die Firma Gottlieb sieben Jahre nach ihrer Gründung einen Weg, der sie in den folgenden 36 Jahren bis zum Ersten Weltkrieg zur größten deutschen Lebensmittelfilialkette mit 230 Filialen aufsteigen ließ. Es ist erstaunlich, dass weder die eine (erste Filialgründung auf deutschem Boden 1878) noch die andere Tatsache (nach eigener Einschätzung größter Lebensmittelfilialbetrieb in Deutschland bis 1914) von der Fachliteratur bis in die jüngsten Veröffentlichungen hinein gewürdigt oder auch nur zur Kenntnis genommen worden wäre.[7] Geradezu litaneihaft wird dagegen immer wieder auf die Pioniertat von Kaiser's Kaffeegeschäft verwiesen, der erst sieben Jahre nach Gottlieb (1885) seine erste Filiale gründete.[8]

Den prototypischen Entwicklungsprozess in der Frühphase der neuen Unternehmensform »Filialbetrieb« hat Robert Nieschlag so beschrieben:

> Nicht ein umfangreiches Kapital, das Anlage suchte, stand am Anfang, sondern zumeist ein kleines Lebensmittelgeschäft, ein Kramladen, der manchmal einer Witwe mit reicher Kinderschar als schmale Existenzbasis diente, und – was viel wichtiger war – der Wille, sich aus dieser Enge herauszuarbeiten, der Wagemut, an günstig erscheinenden Standorten ein zweites und drittes Geschäft zu eröffnen, das von Familienmitgliedern geleitet werden konnte. Was im ersten Geschäft verdient, aber bei großer Sparsamkeit nicht verbraucht worden war, wurde im zweiten investiert, und so ging es zumeist langsam weiter, wobei auch Rückschläge hingenommen werden mussten, bis wieder günstigere Zeiten kamen, die eine raschere Expansion erlaubten. Die Erkenntnis, dass größerer Umsatz günstigere Einkaufsbedingungen schafft, dass mehrere Geschäfte unter gleichem Namen für einander werben, dass sich Erfahrungen, die an einer Stelle gewonnen werden, in anderen Niederlassungen auswerten lassen, dass in Geschick geführten Filialbetrieben eine Multiplikation der Erfahrungen wirksam ist, trat erst später hinzu.[9]

Mit Sicherheit standen auch im Falle Ludwig Gottliebs bei der ersten Filialgründung ›familienpolitische‹ Erwägungen Pate, sei es, dass dem inzwischen 24-jährigen Bruder Heinrich oder dem 26-jährigen Schwager Fritz ein Auskommen als Geschäftsführer (sprich: Filialleiter) verschafft werden sollte. Diesen hatte seine Schwester Karoline am 30. Juni 1877 geheiratet; die eheliche Verbindung sollte sich für die Entwicklung der Firma Gottlieb als glückliche Fügung herausstellen, da Andreas Günther Friedrich (kurz: Fritz) Francke (1852–1905) von Haus aus ebenfalls Kaufmann war – umso mehr, als Heinrich Gottlieb im Alter von 29 Jahren 1883 plötzlich verstarb. Fortan leiteten Ludwig Gottlieb jun. und Fritz Francke die Firma gemeinsam.

Ab 1878 eröffneten sie an der Saar in rascher Folge Filiale um Filiale – denn je mehr Verkaufsstellen hinzukamen, um zu dementsprechend immer günstigeren Konditionen konnten Wareneinkäufe getätigt werden. Dazu war natürlich die Einrichtung eines zentralen Lagers unumgänglich, um das wachsende Netz der Verkaufsstellen von dort aus zu bedienen. Es wurde in der Kurzen Straße in Saarbrücken errichtet. Je mehr das Geschäft jetzt an Umfang

Fritz Francke (1852–1905), Schwager von Ludwig Gottlieb jun. und Mit-Geschäftsführer.

Karoline Francke, geb. Gottlieb (1850–1940), Schwester Ludwig Gottlieb jun.

zunahm, umso rentabler arbeitete es, und warf dementsprechend mehr Gewinn ab. Erstreckte sich das Einzugsgebiet anfangs nur auf den Nahraum um Saarbrücken, arbeitete man sich aber schon bald nach Luxemburg vor, wenig später auch in das dem Deutschen Reich seit 1871 einverleibte »Reichsland Elsass-Lothringen«.

In den folgenden 17 Jahren vervielfachte sich die Anzahl der Verkaufsstellen, wie Ludwig Gottlieb jun. 1895 nicht ohne Stolz ausführt:

> Das Consum-Geschäft L. Gottlieb umfasst gegenwärtig ca. 70 Filialen in Preußen [Gemeint ist damit die Saargegend, die damals zu Preußen gehörte; Anmerkung des Autors.], Elsass-Lothringen und Luxemburg und beschäftigt über 200 junge Kaufleute und Arbeiter sowie 20 Pferde.[10]

Dass Pferde bis weit in die 1890er-Jahre hinein die einzig verfügbaren ›Zugmaschinen‹ blieben, führt dabei sehr plastisch die enormen Schwierigkeiten vor Augen, die der raschen Ausdehnung des Filialsystems entgegenstanden. Schließlich konnten die Gespanne kaum mehr als eine Srecke von 40 Kilometern pro Tag bewältigen. Dass dabei empfindliche oder gar verderbliche Waren erst gar nicht ausgeliefert wurden, versteht sich von selbst. Angesichts dieser Gegebenheiten kann das riesige Einzugsgebiet des Gottlieb-Filial-

Gottlieb-Filiale, Bahnhofstraße Saarbrücken St. Johann, Ansichtskarte von 1904.

Gottlieb-Filiale, Mainzerstraße, Saarbrücken, Kolorierte Ansichtskarte von 1911.

systems schon um 1895 – vom damals oft katastrophalen Zustand der Straßen und Wege noch gar nicht zu reden – nur erstaunen; schließlich betrug die Entfernung zwischen der am weitesten im Westen gelegenen luxemburgischen Filiale in Esch und der südlichsten bei Mulhouse gut 350 km. Wie froh musste eine Firma wie Gottlieb über den fortschreitenden Bau der Eisenbahn gewesen sein!

Hinzu kam natürlich auch Konkurrenz in der Unternehmensform: Neben den auf privatwirtschaftlicher Grundlage arbeitenden Lebensmittelfilialbetrieben wie Gottlieb entwickelten sich im letzten Drittel des 19. Jahrhunderts parallel auch einige andere neuartige Betriebsformen des Handels. In den Ballungszentren entstanden Kaufhäuser, in denen allerdings eher langlebige Gebrauchsgüter angeboten wurden, und mit dem besseren Ausbau der Infrastruktur und dem ansteigenden Aufkommen von Werbemöglichkeiten in den Annoncenspalten der Tages- und Wochenpresse nahm auch der Versandhandel deutlich zu. Direkte Wettbewerber auf dem Sektor der Lebensmittelversorgung blieb der noch über viele Jahre hin – aufgrund seiner oft starken Bindung vor Ort – konkurrenzfähige Einzelhandel. Dazu kamen aber auch neuartige Zusammenschlüsse auf genossenschaftlicher Grundlage, von der Seite des Handels die Einkaufsgenossenschaften wie etwa die EDEKA, von der Seite der Konsumenten die aus dem Umfeld der Arbeiterbewegung entstehenden Konsumgenossenschaften. Auch sie versuchten, über den zentralen Einkauf große Warenmengen zu guten Konditionen zu erwerben, um die erzielten Rabatte an die Endverbraucher in Form günstigerer Preise weiterzugeben.

Als Urvater des Lebensmittelfilialbetrieb-Gedankens auf privatwirtschaftlicher Basis gilt indessen der ehemalige Brüsseler Gymnasiallehrer Jules Delhaize (1829 –1898). Dieser hatte 1867 das Metier gewechselt und in Charleroi gemeinsam mit seinem Bruder seine ersten Geschäfte – l'Épiceries Delhaize – eröffnet. Um 1880 sollen die Delhaize-Brüder bereits 100 Filialen betrieben haben. Es handelte sich bei dieser damals neuen Betriebsform, so Ludwig Berekoven

> um Lebensmittel-, Fach- und Spezialgeschäfte, also um derzeit bereits geläufige Geschäftstypen, nur mit dem Unterschied, dass die einzelnen Geschäfte rechtlich und wirtschaftlich abhängige Verkaufsstellen eines Filial-Unternehmens waren. Sogenannte Massenfilialisten (mit fünf oder mehr Filialen) waren dann Unternehmen mit einer Vielzahl von einzelnen Verkaufsstellen. Die Vorteile einer solchen Betriebsstruktur lagen auf der Hand: Einkaufskonzentration und damit bessere Konditionen, straffere Sortimentspolitik als Folge der zentralen Steuerung, Zentrallagerung und damit Senkung der Lagerkosten sowie Minderung des Lagerrisikos durch Warenaustausch zwischen den Filialen. Die Einheitlichkeit, mit denen die Verkaufsstellen

hinsichtlich Geschäftsausstattung, Sortiment, Preis und Werbung dem Verbraucher gegenüber in Erscheinung traten, verschaffte ihnen zudem eine hohe Bekanntheit und entsprechende Profilierung. Mit jeder neuen Niederlassung sammelte man mehr Erfahrung, die für die weitere Expansion von Nutzen war; auch ließen sich Filialschließungen leichter verkraften. Natürlich gab es auch systembedingte Nachteile, denn die traditionell gegebene Eigenverantwortlichkeit eines Geschäftsinhabers musste ja ersetzt werden durch entsprechende Führungs- und Kontroll-Mechanismen gegenüber angestellten Filialleitern.[11]

Ob Ludwig Gottlieb jun. von Jules Delhaize im 300 km entfernten Charleroi überhaupt wusste oder sich sogar an dessen Läden orientierte, sei dahingestellt. Er jedenfalls kam, vor allem aufgrund eigener Erfahrungen und eigener Entscheidungen, zu einem ähnlich großen Erfolg.

1882 schied Ludwig Gottlieb sen. aus Altersgründen aus der Firma aus. Das von seinem Sohn Ludwig tagtäglich neu erhandelte und erkämpfte Prinzip »Gute Ware zu billigsten Preisen« sollte sich jedoch generationenübergreifend fortpflanzen und fast ein Jahrhundert lang sowohl das Handeln seines Nachkommens Arthur als auch dessen Tochter Ellen bestimmen.

Wie sehr sich Ludwig Gottlieb jun. darüber im Klaren war, dass allein Preiswürdigkeit die beste und nachhaltigste Strategie sein konnte, über den dadurch sich stets vergrößernden Massenabsatz das Unternehmen auf einem steilen Wachstumskurs zu halten, machte er in einer Rede von 1895 ebenfalls deutlich:

> Mit Vorliebe kauft der Arbeiter, überhaupt die ärmere Bevölkerung seit langen Jahren im Geschäft und ist dies der beste Beweis, dass das Geschäftsprinzip, gut und billig, vollständig gewahrt ist.

Und er ging noch einen Schritt weiter, indem er in dieser Geschäftsphilosophie auch ein zutiefst politisches Instrument zur Bewahrung des sozialen Friedens ausmachte:

> Es ist daher auch im Bestehen unseres Geschäftes ein wirksames Mittel gegen die Social-Demokratie zu erblicken, indem der Arbeiter, wenn er gut und billig einkaufen kann, keinen Grund zur Unzufriedenheit hat und wirkt daher auch in diesem Sinne das Geschäft segensreich.[12]

Im Zuge dieser Geschäftsphilosophie hatten sich die beiden verbliebenen Geschäftspartner Ludwig Gottlieb jun. und Fritz Francke Gedanken darüber gemacht, dass das wachsende Filialnetz am besten zu betreuen war, wenn sich jeder von ihnen fortan nur auf ein bestimmtes Teilgebiet konzentrierte. Im seit 1871 dem Deutschen Reich angegliederten »Reichsland Elsass-Lothringen« lag ein riesiges Stück Land direkt ›vor der Haustür‹, das darauf zu warten schien, durch eine Lebensmittelkette erschlossen zu werden. Ludwig Gottlieb jun. entschied sich dazu, dass die strategische Erweiterung des Geschäfts nach Südwesten unter seiner Regie erfolgen sollte, wogegen sich Schwager Fritz Francke auf die weitere Intensivierung der Geschäftstätigkeit an der Saar konzentrierte. Als idealen Ausgangspunkt für die Erschließung Lothringens wählte sich Ludwig Gottlieb jun. die Stadt Metz.

In seiner Rede liest sich das so:

> Ein neuer Rayon [Der Ausdruck »Rayon« steht hier für Gebiet; Anmerkung des Autors.] Geschäfte wurde durch die Eröffnung der ersten Metzer Geschäfte durch mich im Jahre 1882 gegründet, welche auf dieselben Weise geleitet wurden und zu demselben günstigen Resultat führten (wie das Saarengagement). Ebenso ging es mit Colmar-Mülhausen, welcher Rayon im Jahre 1893 gegründet wurde und sich rasch durch die umsichtige, thatkräftige Leitung der Herren Francke und Poetter zu seiner heutigen Höhe emporschwang. Ein fernerer Geschäfts-Rayon Hagenau – Strasburg ist im Entstehen begriffen und wird voraussichtlich auf dieselbe Weise reüssieren.[13]

Laut Metzer Adressbuch aus dem Jahr 1900 existierte um diese Zeit eine Gottlieb-Filiale im Stadtzentrum, Ladoucettestraße 26, darüber hinaus »Privatwohnung und Hauptlager« Ludwig Gottliebs in der Kaiser-Wilhelm Straße 24 (heute Rue du 20 Corps Américain) im südwestlich gelegenen Ortsteil Sablon. Um 1910 muss das Geschäft im Stadtzentrum an die Ecke Palast-Priesterstraße verlegt worden sein, Zentral-Büro und Lager residierten weiterhin am alten Ort in der Kaiser-Wilhelm Straße, aber nun in mehreren Gebäuden Nr. 28–32. Die bauliche Erweiterung war wohl wegen der Wiederaufnahme des Engros-Geschäftes (»Engros-Abteilung für Wiederverkäufer«) nötig geworden, wogegen die Detailverkäufe weiterhin nur in der Innenstadt abgewickelt wurden.

Es ist aufschlussreich, wie bzw. als was sich die Gottlieb-Läden dem Publikum auf alten Fotos oder Ansichtskarten präsentierten. Es zeigt sich ein fortschreitender Professionalisierung-Prozess. Er führt vom »Colonial- und Fleischwaaren«-Laden kurz nach 1871 zur über Jahrzehnte hin verwendeten allgemeinen Bezeichnung »Consum-Geschäft«, etwa im luxemburgischen Rümelingen 1898, in Freiburg und Lahr 1898, in Saarbrücken 1904 und 1911 oder in Offenburg 1906.

Eine weitere Professionalisierungsstufe wird um 1910 erreicht, als das »Colonial- und Delikatessen«-Geschäft erstmals auch nach außen hin als

Gottlieb-Consumgeschäft am Offenburger Marktplatz. Kolorierte Ansichtskarte von 1906.

Gottlieb Consumgeschäft, Filiale in der Wilhelmstraße in Müllheim, Ansichtskarte von 1915.

Gottlieb-Consumgeschäft am Freiburger Schwabentorplatz: Kolorierte Ansichtskarte (ca. 1910).

»Kaufhaus der Lebensmittelbranche L. Gottlieb«, Freiburg, Kaiserstraße / Ecke Gauchstraße, Ansichtskarte (ca. 1910).

GmbH auftritt (Sarreguemines) oder sich gar großmächtig als »Kaufhaus der Lebensmittelbranche« (Freiburg 1910) präsentiert mit insgesamt sieben für den Fototermin angetretenen Mitarbeitern davor.

Über Colmar, wo 1893 eine ›Unterzentrale‹ für den elsässischen Raum entstand, führte die Ausdehnung kurz vor der Jahrhundertwende schließlich auch auf rechtsrheinisches Gebiet. Die Leitung dieses »Rayons Colmar« teilten sich Ludwig Gottlieb und Fritz Francke gemeinsam. Dass das Engagement hier, wie auch das im lothringischen Raum, so erfolgreich war wie von Ludwig Gottlieb behauptet, belegt allein schon die Zahl der im südlichen Elsass betriebenen 13 Filialen im Jahr 1901.

Die vom Elsass aus belieferten Verkaufsstellen auf der rechten Rheinseite in Freiburg, Offenburg, Lahr oder Müllheim sollten sich nach dem Ende des Ersten Weltkriegs und der Rückkehr Elsass-Lothringens zu Frankreich 1918 als Glücksfall erweisen. So war dem Nachkommen Ludwig Gottliebs jun., der im August 1917 verstarb, vor allem mit dem Hauptstandort Freiburg wenigstens ein Brückenkopf geblieben, der einen Neuanfang, so schwer er nach dem verlorenen Krieg auch werden sollte, möglich machte.

Haute-Alsace. — THANN
La Grande Rue
Erste Elsässische
Brotfabriken
COLMAR-THANN

2

Aufbau des Filialnetzes bis 1914

»L. Gottlieb« mit »über 230 Niederlagen« – Aufstieg zu Deutschlands »größtem Geschäft der Colonialwarenbranche«

Elf Jahre lang war Elsass-Lothringen bereits Teil des Deutschen Reiches, ehe sich Ludwig Gottlieb jun. und Fritz Francke 1882 dazu entschlossen, ihr an der Saar so erfolgreiches Geschäftsmodell des Lebensmittelfilialbetriebs auch jenseits der ehemaligen französisch-deutschen Grenze einzuführen. Als strategisch günstigen Ausgangspunkt wählten sie dazu die lothringische Metropole Metz.

Für die Reichsregierung in Berlin bedeutete »Elsass-Lothringen« eine politische, ökonomische und sozialpsychologische Herausforderung. Nach ihrem Selbstverständnis galt dieses Gebiet als »urdeutsches Land«, das dem Reich 800 Jahre lang angehört hatte und lediglich in den letzten beiden Jahrhunderten von Paris aus – eher schlecht als recht – regiert worden war. Um es für alle Zeit wieder an Deutschland anzubinden, unternahm man gewaltige Anstrengungen. Doch wie dies geschah, erregte den hartnäckigen Widerstand der Bevölkerung, die sich weder von Paris noch von Berlin ihren Eigensinn nehmen lassen wollte nach dem Wahlspruch: »Francais ne puis, allemand ne veux, alsacien je suis.«[1] [»Französisch sein kann ich nicht, deutsch sein will ich nicht, ich bin Elsässer!«; Anmerkung des Autors.] Vor allem die ihnen nun auf Schritt und Tritt begegnende Germanisierung empfanden die Menschen als anmaßend, wenn etwa ein Ort wie Audun Le Tiche jetzt Deutschoth heißen sollte, Morhange in Mörchingen oder Dieuze in Duss umgetauft wurde. Auch viele der neuen öffentlichen Gebäude, im wilhelminischen Repräsentations-Stil errichtet, stellten aus ihrer Sicht nur einen dreisten Herrschaftsanspruch zur Schau.

Im Alltag zogen es Lothringer und Elsässer vor, unter sich zu bleiben und vermieden nach Möglichkeit den Kontakt mit der deutschen Obrigkeit. Gleichwohl kam es im Alltag immer wieder zu Konfrontationen, wenn

Der pompöse, im sogenannten »wilhelminischen Stil« 1910 fertig gestellte Bahnhof von Metz war ein Geschenk Kaiser Wilhelms II. an die Stadt. Kolorierte Ansichtskarte (ca. 1910).

französische Beamte sich weigerten, unter deutscher Leitung zu arbeiten. Im Umgang mit den so widerspenstigen Lothringern und Elsässern fuhr die Reichsregierung in ihrer Einbindungspolitik anfangs einen harten, später einen deutlich milderen Kurs. Doch erst als sich nach 1900 eine liberalere Auffassung durchsetzte, indem Lothringern und Elsässern mehr Selbstverwaltung eingeräumt wurde – etwa mit der Verlegung einiger Dienststellen von Berlin nach Straßburg –, ließ auch die Abwehrhaltung in der Bevölkerung nach. Schließlich sollten ab 1903 elsässische Rekruten auch nicht mehr Regimentern außerhalb der Landesgrenzen zugeteilt werden. »Im Jahr 1907«, so eine deutsche Quelle geradezu triumphal, »brach der Widerstand, den die lothringische Bevölkerung im Unterschiede zu der des Elsass der deutschen Führung beharrlich leistete, zusammen.«[2] Auch wenn dieser Befund übertrieben erscheint, so hatte die nachwachsende Generation der Lothringer sich mit den Deutschen allmählich zu arrangieren gelernt – nicht zuletzt aufgrund einer gut funktionierenden Verwaltung und Bürokratie.

Überdies war unbestreitbar, dass Lothringen und das Elsass zwischen 1871 und 1914 durch den Anschluss ans Kaiserreich von einem Wirtschaftsaufschwung profitierten, den es in diesem Ausmaß zuvor nicht gegeben hatte:

> In die Verstaubtheit eines französischen Provinzdaseins kam eine Regsamkeit von amerikanischem Ausmaß. Kohle und Stahl: Hütte um Hütte erstand zwischen Mosel und Maas. Ehe man sich versah, hatte rastloser Unternehmergeist Elsass-Lothringen verwandelt.[3]

Grundlage für den an Fahrt aufnehmenden Industrialisierungsprozess war der Aufbau effizienter Verwaltungsstrukturen nach deutschem Muster – ob im Innungswesen, bei den Handwerkskammern oder im Schulwesen, wo jetzt verschiedene Schultypen nach deutschem Muster wie Volksschule, Mittelschule etc. eingeführt wurden. Unverzichtbar auf dem Weg in den modernen Industriestaat war zudem der Ausbau der Verkehrswege. Doch erst nachdem die Eisenbahn, die zuvor von vielen kleinen Gesellschaften betrieben worden war, verstaatlicht worden war, konnte auch das Schienennetz auf den Stand der Zeit gebracht werden – für die Anbindung des »Reichslands« ans Kaiserreich essenziell.

Parallel dazu erfolgte der Ausbau städtischer Infrastrukturen – Elektrifizierung, Gas- und Wasserversorgung, Post-, Telegrafie- und Fernsprechverbindungen. Allein zwischen 1878 und 1902 wurden in 750 Gemeinden Elsass-Lothringens Wasserleitungen für 6,7 Millionen Mark verlegt. All das schlug sich bald auch im allgemein steigenden Wohlstand nieder; die Gesamteinlagen bei den Sparkassen im »Reichsland« stiegen von 7,4 Millionen Mark (1872) über 76,4 Millionen Mark. (1892) auf 177,8 Millionen Mark (1912) an – umgerechnet auf den Kopf der Bevölkerung von 4,79 Mark (1872) über 47,29 Mark (1892) auf 94,88 Mark (1912).[4]

Im Zentrum vieler Modernisierungsmaßnahmen stand die Festungsstadt Metz. 1902 erhielt sie ein eigenes Elektrizitätswerk, in welchem der Strom aus den Hüttenwerken Maizieres und Rombach umgespannt wurde, 1909 erfolgte der Ausbau der Straßenbahnlinien bis in die Vororte hinein, und die Hafenanlagen wurden erneuert. Den größten Modernisierungsschub erfuhr die Stadt jedoch durch die Niederlegung der Wälle, die ihre rasche Ausdehnung vor allem nach Süden ermöglichte. Dadurch wuchs ein Vorort wie Sablon (1908 nach Metz eingemeindet), in dem sich besonders viele deutsche Immigranten – auch Ludwig Gottlieb – niedergelassen hatten, in wenigen Jahren auf gut 10 000 Einwohner an. 1910 zählte man unter den knapp 1,8 Million Einwohnern Elsass-Lothringens 295 000 deutsche Immigranten, was einer Quote von etwa 17 % entsprach.

In Metz kam Ludwig Gottlieb entgegen, dass in der Garnisonsstadt ein Großteil der 80 000 ins Reichsland beorderten deutschen Soldaten stationiert war. Hinzu kam ein Heer deutscher Beamter und Angestellter in Behörden und Verwaltungen. Hier bestand kein Risiko, den in Saarbrücken einst wegen säumiger Kunden aufgegebenen Engros-Handel wieder aufzunehmen, denn

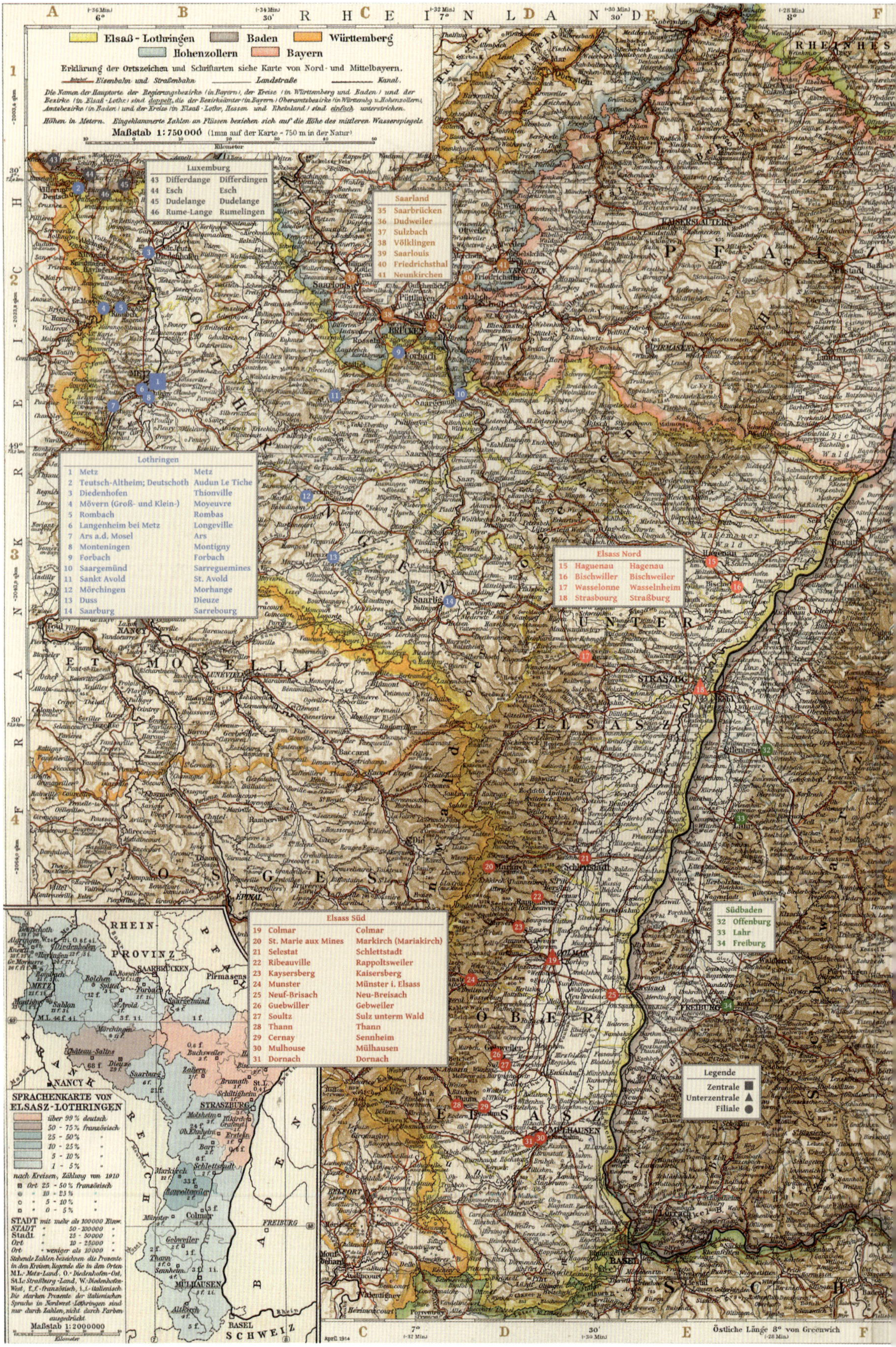
Elsaß - Lothringen
Baden
Württemberg
Hohenzollern
Bayern
Erklärung der Ortszeichen und Schriftarten siehe Karte von Nord- und Mittelbayern.
Eisenbahn und Straßenbahn
Landstraße
Kanal.
Die Namen der Hauptorte der Regierungsbezirke (in Bayern), der Kreise (in Württemberg und Baden) und der Bezirke (in Elsaß-Lothr.) sind doppelt, die der Bezirksämter (in Bayern) Oberamtsbezirke (in Württembg. u. Hohenzollern), Amtsbezirke (in Baden) und der Kreise (in Elsaß-Lothr., Hessen und Rheinland) sind einfach unterstrichen.
Höhen in Metern. Eingeklammerte Zahlen an Flüssen beziehen sich auf die Höhe des mittleren Wasserspiegels.
Maßstab 1:750 000 (1mm auf der Karte = 750 m in der Natur)
Kilometer
Luxemburg
43 Differdange Differdingen
44 Esch Esch
45 Dudelange Dudelange
46 Rume-Lange Rumelingen
Saarland
35 Saarbrücken
36 Dudweiler
37 Sulzbach
38 Völklingen
39 Saarlouis
40 Friedrichsthal
41 Neunkirchen
Lothringen
1 Metz Metz
2 Teutsch-Altheim; Deutschoth Audun Le Tiche
3 Diedenhofen Thionville
4 Mövern (Groß- und Klein-) Moyeuvre
5 Rombach Rombas
6 Langenheim bei Metz Longeville
7 Ars a.d. Mosel Ars
8 Monteningen Montigny
9 Forbach Forbach
10 Saargemünd Sarreguemines
11 Sankt Avold St. Avold
12 Mörchingen Morhange
13 Duss Dieuze
14 Saarburg Sarrebourg
Elsass Nord
15 Haguenau Hagenau
16 Bischwiller Bischweiler
17 Wasselonne Wasselnheim
18 Strasbourg Straßburg
Elsass Süd
19 Colmar Colmar
20 St. Marie aux Mines Markirch (Mariakirch)
21 Selestat Schlettstadt
22 Ribeauville Rappoltsweiler
23 Kaysersberg Kaisersberg
24 Munster Münster i. Elsass
25 Neuf-Brisach Neu-Breisach
26 Guebwiller Gebweiler
27 Soultz Sulz unterm Wald
28 Thann Thann
29 Cernay Sennheim
30 Mulhouse Mülhausen
31 Dornach Dornach
Südbaden
32 Offenburg
33 Lahr
34 Freiburg
Legende
Zentrale
Unterzentrale
Filiale
RHEINLANDE
PFALZ
LOTHRINGEN
UNTER-ELSASZ
OBER-ELSASZ
VOSGES
ET MOSELLE
SPRACHENKARTE VON ELSASZ-LOTHRINGEN
Maßstab 1:2000000
RHEIN-PROVINZ
FRANKREICH
BADEN
SCHWEIZ
Östliche Länge 8° von Greenwich

»Erste Elässische Brotfabriken Colmar-Thann« in der Grand Rue in Thann/Elsass direkt neben bzw. über der Gottlieb-Filiale, Ansichtskarte von 1916.

die vielen Dienststellen waren dankbare Abnehmer auch größerer Kontingente von Lebensmitteln. Durch den Bahnhof in nächster Nähe ließ sich jede geforderte Warenmenge problemlos herschaffen, sodass Ludwig Gottlieb 1890 daran ging, eine große Lagerhalle zu errichten. Und so waren in der Presse bald Annoncen zu lesen, in denen ganze Waggonladungen (etwa Mehl) Weiterverkäufern angeboten wurden.

In Metz nahm der Geschäftsbetrieb Gottliebs schon den späten 1880er-Jahren an Umfang derart zu, dass es notwendig wurde, die Verantwortungsbereiche – wie schon oben grob skizziert – für das wachsende Unternehmen neu aufzuteilen. In der Praxis gestaltete sich die Aufteilung so: Fritz Francke übernahm den saarländischen Raum zwischen Trier und Saarbrücken und dazu drei unmittelbar an der ehemaligen Grenze liegende Filialen in Nord-Lothringen: Forbach, St. Avold und Sarreguemines. Das gesamte Gebiet nannten sie »Rayon I«. Ludwig Gottlieb jun. seinerseits konzentrierte sich auf den Raum Lothringen mitsamt der vier in Luxemburg liegenden Filialen in Differdange, Esch, Dudelange und Rumelange, den »Rayon II«.

Währenddessen drang man weiter ins »Reichsland« vor: 1893 fasste die Firma auch Fuß im südlichen Elsass und errichtete in Colmar eine »Unterzentrale« sowie ein großes Lager, den »Rayon III«. Innerhalb weniger Jahre konnten in dieser Region eine ganze Reihe von Filialen in St. Marie-aux-Mines, Kayersberg, Sélestat, Munster, Neuf-Brisach, Guebwiler, Soultz, Cernay, Thann, Mulhouse oder Dornach eröffnet werden. Steigender Publikums-

Gegenüberliegende Seite: Übersichtskarte über die Gottlieb-Filialen im Saarland, Luxemburg, Elsass-Lothringen und Baden (1901), Bearbeitung: Alexander Rosner.

zuspruch führte überdies dazu, in Thann für den »Rayon III« eine eigene Brotfabrik zu errichten (»Erste Elässische Brotfabriken Colmar-Thann«). Ungleich schwerer beim weiteren Ausbau des Filialnetzes tat sich Gottlieb dagegen im nördlichen Elsass. Trotz Verlegung der für das nördliche Elsass fungierenden ›Unterzentrale‹ von Haguenau nach Straßburg (»Rayon III a«) blieb die Präsenz in der Fläche hier weniger dicht als im südlichen Elsass.

In der Summe fiel die Ausdehnung des Geschäfts nach Süden leichter als nach Norden in die Mosel- oder Hunsrück-Gegend, sodass zwischen den beiden Geschäftsführern – gemessen an der Zahl der von ihnen jeweils betreuten Filialen – über die Jahre hin ein Ungleichgewicht entstand. Man kam überein, das südliche Elsass (»Rayon III«) als GmbH gemeinsam zu betreuen. Wie die Zusammenarbeit zwischen ihnen, die nun räumlich voneinander getrennt agierten, aussah, vermittelt noch erhaltene Geschäftskorrespondenz. Da geht es 1899 um einen ins Sortiment neu aufzunehmenden Artikel. »Betreffs Hundekuchen«, so schreibt Ludwig Gottlieb an seinen Schwager, »ersuche um Zusendung eines Stückes als Muster«. Auch der Kauf von Immobilien ist nun an der Tagesordnung: »Theilen Sie mir gefl. mit, ob der Kauf Völklingen mit Amtsgericht Saarbrücken besorgt ist.« [5] Längst ist ein Lebensmittelfilialbetrieb wie Gottlieb für die aufstrebende Markenartikel-Industrie so attraktiv geworden, dass eine Firma wie Julius Maggi ihr turnusmäßig Vertreter vorbeischickt, die sie auch gleich mit Emailschildern für die Außenwerbung beliefern.

In einem anderen Schreiben aus dem Jahr 1902 ist bereits eine neue Stufe auf dem Expansionskurs erreicht, und der weitere Ausbau des Filialnetzes im Elsass steht an: »Betreffs Colmar und Straßburg erlaube mir«, so Ludwig Gottlieb an Fritz Francke,

> Ihnen einige Vorschläge zu unterbreiten und bitte evtl. um Ihre Gegenvorschläge. Die überflüssigen Gelder von Colmar und Straßburg sind bei einer Bank in Colmar zu deponieren und wäre der betreffenden Bank Mittheilung hierüber zu machen sowie um Eröffnung eines Kredits (nicht höher wie unbedingt nötig) zu ersuchen.[6]

Bis in die grafische Gestaltung der Briefköpfe hinein ist die Aufwärtsentwicklung greifbar. Freilich wird dabei weder 1899 noch 1902 auf zeittypische Ausschmückungssymbolik verzichtet: Hier wie dort ziert der flügelbehelmte Götterbote Hermes [als der Schutzgott des Verkehrs, der Reisenden, der Kaufleute der griechischen Antike, Anmerkung des Autors] die Briefköpfe. 60 Filialen, so heißt es 1899, betreibe das Consum-Geschäft: Drei Jahre später sind es bereits 80. Doch auch Hermes selbst verändert sich in diesen drei Jahren: Stolz läuft der Götterbote jetzt dem Betrachter entgegen und hat im Flügelrad [das klassische Zeichen für die Eisenbahn, Anmerkung des Autors]

Briefkopf und Schreiben von Ludwig Gottlieb an Fritz Francke, 1899.

Briefkopf und Schreiben von Ludwig Gottlieb an Fritz Francke, 1902.

eine symbolische Ergänzung gefunden. Wie weit die Kontakte der Firma inzwischen reichen, wird im Hintergrund gezeigt. Neben der Eisenbahn sind für Gottlieb jetzt auch dampfgetriebene Schiffe im Einsatz, welche die Güter aus den Kolonien in großen Kisten anlanden. Der ganze Erdkreis, versinnbildlicht durch die Weltkugel, ist zu Gottliebs Aktionsfeld geworden.

Die strukturellen Veränderungen im Handel, die sich zwischen 1871 und 1914 vollzogen, waren in der Tat gravierend. Das zeigt sich beispielhaft in den Schaufenstern, in denen sich die Entwicklung sowohl im Warenangebot selbst als auch in der Art seiner Präsentation nachverfolgen lässt. Vom Stand der Durchdringung des Lebensmittelhandels durch die neu aufkommenden Markenartikel kündet die Gottlieb-Filiale in der Rue Nationale 23 in Sarreguemines. Die Schwarz-Weiß-Fotografie von 1910 kann dabei heute kaum mehr vermitteln, welch eine Attraktion dieses Schaufenster für die Passanten seinerzeit gewesen sein muss. Was sie in den Auslagen erblickten, muss ihnen wie ein Spektakel an Fortschrittsverheißungen erschienen sein, die nun auch dem »kleinen Mann« in Gestalt der neuen Markenprodukte erreichbar geworden waren.

Viele der frühen, uns noch heute bekannten Markenartikel sind im letzten Drittel des 19. Jahrhunderts entstanden. Jedwedes Produkt, das auf den Alltagsbedarf einer wachsenden Bevölkerung in Sparten wie Nahrung, Kleidung oder Hygiene zugeschnitten war, konnte Firmen wie Maggi, Persil oder Dr. Oetker in kurzer Zeit einen riesigen Absatzmarkt eröffnen. Als Pfennigarti-

Gottlieb-Filiale in Sarreguemines, Fotografie von ca. 1910.

kel mit sehr geringen Gewinnspannen wurden diese Waren zu Alltagsgegenständen, die ständig nachgekauft werden mussten. Voraussetzung für ihren nachhaltigen Absatzerfolg war ihre garantierte Qualität. Dieses Versprechen einzulösen war aber nur möglich aufgrund der Fortschritte in der Chemie in der zweiten Hälfte des 19. Jahrhunderts. Ob Seife (Henkels Bleichsoda: 1878), Schmerzmittel (Bullrich-Salz: 1834; Aspirin: 1897) oder Backpulver (Dr. Oetker's: 1893), ob Suppenmehle und -würzen (Maggi: 1885, 1887) oder Mundwasser (Odol: 1893) – solche Substanzen in fast unbegrenzter Menge bei konstanter Qualität ließen sich nur in chemischen Labors herstellen, und so verwundert es nicht, dass ihre Erfinder fast ausnahmslos Apotheker waren.[7]

Doch diese »Pülverchen« und »Wässerchen« ließen sich nicht beschriften, um dem Publikum ihre Qualität glaubhaft zu machen. Schon von daher ergab sich die Notwendigkeit, die Flüssigkeiten unter ihnen (Odol, Maggi) in Flaschen und die Pulver (Bullrich-Salz, Henkel's Bleich Soda, Aspirin, Dr. Oetker's Backpulver) in Tüten oder Pakete abzufüllen. Das bedeutete den Schritt von der »losen Ware« zu einer Anbietform, die sowohl herstellungs- und vertriebstechnischen Anforderungen (exakte Portionierung, Versandfähigkeit) genügte als auch die Möglichkeit bot, die Umverpackung für Informationen über den Wareninhalt zu nutzen. Der Weg zum echten Markenartikel war damit beschritten. Dieser konnte mitunter recht lang sein, wie der knapp 30 Jahre dauernde Entwicklungsprozess von »Henkel's Bleich Soda« (1878) hin zum »selbstthätigen« Marken-Waschmittel Persil (1907) zeigt. Erst die-

Plakat der Dresdner Schokoladenfabrik Hartwig & Vogel für ihre Marke »Tell«, im rechten Schaufenster, Design: Wilhelm Armburst-Dresden.

Plakat der Henkel AG zur Bewerbung ihres Waschmittels Persil (1910), im seitlichen Schaufenster.

ser (Kunst-) Name (Per-borat und Sil-ikat) mitsamt der unverwechselbaren Verpackung machte die Apothekerware zu einem sich selbst empfehlenden Markenartikel, der keinen anpreisenden Verkäufer mehr brauchte. Er trat mit seiner Qualitäts-Botschaft zum Endverbraucher in eine unmittelbare Beziehung. Der Verkaufserfolg solcher Waren hing von Sachkunde und Autorität des Händlers vor Ort kaum mehr ab.

Etwa seit 1900 zogen die Markenartikelhersteller als Schrittmacher der Werbe-Entwicklung alle Register. Umgekehrt nahm der Handel die Erweiterung seiner Sortimente durch die Markenwaren – zumindest am Anfang – dankbar an. Schließlich waren genormten Schachteln und Flaschen nicht nur praktisch zu lagern, sondern deren Hersteller überschütteten sie auch noch mit Werbematerial, von Emailschildern über Plakate, Verkaufsautomaten bis hin zu Aufstellern, Preislisten, Werbezugaben und anderem mehr.

All dies macht die Gottlieb-Filiale in Sarreguemines zu einem sprechenden Bild. Neben den um 1910 schon fast an jedem Krämerladen angebrachten Maggi-Schildern findet sich im linken Schaufenster der noch heute verwendeten »Hellkopf« Dr. Oetkers. Im rechten hängt ein großes farbiges Plakat, das für die damals neben Stollwerck führende Schokoladenmarke »Tell« der Dresdner Firma Hartwig & Vogel wirbt. In der Auslage des Seitenfensters findet sich eine regelrechte Produkt-Inszenierung aus Persil-Packungen und

Plakaten. Auf einem davon bestaunen zwei Waschfrauen ebenso ergriffen wie erfreut ein strahlend weißes Herrenhemd, das sich wie ein Geist aus dem Waschzuber vor ihnen erhebt.

Es war nur eine Frage der Zeit, bis auch der Handel selbst mit eigenen Werbemaßnahmen begann. Großflächige, teure Außenreklame oder gar Kino-Werbefilme, wie sie die Markenartikler betrieben, gaben seine Budgets aber nicht her: Zu den Honoraren für die Werbekünstler und Druckanstalten kamen noch die hohen Mieten für die Werbeflächen. Doch die neuen kostengünstigen Drucktechniken eröffneten auch seinen Bedürfnissen entgegenkommende Werbemöglichkeiten, vorzugsweise in den kurz nach 1900 aufgekommenen Reklamemarken (im Format von ca. 4 x 6 cm). Vor allem zwischen 1910 und 1914 ›explodierte‹ dieses Werbemittel, sodass es bald kaum eine Firma mehr gab, die nicht eigene Märkchen ausgab. Da sie sich leicht in kleinen Serien produzieren ließen, eröffneten sie zudem die Möglichkeit, die Werbung auszudifferenzieren und über verschiedene Motive die Eigenschaften eines Produkts herauszustreichen oder die Vielfalt eines Sortiments vorzustellen. Auf großen Bogen in Millionenauflagen gedruckt wurden die Marken an die Kundschaft gratis abgegeben. Bald klebten sie überall im öffentlichen Raum und entfachten – vor allem bei Kindern – ein wahres Sammelfieber.[8]

In den Jahren vor Ausbruch des Ersten Weltkriegs muss Gottlieb mindestens sechs verschiedene Serien von Reklamemarken ausgegeben haben. Leider haben sich nur einzelne davon erhalten, sodass weitergehende Aussagen über diese Werbemaßnahmen nicht mehr möglich sind. Die Angaben auf den vorhandenen sind immerhin aufschlussreich genug. Mit nicht wenig Stolz wird verkündet, man sei das »größte Geschäft Deutschlands der Colonialwaren-Branche mit über 230 Niederlagen in Elsass-Lothringen, Baden, Luxemburg und Saargegend.« Die vorliegenden Marken der Serie II stellen das gesamte Sortiment des Consum-Geschäfts dar: Man erkennt Luxus-Konsumgüter wie Hummer, Champagner und Liköre bis hin zu Haushaltswaren wie Seife. Bei so schnell und hastig hergestellten Werbemitteln differierten die Farben oft stark (manchmal fehlte sogar ein Druckvorgang bzw. eine Farbe). Auch im Fall dieser Serie stammen nicht alle vorliegenden Motive aus demselben Druckvorgang.

Besonders aufschlussreich im Hinblick auf die ›Erziehung‹ des Publikums zu einer gewissen Kennerschaft erscheint Gottliebs Serie VI. Sie dürfte mindestens 10 verschiedene Motive umfasst haben, von denen vier vorliegen. Diese Serie bietet ein veritables Stück Kulturgeschichte, indem sie vom Anbau über das Pflücken, Fermentieren und Verpacken des Tees Einblicke in die verschiedensten Stadien seiner Produktion gibt.

Auf der Höhe der Zeit zu bleiben, war aber nicht nur in Sachen Werbung gefordert, sondern auch im so fundamentalen Bereich des Warentransports. Angesichts ihres sich immer weiter ausbreitenden Filialnetzes musste eine

Gottlieb-Reklamemarken Serie II, Motive 1, 9 und 6 sowie Motiv 2 mit vergessener Farbplatte (ca. 1914).

Gottlieb Reklamemarken zur Produktion von Tee (ca. 1914), Serie VI, Motive 3, 4, 8 und 9.

Firma wie Gottlieb möglichst bald die schwerfälligen Pferdefuhrwerke durch leistungsfähigere Motor-Lastkraftwagen ersetzen – schon um die Erweiterung desselben über den Rhein von Colmar aus vorantreiben zu können. Denn nur mithilfe von Motor-Lastwagen ließen sich ja Entfernungen von 50 bis 80 km bewältigen, um Freiburg oder Offenburg zu erreichen. Freilich bedeutete noch immer jede Fahrt ein Tagesunternehmen, weil sich die Hartgummireifen bei Geschwindigkeiten über 25 km/h so sehr erhitzten, dass sie sich selbst zerstörten. Zwei solcher Lkw, deren Nummernschilder sie als im Ober-Elsass gemeldet ausweisen,[9] stehen kurz vor dem Ersten Weltkrieg abfahrbereit an der Rampe des Zentrallagers in Colmar; im Hintergrund ist der Uhrenturm des Colmarer Bahnhofs zu erkennen. Bei genauerer Betrachtung zeigt sich, dass die Lkw nicht nur Transportmittel, sondern auch schon fahrende Werbung für das Unternehmen darstellten. Auf den Pritschen und Planen, ja selbst an ihren Kühlern prangt der Name Gottlieb.

Den Schritt nach Südbaden hatte Ludwig Gottlieb im Herbst 1898 gewagt und im September und Oktober nahezu zeitgleich in Freiburg, Lahr und Offenburg drei Verkaufsstellen eröffnet (in Freiburg in der Kaiserstraße 158, in Lahr in der Marktstraße 13). Wie groß das Paket an Werbemaßnahmen war,

Gottlieb-Lkw vor dem Zentrallager des »Rayon III« in Colmar (ca. 1913).

dem Publikum vor Ort die neue Einkaufsgelegenheit bewusst zu machen, ob Plakate, Handzettel oder gar Spektakel in der Öffentlichkeit zum Einsatz kamen, ist nicht mehr zu recherchieren. Erhalten haben sich aber – dank eines Digitalisierungsprojekts der Universität Freiburg – sämtliche Gottlieb-Annoncen in der Freiburger Zeitung, dem bevorzugten Pressetitel des wohlsituierten Freiburger Bürgertums. Allein der Wandel der Angebots-Politik bis zum Ersten Weltkrieg mag dabei manchen Aufschluss über die steigende Akzeptanz des Unternehmens in der Freiburger Bevölkerung zutage fördern.

Erstmals hatte sich Ludwig Gottlieb in der Freiburger Zeitung vom 9. September 1898 so vorgestellt:

> Es wird stets mein eifrigstes Bestreben sein, nur durch tadellose Waaren, alleräußerst gestellte Preise sowie prompte und reelle Bedienung das Vertrauen der werthen Kundschaft auch hier zu erwerben und zu erhalten suchen und bitte um geneigtes Wohlwollen.

Die zwar nüchtern klingende, nicht ohne Selbstbewusstsein vorgetragene Angabe »75 Filialen in Elsass-Lothringen, Luxemburg, Mosel und Saargegend« konnte (und sollte wohl) das Freiburger Publikum dahingehend deuten, dass es sich um einen besonders leistungsfähigen und bestens eingeführten Betrieb mit internationalen Verbindungen handelte, der modern aufgestellt war, weil er über Telefonanschluss verfügte und auch Lieferungen frei Haus anbot.

Diese Anzeige blieb über viele Jahre hin Ludwig Gottliebs größte überhaupt. Zu normalen Zeiten war seine Insertionspolitik auf maximale Spar-

Geschäftseröffnungs-Anzeige in der Breisgauer Zeitung vom 9. September 1898 (zugleich auch in der Freiburger Zeitung).

samkeit gestellt, was sich in meist sehr kleinformatigen Annoncen bekundete. So erschien – vor allem im Sommer – oft monatelang keine einzige Gottlieb-Anzeige in der Zeitung, bis dann kurz vor Weihnachten die Insertionstätigkeit wieder einsetzte. Schmuckelemente oder gar Werbesprüche, wie sie schon vor dem Ersten Weltkrieg bei anderen Freiburger Firmen immer wieder auftauchten, finden sich in Gottlieb-Inseraten erst vereinzelt in den 1920er-Jahren. Freilich lässt auch die recht schmucklos daherkommende Anzeige Interpretationen zu, wenn etwa eine breite Palette teurer Artikel oder »edler Marken« auf ein bestimmtes Käuferklientel verweist, das man gezielt ansprechen wollte.

Auf welche Konkurrenz traf Gottlieb 1898? Es gab in Freiburg immerhin schon einen anderen am Ort eingeführten Filialbetrieb: »Kaiser's Kaffeegeschäft« in der Schusterstraße 27. Nach Gottliebs Erstauftritt beeilte sich Kaiser's, noch im Dezember 1898 in der Kaiserstraße 76, Gottlieb fast gegenüber, eine zweite Filiale zu eröffnen. Freilich war das Angebot hier beschränkt auf Kaffee, Tee, Kakao oder Biskuits. Neben Kaiser's gab es in Freiburg diverse Detaillisten wie etwa die »Erste badische Cognacbrennerei Max Kölble und Hesselheim« mit »diversen Verkaufsstellen in der Stadt« oder die »Spirituosen-, Wein- und Theehandlung« Franz Siebenmann in der Gerberau 1. Andere Geschäfte waren eingeführte Adressen für bestimmte Warengruppen; etwa die Obst- und Gemüsehandlung Ketterer in der Universitätsstraße 3 oder der »Hoflieferant Holzhauer« für sein Angebot an Fisch und Geflügel. Auch zahlreiche Kolonialwarenhändler gab es bereits wie etwa August Heinrich Schulz in der Schwabentorstraße 1 oder die Delikatessenhandlung Franz Tritschler in der Salzstraße 1, in der sich zudem eine Filiale von »Messmers Glühluft-Kaffee-Rösterei mit Motorbetrieb« befand. Im Gegensatz dazu war Gottliebs

Warenangebot, wenngleich auf »Colonialwaren und Delicatessen« besonders fokussiert, doch deutlich breiter aufgestellt, insofern war man – mit einem modernen Begriff – der erste »Vollsortimenter« am Standort Freiburg.

In seiner ersten reinen Waren-Annonce vom 1. Oktober 1898 zeigte Gottlieb, dass man vor allem das »bessere« Publikum mit ›standesgemäßen‹ Produkten wie »Astrachaner Caviar«, »feinen Wurst- und Fleischwaren« und »Conserven neuester Einmachung« zu verwöhnen gedachte. Kurz vor Weihnachten 1898 bot Gottlieb erstmals auch Südfrüchte an wie Mandarinen und Orangen, dazu Wal- und Haselnüsse »bester Waare« für die Weihnachtsbäckerei – Artikel, die auch in den kommenden Jahren wiederkehrender Teil des saisonalen Angebots bleiben sollten. Schon drei Jahre später, an Weihnachten 1901, hielt Gottlieb nicht nur mehrere Sorten Caviar vor, sondern auch ein breites Angebot an Fisch-Delikatessen wie »Kieler Sprotten, Schlei-Bücklingen, Macrelen, Flundern und Räucher-Lachs«. Das erscheint angesichts der großen Entfernung Freiburgs zum Meer bemerkenswert, da es damals noch keine ausgefeilte Kühlketten-Technik gab.

Für Gottlieb entwickelte sich Freiburg zu einem lukrativen, besonders stark wachsenden Markt mit großem Zukunftspotenzial; schließlich nahm die Zahl seiner Einwohner zwischen 1895 und 1910 mindestens um fünf, oft sogar um zehn Prozent im Jahr zu (1895: 53 118; 1900: 61 504; 1905: 74 098; 1910: 83 324 Einwohner) – dementsprechend stieg auch der Anteil gut bezahlter Beamter, Universitätsangestellter und wohlhabender Rentiers. Dass dieses ebenso gebildete wie kauf- und genussfreudige Publikum für exklusive Delikatessen besonders empfänglich war, spiegelte sich schon bald im ständig wachsenden Angebot ausgesuchter und teurer Alkoholika wider.

Der Erfolg in Freiburg stand in deutlichem Gegensatz zu den Marktproblemen im nördlichen Elsass. In einem Brief

Gottlieb-Anzeigen in der Freiburger Zeitung (1898 und 1901).

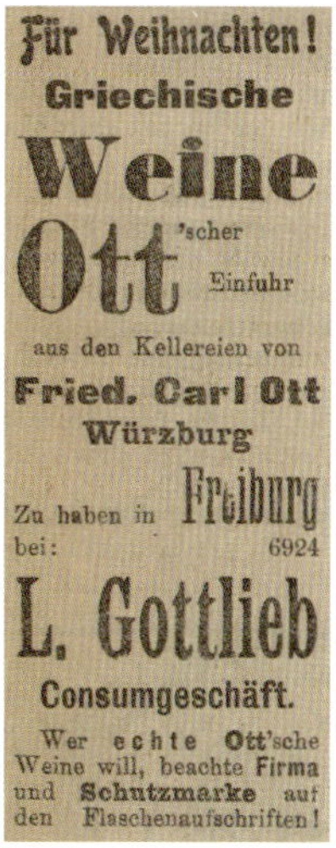

Gottlieb-Anzeigen in der Freiburger Zeitung (1903 und 1904).

an seinen Geschäftspartner vom 7. Juni 1901 klagt Ludwig Gottlieb über die mächtige Konkurrenz der französischen Filialbetriebe, etwa am Standort Zabern (heute: Saverne). Dort habe er

> kein zweites Geschäft gemiethet, sondern nach Ablauf des Vertrages mit dem ersten Vermiether, da das Geschäft schlecht ging und ich damals hauptsächlich der Lage die Schuld gab, ein anderes am Marktplatz gemiethet. Da jedoch trotzdem das Geschäft immer schlechter ging und weder durch billige Preise noch durch Wechsel der jungen Leute eine Änderung zu erzielen war, habe ich mich mit dem Hauseigentümer verständigt, denselben entschädigt und das Geschäft aufgegeben. In Zabern haben sich die Epicerien vereinigt und bilden einen geschlossenen Ring, kaufen zusammen ein und thun alles um die Kunden von uns abspenstig zu machen.

Ein anderer hartnäckiger Gottlieb-Konkurrent schon seit den 1880er-Jahren war die ebenfalls als Lebensmittelfilialbetrieb aufgestellte Firma Pasquay & Lindner (Ursprung ebenfalls in St. Johann!) mit Filialen in Dudweiler, Ensheim oder Merzig.

Hinzu kam kurz nach der Jahrhundertwende interner Zwist: In einer »Trennungsvereinbarung« zwischen Ludwig Gottlieb jun. und Fritz Francke vom 19. Dezember 1901 heißt es, dass die »bisherige geschäftliche Gemeinschaft vom 1. Juli 1902 derart geschieden« werde, um den Streit über die »Abgrenzungsfragen« zwischen den einzelnen Rayons zu beenden. Die Spuren dessen finden sich noch in den Anzeigenteilen des Freiburger Adressbuchs: 1902 präsentieren sich Ludwig Gottlieb jun. und Fritz Francke noch als gemeinsame Geschäftsführer, 1903 steht nur noch Ludwig Gottlieb dem Unternehmen vor.

Nach Fritz Franckes Tod 1905 kommt es erneut zu harten juristischen Auseinandersetzungen zwischen dessen Nachkommen und der Firma L. Gottlieb, die erst im Jahre 1914 in einem Vergleich beigelegt werden können.

Währenddessen verfolgten Pasquay & Linder Gottlieb auch am lukrativen Standort Freiburg. Im Jahr 1904 tauchte der saarländische Dauerwettbewerber urplötzlich hier auf und eröffnete auf einen Schlag gleich vier Filialen (Eisenbahnstraße 24, Schwabentorstraße 5, Kaiserstraße 156, Rotlaubstraße 2 sowie ein Bureau: Faulerstraße 12a), eine davon (Kaiserstraße 156) sogar unmittelbar neben Gottliebs (Kaiserstr. 158) bislang einziger Verkaufsstelle. 1905 spitzte sich der Konkurrenzkampf zu. Gottlieb wich auf die andere Seite der Kaiserstraße (Nr. 151) aus und eröffnete in der Schiffstraße 12 und am Schwabentorplatz zwei weitere Verkaufsstellen, gegenüber inzwischen schon fünf Filialen (neu 1905: Klarastraße 15) von Pasquay & Lindner. Diese legten 1906 sogar noch einmal nach mit der Eröffnung zweier weiterer Verkaufsstellen an Unter- und Oberlinden.

Doch die Wettbewerber hatten sich mit ihrer Verdrängungspolitik offensichtlich ›verhoben‹. Hatten sie das Wachstumspotenzial in Freiburg über- oder Gottliebs inzwischen gefestigte Stellung bei der Freiburger Kundschaft unterschätzt? Ab 1907 sind Pasquay & Lindner jedenfalls nicht mehr im Freiburger Adressbuch zu finden. Im Gegenzug übernahm Ludwig Gottlieb nun einige ihrer aufgegebenen Ladenlokale (z.T. sogar inklusive der Telefonnummern) und erreichte 1907 mit zehn die höchste Zahl an Verkaufsstellen vor dem Ersten Weltkrieg.[10] Um Aufwand und Ertrag möglichst schnell wieder in Einklang zu bringen und auf den Weg des soliden Wachstums zurückzukehren, gab er einige davon rasch wieder auf. Zwischen 1909 bis 1914 beließ er es bei sechs bis sieben Filialen im Stadtgebiet.

Schließlich schlugen allein die Kosten für die Ladenmieten stark ins Kontor. Nach Zahlen aus dem Jahr 1911 belief sich der durchschnittliche Mietpreis einer Filiale in einer mittelgroßen Stadt wie Freiburg auf 1200 bis 1400 Mark im Jahr, in Großstädten wurde mindestens das Doppelte verlangt.[11] Die Gesamtkosten für eine Verkäufe-

Weihnachtsanzeige des Gottlieb-Konkurrenten Pasquay & Lindner in der Freiburger Zeitung (1907)

rin bewegten sich (Gehalt, Naturalien, Versicherung etc.) zwischen 1100 und 1200 Mark im Jahr (= Monatslohn knapp 100 Mark). Hinzuzurechnen war außerdem ein Revisor, der für im Durchschnitt 30 zu betreuende Filialen zuständig war und an Gehalt und Spesen pro Jahr mit etwa 6000 Mark zu Buche schlug (auf die einzelne Filiale umgelegt also 200 Mark). Damit summierten sich allein die Personalkosten (bei einer Verkäuferin) auf mindestens 1400 Mark (Entlohnung plus Revision) pro Filiale. Demgegenüber war ihr Wochenumsatz mit etwa 500 Mark zu veranschlagen, auf das Jahr hochgerechnet also etwa 25 000 Mark. Die Kosten eines Lebensmittelfilialunternehmens durchschnittlicher Größe mit etwa 30 Verkaufsstellen setzten sich (nach Durchschnitts-Zahlen von 1909) so zusammen: auf Gehälter entfielen im Schnitt 26 %, auf Sozialversicherung 0,6 %, Mieten 27 %, Druckreklame 3 %, Steuern 3,6 %, Frachten und Porti 8,5 %, Rabattsysteme 19 %, Diverses 12,3 %.[12]

Es konnte nicht Ludwig Gottliebs Ziel sein, nur die Zahl der Filialen zu erhöhen, sondern es galt die Qualität und Preiswürdigkeit des Angebots zu verbessern im Sinne steigender Attraktivität für die Kunden und wachsender Rentabilität für seinen Betrieb. Dementsprechend dehnte er seine Aktivitäten auf weitere attraktive Artikel im Lebensmittelsektor aus. Neu war 1907 ein breites Angebot an Seefisch in Dosen – direkt vom Eisenbahnwaggon, und das nicht nur zu Festtagen wie Weihnachten und Neujahr, sondern auch zu ›normalen‹ Zeiten – so jedenfalls einer Annonce vom 15. Januar 1907 zu entnehmen. Das Jahr 1907 bedeutete für den Lebensmittelhandel im Deutschen Kaiserreich ohnehin ein Wendejahr. Die von einem einzelnen Kaufmann geführte Kolonialwarenhandlung alten Stils konnte im zunehmenden Konkurrenzkampf, der sich in heftigen Rabattschlachten austobte, immer schwerer mithalten. Die veränderte Marktsituation führte zu Konzentrationsprozessen und neuen Formen händlerischer Selbstorganisation – wie der Gründung der EDEKA (Zentral-Einkaufsgenossenschaft des Deutschen Kolonialwaren-Einzelhandels) zunächst als Revisionsverband.[13]

Bei der ständigen Suche nach neuen verkaufsträchtigen Attraktionen kam Ludwig Gottlieb an Weihnachten 1909 auf die Idee, sein Angebot erstmals auf Artikel aus dem Non-Food-Bereich auszuweiten und bot jetzt Christbaumkerzen und dazu passende Baum-Kerzenhalter »in schöner Ausführung« an.

Etwas für die Jahre vor dem Ersten Weltkrieg geradezu Sensationelles hatte er schließlich an

Von eingetroffenen Waggons empfehle:

Delikatess-Rollmöpse
per 4 Liter-Dose Mk. 2.00

Bismarckheringe
per 4 Liter-Dose Mk 2.00

Prima Bratheringe
volle schön gebratene Fische
per 4 Liter-Dose Mk. 1.80

Prima Bratschellfische
per 8 Liter-Dose Mk. 2.60

Die Preise verstehen sich netto ohne Oktroi. 7108

L. Gottlieb.

Gottlieb-Anzeige in der Freiburger Zeitung vom 15. Januar 1907.

Weihnachten 1913 im Angebot: eine »Riesenauswahl« von 300 000 Lebkuchen (»prima Qualitäten bei billigsten Preisen«). Diese wurde dem Publikum in eigens in den Filialen ausgebauten »Ausstellungen« präsentiert. Es war zudem das erste Mal, dass in einer Gottlieb-Anzeige ausdrücklich auf eine »Waren-inszenierung« hingewiesen wurde.

Dass Gottlieb dazu überhaupt in der Lage war, eine solche »Riesenauswahl« zu beschaffen, hatte seinen Grund in einer neuen Bezugsquelle. Im Mai 1913 war Gottlieb als eines ihrer Gründungsmitglieder der »Gedelfi« (= »Großeinkauf deutscher Lebensmittelfilialbetriebe GmbH« Köln) beigetreten. Dabei handelte es sich um eine Vereinigung mittelständischer Lebensmittelhändler mit der Zielvorgabe, endlich ein massives Gegengewicht gegen die Marktmacht der Markenartikelproduzenten einerseits und der konkurrierenden Einkaufsorganisationen wie der EDEKA-Genossenschaft andererseits aufzubauen. Zu den Gedelfi-Gründern zählten folgende 13 mittelständische Lebensmittelfilialbetriebe: Carl Fröhling, C. Hok, J. Latscha, Schade & Füllgrabe (alle aus Frankfurt), Gustav Lichdi (Heilbronn), B. Ebert (Kaiserslautern), P. Pfannkuch & Co. (Karlsruhe), Joh. Schreiber (Mannheim), Georg Jos. Meier & Co. GmbH (Nürnberg), L. Gottlieb GmbH (Sablon/Metz), L. Gottlieb (Saarbrücken), Pasquay & Lindner Nachfolger (Straßburg), Mettler & Gengenbach (Stuttgart) und Carl Gaißmaier (Ulm).[14]

Der Zusammenschluss erschien dringend geboten, da die Markenartikelindustrie bis dahin nur dem Nahrungsmittelgroßhandel einen Funktionsrabatt von 15 % eingeräumt hatte, den Filialisten diesen Rabattsatz aber weiterhin vorenthielt. Jetzt waren die Markenartikler ihrerseits gut beraten, diese Haltung angesichts der in der Gedelfi zusam-

Gottlieb-Weihnachtsanzeige in der Freiburger Zeitung 1909.

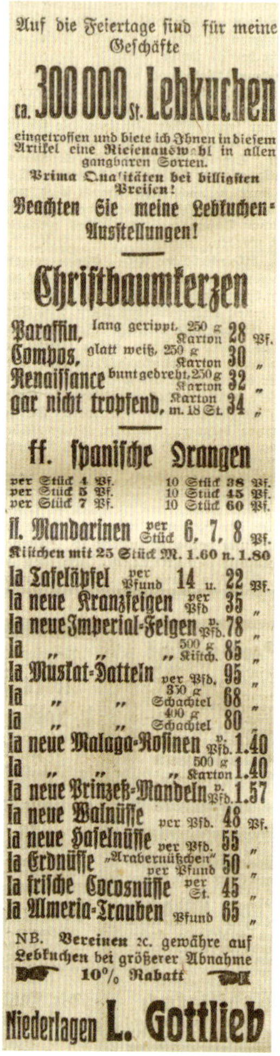

Gottlieb-Anzeige an Weihnachten 1913 in der Freiburger Tagespost (parallel dazu auch in der Freiburger Zeitung geschaltet).

mengeballten Einkaufsmacht zu überdenken. Die über die Gedelfi günstig bezogenen 300 000 Lebkuchen ist Gottlieb an Weihnachten 1913 allerdings nicht losgeworden, sodass der Rest an Silvester besonders billig abgegeben wurde.

Zum bevorstehenden Osterfest 1914 bietet Gottlieb neben den üblichen Backzutaten und frischen Eiern (»schwere Ware«) erstmals auch Farben zum Kolorieren der Eier an, zudem preiswerte Gemüse-Konserven mit 15% Preisnachlass, was angesichts der »hohen Frisch-Gemüse-Preise« ein sehr vorteilhaftes Angebot für den Ostertisch bedeute.

Doch schon im Mai dieses Jahres, gut drei Monate vor Ausbruch des Ersten Weltkriegs, scheint sich der Vorschein der »Ur-Katastrophe des 20. Jahrhunderts« (George F. Kennan) sogar in Gottliebs Warenangebot anzukündigen. Im Gegensatz zum Haupt-Kaufargument »Qualität« der Vergangenheit ist es jetzt die Billigkeit der Lebensmittel, die deutlich in den Vordergrund rückt. Auch wird anstatt frischer Tafelbutter wie in vielen Jahren zuvor nun Fettersatz wie Schmalz, Palmnussbutter und Margarine (Marke »Berolina«) ausgelobt, dazu billiger Gerstenkaffee (17 Pf.). Von der großen Palette der Premium-Produkte an Ostern ist nur noch der gebrannte Kaffee übriggeblieben (allerdings sechs Mal teurer als der Gerstenkaffee für 1,25 Mk.!) Erstmals tritt Gottlieb auch mit Eigenmarken bei Suppenwürzen und Bouillon-Würfeln hervor und bietet Firmen wie Maggi, die in diesem Marktsegment beherrschend waren, damit die Stirn. Statt Markenwaren nun Eigenmarken, schon bald nur noch Ersatzprodukte und keinerlei Sonderangebote mehr – das sollte in den kommenden vier Kriegsjahren der immer schwerer zu bewältigende Lebensalltag der Menschen sein.

Gottlieb-Oster-Anzeige vom 7. April 1914 in der Freiburger Zeitung.

Gottlieb-Anzeige in der Freiburger Zeitung vom 7. Mai 1914.

METZ. - Monument de l'Empereur Guillaume Ier renversé
F. Conrard, édit., Metz

3

Generationenwechsel im Ersten Weltkrieg

Mangel- und Hungerjahre und der Totalverlust der Filialen in Elsass-Lothringen 1918

In Bertolt Brechts Theaterstück über den 30-jährigen Krieg singt die Marketenderin Anna Fierling: »Von Ulm nach Metz, von Metz nach Mähren! Mutter Courage ist dabei. Der Krieg wird seinen Mann ernähren …« Im August 1914 ist Metz erneut ins Kriegsgeschehen involviert, zwar nicht als unmittelbarer Schauplatz, aber doch mehr als nur tangiert, da sich wenige Kilometer außerhalb der Stadt ein mörderischer, über volle vier Jahre anhaltender Abnutzungskrieg entwickelt.

»Der Krieg wird seinen Mann ernähren …« mochte sich auch Ludwig Gottlieb gedacht haben, nachdem Metz zur Drehscheibe für den Feldzug gegen den »Erzfeind« Frankreich geworden war. Für den Handel mit Armeeangehörigen konnte es keinen günstigeren Ort geben als diesen: Hier wurden große Lager für die Ausrüstung und Versorgung der kämpfenden Truppe eingerichtet, hier trafen täglich die Nachschubzüge aus dem Reich ein. Hinzu kamen tonnenweise privat gespendete »Liebesgaben für unsere Feldgrauen« (Zigaretten, Alkoholika, Kleidung, Bücher, Seife etc.), die von hier aus an die Empfänger in den Schützengräben verteilt wurden. Von Metz gingen aber auch die Sammeltransporte mit den Verwundeten und Toten zurück ins Reich. Denn im gerade einmal 40 km entfernten Verdun entwickelte sich zwischen Februar und Dezember 1916 eine der erbittertsten Materialschlachten des Krieges mit 700 000 Toten und Schwerverletzten auf beiden Seiten.

Seine Grundversorgung an Lebensmitteln erhielt der einfache Soldat durch den militärischen Verteilungs-Apparat. Zu seiner Tagesration, der sogenannten Feldkost, gehörten auch zwei Zigarren (eigentlich eher Stumpen) und zwei Zigaretten.[1] Höhere Dienstgrade wie Offiziere, die Zugriff auf Fahrzeuge hatten, waren dagegen in der Lage, ihre Versorgung aufzubessern, indem sie im nahen Metz auf Einkaufstour gingen.

Lässig gekleidete Offiziere bei einem Freigang bzw. einer Freifahrt: vorn am Steuer Arthur Gottlieb.

»Von München über Metz nach Paris« – Truppentransport an den westlichen Kriegsschauplatz im August 1914.

Ganzseitige Gottlieb-Anzeige in der deutschsprachigen »Metzer Zeitung« vom 23. Oktober 1914.

Das beweist eine ganzseitige Gottlieb-Anzeige, erschienen am 23. Oktober 1914 in der deutschsprachigen »Metzer Zeitung«. »Keinem Truppenteil«, so heißt es da, »sollen die folgenden Lebensmittel fehlen«. Die Liste der verfügbaren Waren liest sich wie das Weihnachts-Sonderangebot eines Delikatessenladens: Hummer und Lachs, Anchovypaste und Gänseleber sowie eine breite Palette diverser Alkoholika. Angeboten wird all dies zur Selbstabholung, entweder im Einzelverkauf im Stadtzentrum des Gottlieb-Hauptgeschäfts Ecke Palast- und Priesterstraße (heute: Rues du Palais / Rue des Clercs) oder aber »im Grossen« direkt von der Rampe des Lagers in Metz-Sablon. Auch Wiederverkäufern und Marketendern empfiehlt sich Gottlieb als erste Bezugsquelle.

Doch dieses so selbstverständlich daherkommende Angebot war ein Phänomen aus der Frühphase des Krieges, als die Hoffnung auf einen schnellen Sieg noch groß gewesen war. Spätestens mit der Einführung der Brotmar-

Nur bei Gottlieb erhältliches Sonderangebot »Für unsere siegreichen Truppen im Felde!«: Hand-Feldkocher »Bewei« mit D.R.G.M. (Deutsches Reichs-Gebrauchs-Muster).

ken im Frühjahr 1915 verschlechterte sich die allgemeine Versorgungssituation dramatisch, sodass solch eine Anzeige nur noch als zynisch empfunden worden wäre. Im Spätsommer und Herbst 1914 dagegen, als die noch vorhandenen Ressourcen es zuließen, entstand für wenige Wochen eine ganze »Liebesgaben-Industrie«. So manche Firma stellte jetzt Sondereditionen aus ihren Warensortimenten in Form sogenannter »Feldpostbriefe« zusammen.

Einen solchen »Feldpostbrief« mit einem für die Wintermonate passenden Produkt hatte auch Gottlieb im Angebot: ein »Hand-Feldkocher« für »unsere siegreichen Truppen im Felde« in zwei Versionen (für 1 Mark und 1,50 Mark), mit dem sich 10 Trinkbecher heißer Getränke wie Kaffee, Tee, Cacao, Boullion, Rum oder Grogs herstellen ließen: »Der Ständer wird aufgeklappt, von der Zündmasse D.R.P. werden 4 Stück abgebrochen und auf die Kochplatte kreuzweise übereinandergelegt und angezündet. Der Inhalt des daraufstehenden Bechers kocht in wenigen Minuten.« Inspiziert und für gut befunden sei der Feldkocher von Guido Graf Henckel von Donnersmarck, dem Delegierten des Roten Kreuzes für die Freiwilligen Krankenpflege, ebenso von Prinzessin Franzi zu Sayn und Wittgenstein, Fürstin zu Schönburg.

Ein solches Produkt war in Gottlieb-Filialen in Freiburg natürlich nicht verfügbar. Gleichwohl setzte der Krieg der Firma auch hier weniger zu als den meisten Betrieben des produzierenden Gewerbes. Jetzt, da die Produktion von Rüstungsgütern immer mehr Ressourcen verschlang, konnte sich der privatwirtschaftlich aufgestellte Lebensmittelhandel, neben den Konsum-Genossenschaften, noch relativ gut behaupten. Schließlich war er aufgrund seiner Versorgungs- und Verteilungsfunktion für lebensnotwendige Güter

Nicht nur Lebensmittel, auch Münzkleingeld, da zunehmend für die Rüstung eingezogen, wurde während des Krieges immer knapper. Im September 1917 gab Freiburg, wie viele andere Gemeinden auch, erstmals städtisches Notgeld wie diesen 50 Pf. Gutschein aus, um die Zahlungsmittelknappheit abzumildern.

viel zu wichtig, – sodass Gottlieb in Freiburg sogar noch bis ins Jahr 1916 vier von ursprünglich sieben Filialen betrieb. Sonderangebote freilich gab es schon lange nicht mehr.

Lebensmittelknappheit und fortscheitende Inflation veränderten das Gesicht der Schaufenster. Mit rigorosen Verordnungen versuchte die Stadtverwaltung der Lage Herr zu werden. So hieß es in einer »ortspolizeiliche Vorschrift über den Verkauf von Gegenständen des Kleinhandels« Ende Juli 1915, dass »während der Verkaufszeit die Preise durch einen von außen sichtbaren und lesbaren, mit amtlichem Stempel versehenen Anschlag am Verkaufslokal zur Kenntnis des Publikums zu bringen«[2] seien. Um dem Druck der Preiskontrollen zu umgehen, war natürlich die Versuchung groß, dafür an anderen Stellschrauben wie der Qualität oder dem Gewicht der Waren zu drehen – was wiederum neue Verordnungen nach sich zog, nach denen jetzt bei Brot, Mehl, Teigwaren, Hülsenfrüchten, Gemüse, Salat, etc. bis hin zu Leuchtölen, Holz, Kohlen, Futtermitteln Gewichte und Mengen zwingend anzugeben seien. Im Hungerjahr 1917 nach dem berühmten »Steckrübenwinter«, als der offizielle Handel immer weniger zu verkaufen hatte, weil die raren Güter zunehmend über den schnell wachsenden Schwarzmarkt abgesetzt wurden, verschwand auch die Firma Gottlieb für zwei Jahre aus den Adressbüchern. Bald wurden die immer schmaler ausfallenden Lebensmittelrationen nur noch über kommunale Stellen wie die im März 1917 eingerichtete »Kartoffelstelle« an die Bevölkerung verteilt.[3]

Den kriegsbedingten Niedergang seines Geschäfts dürfte der schon weit in seinen Sechzigern stehende Ludwig Gottlieb umso schmerzhafter empfunden haben, da die endgültige Übergabe der Geschäftsführung an seinen 1889 gebo-

Typisches Kriegsschaufenster, hier im Kaufhaus des Westens, Berlin1915: Akuter Warenmangel im Laden wird mit nachgestellter Schützengrabenszene und Massen an Schachteln, die Feldpostpakete darstellen sollen, verdeckt.

renen Sohn anstand, dem er sicherlich gern eine florierende Firma hinterlassen hätte, was angesichts der Kriegsumstände nun illusorisch geworden war.

Schon lange vor dem Waffengang hatte er damit begonnen, ihn zu seinem Nachfolger aufzubauen. Arthur hatte seine Schulzeit am Lyceum Metz absolviert und 1905 als Einjähriger sein Abgangszeugnis erhalten. Es folgte eine Lehre an der Bank von Elsass und Lothringen, die er 1907 mit einem Lehrzeugnis abschloss. Ein Kollegienbuch der Handelshochschule Köln und ein Studienzeugnis belegen seine Wander- und Studienjahre, ein Leumundszeugnis sowie Praktika bei verschiedenen Behörden, dass er sich auch in mehreren Berufsfeldern umgesehen und erste Berufserfahrungen gesammelt hatte. Hans Latscha, selbst Inhaber einer Lebensmittelkette in Frankfurt und der treibende auf den verbandlichen Zusammenschluss der Filialisten hinarbeitende Akteur, berichtet, dass er den gerade erst 19-jährigen Arthur schon im Oktober 1908 anlässlich eines Treffens der südwestdeutschen Groß-Detaillisten der Lebensmittelbranche getroffen habe.[4] 1911 trat Arthur Gottlieb als Junior-Chef in den väterlichen Betrieb ein.

Im Herbst 1914 erhielt der inzwischen 25-Jährige aber seine Einberufung. Damit war klar, dass die Gottliebs vom Krieg nicht nur profitieren konnten, sondern auch ihren Beitrag im Kampf »für Gott und Vaterland« zu leisten

Arthur Gottlieb (Mitte) als Dragoner (ca. 1915).

hatten. Für Ludwig Gottlieb hieß das, dass er selbst nun die Firma weiterführen musste, sein Sohn aber, wenn er schon seinen Militärdienst ableisten musste, wenigstens zu einer als ›standesgemäß‹ empfundenen Einheit wie den berittenen Dragonern kam.

Eigentlich war diese Truppe in der modernen Armee ein nur noch aus Traditionsgründen mitgeschlepptes Relikt. Dementsprechend »antiquiert« liest sich – selbst aus zeitgenössischer Sicht! – Arthurs Ernennung zum Leutnant:

> Nachdem Seine Königliche Majestät von Preußen, Unser allergnädigster König und Herr resolviert haben, den Vizewachtmeister im Landbezirk Metz Arthur Gottlieb zum Leutnant der Kavallerie in Gnaden zu ernennen und zu bestellen, so tun Allerhöchst dieselben solches auch hiermit und in Kraft dieses Patents dergestalt dass Seiner Königlichen Majestät und dero königlichem hohen Hause derselbe zuvörderst getreu hold und gehorsam sein, seiner Charge gebührend wahrnehmen, was ihm zu tun und zu verrichten obliegt und aufgetragen wird bei Tag und bei Nacht zu Lande und zu Wasser, fleißig und traulich ausrichten, bei allen vorfallenden Kriegs-Begebenheiten sich tapfer und unverweislich verhalten, wie es seiner Eidespflicht gemäß ist …[5]

Traditionsgemäß hatte die Kavallerie die Aufgabe, Erkundungs- und Aufklärungsritte (auch hinter die feindlichen Linien) durchzuführen, was ange-

»Verdun in Brand«: So Arthur Gottliebs Bildunterschrift zu seiner Luftbildaufnahme vom 3. April 1916.

sichts der bereits im September 1914 erstarrten Front und des beginnenden Stellungskrieges kaum mehr durchführbar war. Aufklärung über die militärisch-strategische Lage im Kampfgebiet – angefangen von Erkenntnissen über Truppenmassierungen des Feindes in bestimmten Abschnitten bis hin zur Überprüfung der Wirkung der eigenen Artilleriegeschosse – war jetzt umso wichtiger geworden. Aufklärung dieser Qualität konnte von nun an nur noch aus der Luft erfolgen, mithilfe von Luftschiffen oder Flugzeugen.

Spätestens Anfang 1916 muss Arthur Gottlieb von den Kavallerie-Dragonern zu den Fliegern gewechselt haben, was ein Fotoalbum belegt, das seine Zeit bei der Fliegertruppe dokumentiert und neben den üblichen Fotos von Kameraden auch Luftbildaufnahmen von seinen Aufklärungsflügen enthält. Als Flieger eingesetzt war Arthur Gottlieb 1916 in den Frontabschnitten westlich und südwestlich von Metz (Moulainville, Jaulny, Nomeny, Pont à Mousson, Fort Tavannes, Vaux, Verdun).[6]

Natürlich lichtete der Krieg auch bei den Heeresfliegern die Reihen, wenngleich längst nicht so stark wie bei den Bodentruppen in ihren mörderischen Grabenkämpfen. Auf einem Gruppenfoto (vermutlich Ende 1916) hat Arthur Gottlieb die gefallenen Kameraden gekennzeichnet.

Im April 1917 endet die militärische Karriere des Heeresfliegers Arthur Gottlieb abrupt. Das jedenfalls geht aus einem Eintrag in den »Verlustlisten des Ersten Weltkriegs«[7] hervor. Darin heißt es, Gottlieb sei beim Landen »leicht verletzt« worden.

Von 23 Kameraden sind bereits fünf gefallen, was Arthur Gottlieb (vorn rechts auf dem Stuhl sitzend) nachträglich markiert hat. Nebenbei zeigt die Aufnahme, dass es Mode war, Hunde als glücksbringende Maskottchen im Flugzeug mitzunehmen.

Leutnant Arthur Gottlieb auf Heimaturlaub (links mit seiner Mutter und seiner Schwester), nun auch »dekoriert« mit eisernem Kreuz und Abzeichen der Heeresflieger.

Der beim Landeanflug beschädigte Albatros-Doppeldecker Arthur Gottliebs.

Was die Zukunft des Unternehmens betraf, so erging es der Firma letztlich fast wie Mutter Courage, die am Ende, nachdem sie alle ihre Kinder verloren hatte, ihren Marketenderwagen allein weiterziehen musste. Hatte die Firma anfangs vom Krieg außerordentlich stark profitieren können, so büßte sie nach dessen Ende im Herbst 1918 aufgrund der im Versailler Vertrag festgelegten Gebietsabtretungen über 90 % ihrer Verkaufsstellen in Raum Elsass-Lothringen ein.

Ein Bild über die Zustände und Vorgänge in Metz nach dem Waffenstillstandsabkommen am 11. November 1918 zeichnet ein zeitgenössischer Bericht aus deutscher Sicht. Am Abend des 8. Dezember sei »ein »aufgestachelter Volkshaufen zur Plünderung deutscher Geschäfte« übergegangen:

> Mit Stemmeisen rückten die Rädelsführer an, zerbrachen die Fensterscheiben und schlugen die innere Einrichtung in Stücke. In gleicher Weise wurden die deutschen Geschäfte in der Römerstraße Schmitt (Papiergeschäft), Madsack (Damen-Handarbeitsgeschäft) ..., ferner Matschens (Delikatessen), Gottlieb (Lebensmittel) sowie die Warenhäuser Sali Fürst und Fürstenecke heimgesucht.[8]

Durch die Ausgabe personalisierter Ausweiskarten, nach denen die Bevölkerung jetzt in vier Klassen (a–d) eingeteilt und deutschstämmige Einwohner dabei der untersten Kategorie zugeordnet wurden, sei auch jedem deutschen

Das Ende der 47-jährigen »Annexion Allemande« im November 1918 findet sichtbaren Ausdruck im Umsturz des Denkmals Kaiser Wilhelms I. in Metz, Ansichtskarte von 1919.

Unternehmer die Geschäftsgrundlage entzogen worden – zumal in ihren Fällen auch Sperrung ihrer Guthaben bei Banken, Sparkassen, Notaren oder Gerichtsvollziehern und andere Zwangsmaßnahmen hinzukamen. »Die ›Maisons françaises‹ hingegen ließen sich von der Kundschaft die Legitimationskarten vorlegen, um die Inhaber der d-Karten an die deutschen Geschäfte zu verweisen. Diese waren aber längst nicht mehr in der Lage, selbst Waren einzukaufen, konnten also auch keine abgeben, waren vielmehr gezwungen, ihre einst blühenden Geschäfte zu Spottpreisen zu verkaufen.«[9]

Diese fast vollständige Zerschlagung seines Lebenswerks noch erleben zu müssen blieb Ludwig Gottlieb erspart. Er war bereits im August 1917 verstorben. Umso schwerer lastete jetzt die Aufgabe, aus den wenigen, auf der rechten Rheinseite gebliebenen Filialen einen Neuaufbau zu wagen, auf den Schultern des Sohns.

L. Gottlieb

4

Die Weimarer Jahre

Wiederaufbau unter schwierigsten Bedingungen – Von Null auf 22 Filialen in Freiburg

Schon Anfang 1919 macht sich Arthur Gottlieb an den Wiederaufbau des Familienunternehmens und verlegt es, nunmehr unter der Bezeichnung »Badische Handelsgesellschaft«, von Metz nach Freiburg. Das erste Büro mit zwei Angestellten wird provisorisch in der Bertoldstraße in zwei Zimmern, das Lager, vorerst mit nur einem Arbeiter besetzt, in der Klarastraße 15 untergebracht. Ende 1919 werden größere Räume auf dem Gelände der Löwen-Brauerei in der Klarastraße 71 bezogen. Auch in der Folgezeit wandern Büro und Lager mehrfach an andere Orte innerhalb der Stadt. Zudem erfolgt die Belieferung der Stadtfilialen noch lange mit gemieteten Pferdefuhrwerken, die der auswärtigen per Bahn.

Am 31. Januar bzw. 1. Februar 1919 kündigt Arthur Gottlieb sowohl in der »Freiburger« und der »Breisgauer Zeitung« als auch in der »Freiburger Tagespost« die erste Wiedereröffnung einer Filiale in der Rotlaubstraße 2 an: »Nach wie vor wird es mein Bestreben sein, meine verehrte Kundschaft nur vortheilhaft zu bedienen.« Freilich kann dieser Laden zunächst nur »Annahmestelle für Bestellmarken für städtische Waren« sein. Schließlich werden selbst Kartoffeln und viele andere Grundnahrungsmittel noch immer nur auf Bezugsschein abgegeben. Gleichwohl folgen noch in diesem Jahr weitere Wiedereröffnungen. Gegen Ende des Jahres sind in ganz Südbaden bereits sechs Filialen in Betrieb, zwei in Freiburg und vier außerhalb.

Doch die im Versailler Vertrag festgeschriebenen astronomischen Reparationsforderungen der Siegermächte und die sich beschleunigende Inflation lähmen die wirtschaftliche Erholung Deutschlands. Das trifft auch den Handel mit Lebensmitteln schwer, obwohl gerade diese Güter zu denen zählen, die jetzt am dringendsten gebraucht werden. Schon 1920 muss Arthur Gottlieb Verkaufsstellen wieder schließen. Laut Freiburger Adressbuch verbleibt ihm am Jahresende nur noch die Filiale in der Eisenbahnstraße 5 (»Kolonialwaren und Feinkosthandlung; Lager: Lagerhausstr. 25«).[1] Einer schnellen Expansion entgegen steht aber auch die in Freiburg rege genossenschaftliche Konkurrenz wie der »Lebensbedürfnis- und Produktivverein e.V.« Zwar hat auch er kaum ›echte‹ Waren anzubieten, weiß aber die Hoffnung zu nähren, dass die Genossenschaft über große Produktionsanlagen für Brot, Limonade und Bier verfüge und bald auch liefern könne – wobei freilich offenblieb, wann diese Waren in welcher Menge in welcher Qualität und zu welchem Preis wirklich zu kaufen wären. Dennoch »erlebten die Konsumgenossenschaften eine regelrechte Beitrittswelle. Bis 1921 zählten sie in Deutschland eine Million neuer Mitglieder.«[2]

Anzeige zur Wiedereröffnung der Gottlieb-Verkaufsstelle in der Freiburger Tagespost (parallel auch in der Freiburger und der Breisgauer Zeitung) vom 31. Januar 1919.

In Freiburg erlebt der Lebensbedürfnis- und Produktivverein nach dem Ersten Weltkrieg seine große Zeit. Gegründet worden war er bereits im Januar 1865, 1876 wurde er dann mit der Zielvorgabe »gute und billige Lebensmittel sowie sonstiger Haushaltsgegenstände«[3] über en gros Einkäufe zu beschaffen, als Genossenschaft eingetragen. Seine Mitglieder erhielten Legitimationskarten mit Nummern und Filialzugehörigkeit für den Warenbezug sowie eine Auszahlung ihres über das Jahr angesammelten Rabatts in Form einer Rückvergütung. 1920 konnte bereits die 21. Verkaufsstelle Ecke Karl- und Ludwigstraße eröffnet werden.

Von dieser Konkurrenz ließ sich Arthur Gottlieb nicht beeindrucken; das zeigt schon ein Blick auf seine private Lebensplanung. Im August 1919 hatte er seinen 30. Geburtstag gefeiert und sich neben der Lebensaufgabe, die Firma wieder aufzubauen, entschlossen, eine Familie zu gründen. Am 7. April 1921

Anzeige des Lebensbedürfnis- und Produktiv-Vereins in der Freiburger Zeitung vom 13. Januar 1919.

Arthur Gottlieb und seine Braut Maria Gall (April 1921).

heiratet er in Saarbrücken die 19-jährige Maria Gall, schon im Jahr darauf wird Tochter Hildegard geboren, 1925 Ellen. Von diesem Jahr an ist die Familie polizeilich in Freiburg gemeldet, anfangs in der Stadtstraße 4, ab 1928 dann in der Mozartstraße 72.

Was sein Geschäft betrifft, muss der Wiederanfang überaus mühsam gewesen sein – das jedenfalls legt allein schon ein Blick in die Anzeigenspalten der Tagespresse nah. Inserate für Lebensmittel sind zwischen 1919 und 1923 äußerst rar, solche für Genussmittel und Delikatessen finden sich so gut wie gar nicht. Das größte Problem der Menschen überall in Deutschland ist jetzt die immer mehr an Fahrt aufnehmende Geldentwertung. Lässt sich der Austausch von Ware gegen Geld bis zum Herbst 1922 noch notdürftig bewältigen, so wird dies im Sommer 1923 unmöglich, da die Hyperinflation morgens ausgezahlte Löhne schon am Abend desselben Tages in ihrer Kaufkraft halbiert. Jeder Versuch, diese Dynamik durch behördliche Maßnahmen einzudämmen, bleibt ebenso hilf- wie wirkungslos, wenn etwa Verordnungen umgesetzt werden sollen wie diese: »Nach dem Juni 1923 sind Gegenstände des notwendigen Bedarfs, die in Schaufenstern ausgestellt werden, durch

Freiburger Eine-Million-Mark-Schein vom 8. August 1923.

deutlich sichtbare Preisauszeichnungen oder Preisschilder auszuzeichnen. Der Aushang von allgemeinen Preistafeln genügt nicht.«[4] Angesichts fast schon stündlicher Preiserhöhungen, so der sich energisch dagegen verwahrende Handel, sei deren »buchstabengetreue Durchführung unmöglich.« Anfang August 1923 – inzwischen drucken, um ihre Arbeiter zu entlohnen, größere Betriebe in Freiburg wie etwa die Firma Mez schon ihr eigenes Geld[5] – muss selbst die Behörde zugeben, dass ihre »Preisschilderverordnung« in der Praxis nicht umzusetzen ist.

Ende November 1923 gelingt endlich, beim Valuta-Stand vom 4,2 Billionen Papiermark = 1 Dollar, der Währungsschnitt.[6] Mit Einführung der Rentenmark, ab Mitte 1924 Reichsmark (RM) genannt, wird eine stabile Grundlage für den täglichen Geschäftsverkehr zurückgewonnen. Auch mit der Firma Gottlieb geht es nun rasch bergauf. Das lässt sich schon an der schnellen Vermehrung der Filialen ablesen; allein in Freiburg steigt ihre Zahl von acht 1924 über 13 (1926), 18 (1928) auf über 20 im Jahr 1930. Ebenso wird die Palette der angebotenen Waren jetzt von Monat zu Monat breiter. An Weihnachten 1924 ist das Vorkriegs-Niveau wieder erreicht – mit einem großen Sortiment an Weiß- und Rotweinen (Kaiserstühler), Jamaica-Rum, Weinbrand-Verschnitt, Kirschwasser, Mirabellengeist etc. und »Likören erster Firmen« (Cherry-Brandy, Curacao, Anisette etc.) – an Silvester durch Sekt der (Luxus-) Marken Schönberger Kabinett, Chateau de Vaux (zu Preisen zwischen 2,50 bis 5 RM) noch gekrönt. Dementsprechend zeigt auch die Entwicklung des Gesamtumsatzes bei Gottlieb eine deutliche Aufwärtstendenz: Er steigt von 1,07 Millionen RM (1925) über 1,88 (1927), 2,33 (1929) auf 4,07 Millionen RM im Jahr 1931.[7]

Gottlieb-Weihnachtsanzeige mit großem Angebot an Weinen und Spirituosen (1924), an Silvester durch Spitzensekte »Chateau de Vaux« und »Schönberger Riesling« ergänzt.

Selbst ein großer Brand im Jahr 1925, der das inzwischen in den ehemaligen Stallungen und dem Scheunenbau der Infanterie- und Jägerkaserne (Nordkaserne) untergebrachte Zentrallager vernichtete, kann die kontinuierliche Aufwärtsentwicklung nicht bremsen. Ausgebrochen war das Feuer in der Nacht vom 17. auf den 18. April. Gegen 4.20 Uhr hatte es ein Wächter der Wach- und Schließgesellschaft entdeckt und die Feuerwehr alarmiert. In dem langgestreckten, zweistöckigen Hallenbau befanden sich auch Lager der mit Decken und Säcken handelnden Firma Zimmermann und des Malermeisters Spänle sowie eine privat genutzte 5-Zimmerwohnung. Anwohner hatten noch versucht den Brand selbst zu löschen, konnten letztlich aber nur noch »einige Kisten mit kondensierter Milch in Sicherheit bringen«. Die Freiburger Zeitung vom 18. April versuchte einen plastischen Eindruck vom Hergang zu zeichnen:

> Das Feuer fand seine größte Nahrung in dem der Firma Gottlieb gehörenden Kolonialwarenlager auf der Nordseite. Zucker, Mehl, Marmeladen, Fette, Öle, Hülsenfrüchte usw. boten reichlich Brennstoff und deshalb scheint auch

> gerade an dieser Stelle der Flammenherd gewaltig gewesen zu sein. Krachend zerbersten die Flaschen, und Fleischdosen liegen zertreten am Boden. Ein neuer Wasserstrahl bespritzt die verfehlten Balken, die einen selten soliden Eindruck machen. Vielleicht wäre sonst das noch stehende Gebälk längst zusammengebrochen. Mit langen Stangen versucht man das Wirrwarr zu trennen. Ein Windstoß lässt von neuem die Flammen gierig auflecken. Erst das Herabholen des sämtlichen Gebälks wird dem immer wieder aufflammenden Feuer Einhalt tun. Herr Kommandant Adler mustert mehrmals am Tag die Brandstätte und teilt von Neuem Befehle aus. Das ganze 30–40 Meter lange Gebäude ist innen ausgebrannt. Nur die äußeren Mauern stehen noch … Das Gebäude gehörte dem Staat und war den betroffenen Firmen mietweise überlassen. Der Schaden, der noch nicht mit Sicherheit feststeht, ist jedenfalls sehr groß. Über die Entstehung des Brandes liegen bis jetzt nur Vermutungen vor.[8]

Neue Räume werden zunächst in der Güterhallenstraße 8 gefunden, doch schon im Jahr darauf – 1926 – erfolgt ein erneuter Umzug in die Zollhallenstraße 12. Hier steht endlich ein eigenes Lagergebäude mit direktem Bahnanschluss zur Verfügung, über welche die Filialen in Südbaden beliefert werden können.

Wie konnte sich Arthur Gottlieb so schnell aus der Krise der Hyperinflationszeit herausarbeiten? Nach Ludger Vorberg seien es die strukturellen Vorteile der Filiatelisten gewesen, die es ihnen ermöglicht hätten, bis 1926 »die Position, die sie vor dem Krieg innegehabt hatten, zurück zu erobern«. Gegenüber ihren direkten Konkurrenten, den Einzelhändlern und den Konsumgenossenschaften hätten sie viel Boden gutmachen können dank »ihrer rationellen Einkaufs- und Verkaufsmethoden, dem raschen Umschlag der Warenlager und die daraus resultierender flexible Preispolitik und schließlich dank der in der Inflation gemachten Erfahrungen hinsichtlich optimaler Organisation und kostengerechter Kalkulation.«[9]

In der Tat begünstigten die wirtschaftlichen Rahmenbedingungen der zweiten Hälfte der 1920er-Jahre den Privatunternehmer deutlich. Schließlich handelte er stets aus vitalem Eigeninteresse heraus, beobachtete den Markt kontinuierlich und kaufte meist günstiger ein als der angestellte Geschäftsführer einer Konsumgenossenschaft. Zudem behielt er stets den Überblick über alle Felder seines Engagements, reagierte auf Marktveränderungen direkt und konnte Gelegenheiten spontan ergreifen, ohne sich lange mit einer Organisation absprechen oder gar vor dieser rechtfertigen zu müssen.

Auch die kleinen Einzelhändler waren den Filialbetrieben hoffnungslos unterlegen, viele von ihnen zu einem langsamen Absterben verurteilt. An ihren Standorten geradezu festgenagelt, mussten sie ihre schmalen Warensortimente nicht nur viel teurer einkaufen, sondern hatten im Verhältnis zur Verkaufsfläche immer ein viel zu großes Lager. Der Lebensmittelfilialbetrieb dagegen konnte mit der kleinstmöglichen Lagerfläche kalkulieren, unrentable Verkaufsstellen kurzfristig schließen und an gut frequentierten Plätzen wiedereröffnen, ebenso Waren, die stark nachgefragt oder umgekehrt wenig verlangt wurden, zwischen den Filialen austauschen – und machte dabei ständig neue und seinen Geschäftsbetrieb optimierende Erfahrungen.

Hinzu kamen die für ihn vergleichsweise geringen Personalkosten; schließlich rekrutierte sich das Gros seiner Beschäftigten aus unverheirateten jungen Frauen, die deutlich schlechter bezahlt wurden als Männer. Nach im Raum Köln erhobenen (durchaus übertragbaren) Ergebnissen aus dem Jahr 1931 zur sozialen Situation von Verkäuferinnen im Lebensmittelhandel verdiente eine ausgebildete Kraft im vierten bis zum sechsten Berufsjahr zwischen 90 und 113 RM im Monat, nach neun Berufsjahren 140 RM. Da die meisten dieser Frauen aus dem Arbeitermilieu stammten, empfanden sie ihre Anstellung im Handel gleichwohl als sozialen Aufstieg. Die damit verbundenen Illusionen jedoch auf eine »Karriere« – etwa als Filialleiterin – verflogen meist schon im zweiten oder dritten Lehrjahr. Die wöchentliche Arbeitszeit betrug selbst bei den 14- bis 20-Jährigen schon bis zu 60 Stunden, wobei die »rigorose Ausnutzung der jugendlichen Verkäuferinnen durch zu lange Arbeitszeiten«[10] die Regel war. Auch war es gängige Praxis, Lehrmädchen schnell wie Fachverkäuferinnen einzusetzen – bei Stundenlöhnen von oftmals nur 12 bis 15 Pfennigen. Am längsten arbeiteten die Filialleiterinnen, oft 72 Stunden und mehr in der Woche:

> Wir können daher wohl ohne Übertreibung sagen, dass die Gesundheit einer Lebensmittelverkäuferin, die 10 oder 15 Jahre unter den obwaltenden Umständen erwerbstätig war, so empfindlich geschwächt ist, dass sie später nur unter besonders günstigen Bedingungen ihrer eigentlichen Bestimmung als Gattin und Mutter ohne Schäden für sich und den Nachwuchs gerecht zu werden in der Lage ist.[11]

Die genannten Faktoren beschleunigten den Erfolg des Geschäftsmodells »Lebensmittelfilialbetrieb«. Zudem dachte Arthur Gottlieb ständig darüber nach, ob und wie sich neue Geschäftsfelder erschließen ließen. Er hatte gehört, dass es in der Schweiz einen Lebensmittelhändler gab, der neue Wege beschritt, um seine Waren an die Kunden zu bringen: Gottlieb Duttweiler. Der hatte bereits 1925 die in den USA bereits erfolgreich praktizierte Verkaufs-Methode der »fahrenden Filialen« in der Schweiz erfolgreich eingeführt und sich den Hausfrauen in Zürich auf Flugblättern dabei so vorgestellt: »Migros – der fahrende Laden: An die intelligente Frau, die rechnen kann«.[12]

Gottliebs »fahrende Filiale«, wie das Migros-Vorbild auf der Basis eines Ford T Modells (1928).

Fasziniert von der Idee, sein Geschäft unter Einsparung erheblicher Kosten für Ladenmieten und Personal auszuweiten, beginnt Arthur Gottlieb 1926 mit zwei mobilen Verkaufsläden (einen im Markgräfler Land, einen im Kaiserstuhl), kleinere Orte systematisch abzufahren und mit Lebensmitteln zu beliefern.

Doch das Projekt stößt beim örtlichen Einzelhandel auf erbitterten Widerstand. Man fürchtet nicht nur Umsatzeinbußen, sondern die Vernichtung von Existenzen. Bald wird der Verdacht geäußert, Gottlieb biete seine Waren vom Verkaufswagen aus billiger an als in seinen stationären Geschäften in Freiburg. Ende Februar 1928 betreibt das Bezirksamt Staufen akribische Nachforschungen und schreibt Bürgermeister im Markgräfler Land an, um sich ein klareres Bild zu verschaffen. Von etlichen Ortsvorstehern treffen Antworten ein, einige legen Preislisten bei.[13]

Die Unterstellung, Gottlieb wolle mit Dumping-Preisen die Existenz zahlreicher kleiner Lebensmitteleinzelhändler im Markgräfler Land zerstören, bestätigt sich jedoch nicht. Da die öffentliche Meinung aber nicht auf seiner Seite ist, gibt Arthur Gottlieb das Projekt der fahrenden Filialen 1928 wieder auf. Sein Geschäft läuft auch ohne sie bestens.

Schon Mitte der 1920er-Jahre gilt Gottlieb in Freiburg als die erste Adresse für hochwertige Lebensmittel, Delikatessen und ausgesuchte Alkoholika, wovon allein die von Jahr zu Jahr reicheren Angebote an Weihnachten eine beeindruckende Vorstellung vermitteln. So offeriert Gottlieb bereits 1925 seiner Freiburger Kundschaft spanischen Rotwein »Malaga-Gold« (sogar von 1917),

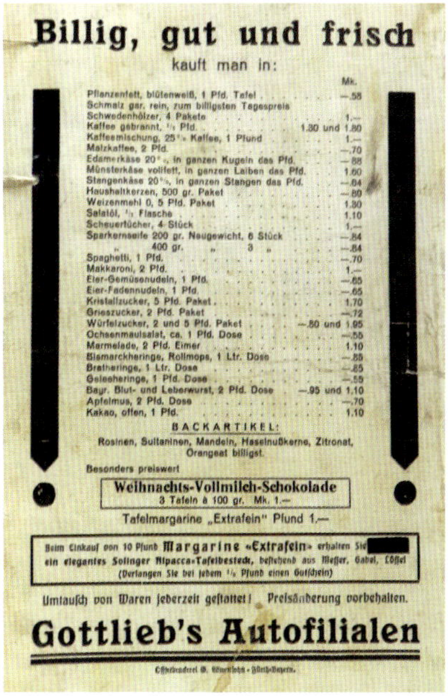

Billig, gut und frisch

kauft man in:

	Mk.
Pflanzenfett, blütenweiß, 1 Pfd. Tafel	–.58
Schmalz gar. rein, zum billigsten Tagespreis	
Schwedenhölzer, 4 Pakete	1.–
Kaffee gebrannt, ½ Pfd.	1.30 und 1.80
Kaffeemischung, 25% Kaffee, 1 Pfund	1.–
Malzkaffee, 2 Pfd.	–.70
Edamerkäse 20%, in ganzen Kugeln das Pfd.	–.88
Münsterkäse vollfett, in ganzen Laiben das Pfd.	1.60
Stangenkäse 20%, in ganzen Stangen das Pfd.	–.84
Haushaltkerzen, 500 gr. Paket	–.80
Weizenmehl 0, 5 Pfd. Paket	1.30
Salatöl, ½ Flasche	1.10
Scheuertücher, 4 Stück	1.–
Sparkernseife 200 gr. Neugewicht, 6 Stück	–.84
„ 400 gr. „ 3 „	–.84
Spaghetti, 1 Pfd.	–.70
Makkaroni, 2 Pfd.	1.–
Eier-Gemüsenudeln, 1 Pfd.	–.65
Eier-Fadennudeln, 1 Pfd.	–.65
Kristallzucker, 5 Pfd. Paket	1.70
Grieszucker, 2 Pfd. Paket	–.72
Würfelzucker, 2 und 5 Pfd. Paket	–.80 und 1.95
Ochsenmaulsalat, ca. 1 Pfd. Dose	–.55
Marmelade, 2 Pfd. Eimer	1.10
Bismarckheringe, Rollmops, 1 Ltr. Dose	–.85
Bratheringe, 1 Ltr. Dose	–.85
Geleeheringe, 1 Pfd. Dose	–.55
Bayr. Blut- und Leberwurst, 2 Pfd. Dose	–.95 und 1.10
Apfelmus, 2 Pfd. Dose	–.70
Kakao, offen, 1 Pfd.	1.10

BACKARTIKEL:

Rosinen, Sultaninen, Mandeln, Haselnußkerne, Zitronat, Orangeat billigst.

Besonders preiswert

Weihnachts-Vollmilch-Schokolade
3 Tafeln à 100 gr. Mk. 1.–

Tafelmargarine „Extrafein“ Pfund 1.–

Beim Einkauf von 10 Pfund **Margarine »Extrafein«** erhalten Sie [redacted] ein elegantes Solinger Alpacca-Tafelbesteck, bestehend aus Messer, Gabel, Löffel
(Verlangen Sie bei jedem ½ Pfund einen Gutschein)

Umtausch von Waren jederzeit gestattet! Preisänderung vorbehalten.

Gottlieb's Autofilialen

Gottliebs Preisliste der »fahrenden Filiale« in der Vorweihnachtszeit 1927 mit einer Werbeaktion (beim Kauf von 10 Pf. Margarine ein Solinger Besteck …). Die Rückseite schmückt ein weihnachtliches Gedicht.

ebenso Weinbrand der Marke Jacobi 1880. ›Schlager‹ in diesem Jahr ist jedoch ein preiswerter Fasswein:

> Infolge der starken Nachfrage nach unserem offenen Tafelrotwein vor den Weihnachtstagen bitten wir zwecks rascher Bedienung unserer verehrten Kundschaft, den Bedarf für Neujahr möglichst in den Vormittagsstunden eindecken zu wollen.

Längst müssen die Adressen einzelner Filialen nicht mehr aufgeführt werden. Jedermann in Freiburg weiß, wo sich die Gottlieb-Filialen befinden, sodass schon die Angabe »bekannte Verkaufsstellen« ausreicht, um die Kunden anzulocken.

An Weihnachten 1926 wird das Alkohol-Angebot regelrecht inszeniert – in Form einer Spezial-Likör-Ausstellung. Zugleich erfährt der Standard-Typ des Gottlieb-Inserats eine grafische Überarbeitung: Ein großes Gottlieb-G umklammert jetzt die Weltkugel. Ein großzügiger Kundenrabatt von 10 % (!) auf alle Liköre bei entsprechender Abnahme krönt das Angebot!

An Weihnachten 1927 fallen die Fisch-Spezialitäten erstmals reichhaltiger aus als in den Jahren vor dem Krieg. Möglich wird dies aufgrund eines neuar-

Gottlieb-Weihnachtsanzeige vom 22. Dezember 1927 in der Freiburger Zeitung.

Firma und Ort der Zentrale	Anfang 1911	Ende 1912	Juli 1914	Ende 1923	Juli 1925	Dezemb. 1926
1. Ackermann, Köln	–	23	23	22	22	22
2. Chr. Ackers, Hamburg	—	—	25	12	12	13
3. Stf. Angerer, Nürnberg	—	—	18	25	36	36
4. G. Backofen, C. Dietz, Nürnberg	—	—	7	19	32	72
5. C. F. Beek, Goch	—	42	—	—	—	ca. 100
6. Mich. Brücken, Hagen	36	—	45	21	23	30
7. A. Ebener, Königsberg	—	—	4	7	9	10
8. Frank & Sams, Siegen	—	—	—	—	8	13
9. Karl Fröhling, Frankfurt/M.	33	—	39	61	57	103
10. Karl Gaissmeier, Ulm	—	—	8	7	8	12
11. Görlitzer Wareneinkaufsverein, Görlitz	—	—	—	—	71	—
12. L. Gottlieb, Freiburg	—	—	230	12	17	24+2[1]
13. Joh. Gründahl, Hamburg	—	—	24	11	11	12
14. Ad. Harth, A.-G., Wiesbaden	—	—	38	36	36	34
15. Bertha Hennes, Aachen	10	13	—	—	—	—
16. Bertha Hennes, Düsseldorf	40	—	—	—	—	—
17. Heinrich Hill, Hattingen	—	—	98[2]	—	140	153
18. C. Hok, Frankfurt/M.	7	—	—	—	—	—
19. J. C. Jochims, Hamburg	—	—	63	39	42	50
20. Köhler A.-G., Gottesberg	—	—	5	4	5	7
21. Kupsch & Co., Würzburg	—	—	2	8	13	22
22. I. Latscha A.-G., Frankfurt/M.	65	—	81	87	—	109
23. Gust. Lichdi, Heilbronn	—	—	22	22	32	36
24. P. H. Luger, Pforzheim	—	—	14	18	20	22
25. Bernh. Müller, Augsburg	—	—	24	14	35	35
26. Lebensmittelhaus Merkur, Erfurt	—	—	3	3	3	3
27. Fritz Pasquay, Saarbrücken	—	—	42	40	42	41
28. Pasquay & Lindner, St. Johann	115	—	—	—	—	—
29. Pfannkuch, Karlsruhe	—	—	74	74	74	85
30. Gust. Reusse, Dortmund	—	—	49	36	39	45
31. Schade & Füllgrabe A.-G., Frankfurt/M	64	71	86	93	99	119
32. Schiessen & Flothmann, Essen	11	—	13	15	15	19
33. Karl Schmidt, Hamburg	—	—	52	30	31	33
34. Joh. Schreiber, Mannheim	–	—	81	78	84	95
35. Steinhaus, Erfurt	—	—	3	3	3	3
36. Gust. Steinicke, Hamburg	—	—	27	23	25	25
37. Rhein. Kaufhaus Cornelius Stüssgen, Köln	40	75	—	—	61	66
38. H. A. Timman, Hamburg	—	—	46	40	40	41
39. Emil Uhlmann A.-G., Chemnitz	—	—	17	18	19	17
40. Verein. Lebensmittelw. G.m.b.H., Düsseldf. (Frowein & Nolden, Otto Mess, Holbutko	36	—	60	92[3]	—	120
41. Wareneinkaufsverein Magdeburg	—	56	—	—	—	—
42. I. R. Wulff, Hamburg	—	—	17	14	15	16

1) Die „2" bedeuten Wanderfilialen, die von diesem Unternehmen in den letzten Monaten eingerichtet worden sind.
2) 1915
3) Nach Fusion mit einem anderen Filialunternehmen, das 30 Läden besaß.

Im Vergleich mit 42 anderen deutschen Lebensmittelfilialisten schneidet Gottlieb in einer zeitgenössischen Untersuchung von 1927 hervorragend ab.

tigen »Spezial-Fischwaggons«, mit dem jetzt auch Frischfisch wie Kabeljau, Bücklinge und Sprotten nach Freiburg gelangt. Zudem ist ein weiterer Waggon mit Marinaden (Bismarckheringe, Geléeheringe, Kronsardinen, Rollmops und Bratheringe) eingetroffen, dazu ein Sonderposten 10 000 Tafeln Pflanzenfett. Und im Wein-Angebot findet sich eine große Auswahl französischer Spitzenweine wie Château de Carthage, Côte D'Or und St. Émilion, dazu Liköre wie Vermouth, Malvasier und andere. Einen beeindruckenden Beweis davon, wie gut das Angebot angenommen wurde, gibt Arthur Gottlieb in einem direkt vor Heiligabend geschalteten Inserat: »Über 12 000 Kunden«, so heißt es, »deckten ihren Bedarf an Lebensmitteln am letzten Freitag und Samstag in unseren Filialen ein. – Diese große Kundenzahl beweist, dass wir nicht nur billig sind, sondern in erster Linie auch Qualitätsware liefern.« Somit kaufte zu dieser Zeit jeder siebte Freiburger (92 000 Einwohner) bei Gottlieb ein, was einer Marktdurchdringung – bei geschätzt etwa 18 000 Haushalten (mit jeweils 4 bis 5 Personen) von deutlich über 60 % entspricht!

Gottlieb-Anzeige für die Eigenmarke »Allerfeinstes Pflanzenfett« in der Tagespost vom 3. April 1929; Farbanzeige der Margarine-Union für »Rama im Blauband« von 1930 in der Zeitschrift »Die Woche«.

Über den Delikatessen für die solvente Kundschaft vergisst Arthur Gottlieb aber nicht, auch billige Grundnahrungsmittel für breite Bevölkerungskreise nicht nur anzubieten, sondern zunehmend sogar selbst herzustellen. Vor allem an der ›Fettlücke‹ hatte sich in der Vergangenheit die ernährungspolitische Diskussion entzündet, nach der eine Zuordnung zur sozialen Klasse schon daran festzumachen sei, ob jemand sich ›gute Butter‹ leisten könne oder auf deren Ersatz Margarine (= ›Arbeiterbutter‹) angewiesen sei. An Ostern 1929 wartet Gottlieb, im Rahmen der »extra billigen Tage« erstmals mit einer eigenen Markenkreation auf: »Allerfeinstes Pflanzenfett«, die Ein-Pfund-Dose für 54 Pfennig Bemerkenswert erscheint der bei dieser Hausmarke getriebene gestalterische Aufwand. Das mit Palmen- und Pyramiden geschmückte Gottlieb-Produkt kommt wie der professionell gestaltete Markenartikel eines großen Speisefett-Herstellers daher! Freilich war der Margarinemarkt aufgrund seiner Massenabsätze auch besonders lukrativ; das hatten schon die niederländischen Butterhändler Jurgens und van den Bergh 1871 erkannt, als sie das Patent zur Herstellung dieser »französischen Butter« erwarben, sie industriell herzustellen begannen und unter verschiedenen Bezeichnungen in Deutschland anboten. Unter dem Druck der ›Butterkonkurrenz‹ einigten sich die bis dahin erbittert bekämpfenden Margarine-Konkurrenten 1927 und gründeten die mächtige Margarine-Union (Marke »Rama mit dem Blauband-Mädchen«).

Die Marktmacht deutschlandweit operierender Lebensmittelkonzerne muss Arthur Gottlieb umgetrieben haben. Das jedenfalls dokumentieren ab 1929 seine Bestrebungen, sich davon durch die Entwicklung eines größer angelegten, eigenen Marken-Portefeuilles ein Stück weit unabhängig zu machen. Es war in diesem Jahr nicht allein das Pflanzenfett, sondern auch »Gottliebs Festkaffee«, feinstes Weizenauszugsmehl und eine weitere neue Margarinemarke »Gottliebs Gold«, die jetzt in sein Sortiment einzogen. Um seine Eigenmarken zu empfehlen, ging Arthur Gottlieb auch von der spartanisch daherkommenden reinen Schriftanzeige ab und bewarb sie mit kleinen Grafiken – etwa der Vignette einer glücklichen Hausfrau, die stolz ihren wohlgelungenen Kuchen hochhielt. Die Entwicklung einer eigenen Kaffeemarke war zudem eine Kampfansage an den in Deutschland größten Filiatelisten »Kaiser's Kaffeegeschäft«, der 1929 in Freiburg drei Filialen betrieb. Hier jedoch war Gottlieb als »Spezialhaus für Lebensmittel« mit inzwischen 20 Filialen (Eisenbahnstraße 5; Rotlaubstraße 2; Schusterstraße 38; Klarastraße 15; Nussmannstraße 10, Gerberau 7 b; Ringstraße 22; Talstraße 44 und 88; Niemensstraße 5; Herrenstraße 53; Baslerstraße 42; Gartenstraße 8; Unterlinden 3, Eschholzstraße 32 (neu), Engelbergerstraße 23 (neu); Schwimmbadstraße 48; Schiffsstraße 3, Schwarzwaldstraße 181; Sandstraße 4, davon sechs Filialen mit Telefonanschluss) der unangefochtene Platzhirsch (siehe S. 78 – 80).

Wie sehr die Idee des wachsenden Marken-Portefeuilles Arthur Gottlieb zu dieser Zeit beschäftigt haben muss, zeigt auch sein Versuch, selbst Weihnachtsgänse und Osterhasen unter dem Gottlieb-Label zu verkaufen. Da heißt es an Weihnachten 1930: »Auf jeden Tisch die Gottlieb-Gans!« und an Ostern 1931, erstmals durch eine lustige Grafik versinnbildlicht:

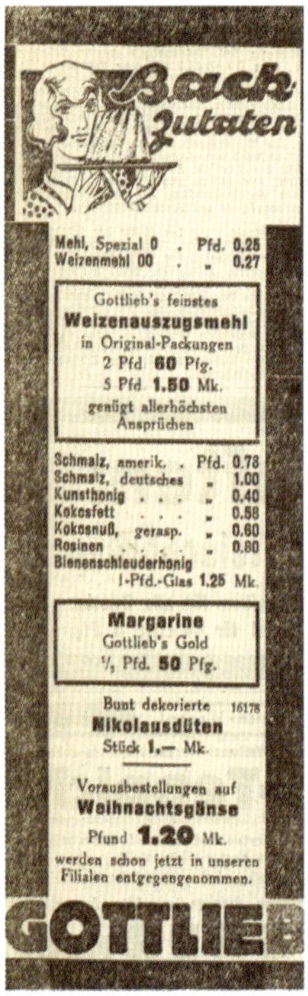

Anzeige vom 5. Dezember 1929 in der Freiburger Zeitung mit der stolzen Hausfrau, die zum Backen nur noch Gottliebs Eigenmarken verwendet.

Gottlieb-Oster-Anzeige vom 1. April 1931 in der Freiburger Zeitung.

»Gottlieb-Hasen laufen an der Spitze«. Für seine Verhältnisse außerordentlich redselig ist auch der beigefügte Werbevierzeiler: »Sie haben auch diesmal das Rennen gemacht / Und Groß und Klein das beste gebracht. / Das Beste zum billigen Preis muss es sein. / In Riesenmengen kauften sie ein!« 40 000 Tafeln Schokolade (3 Tafeln für 70 Pf.) Oster-Pralinen, Schokoladen- und Karamellhasen sowie Festkaffee runden das Oster-Angebot ab.

Auch das Design der Inserate erfährt nun eine auffällige grafische Überarbeitung, erstmals am 15. Oktober 1931 im Anzeigenteil der Freiburger Zeitung zu sehen. Jetzt kommt, von einem Gottlieb-G, in welches vier kleine Gs hineinmontiert sind, umrahmt, ein Slogan mit Ohrwurmqualität und vierfacher Alliteration zum Einsatz: »Greift zu Gottliebs guten Gaben!«.

Wie diese »guten Gaben« aussahen, führen die Inserate an Weihnachten vor, in denen es kategorisch heißt: »Wein kauft man bei Gottlieb!« Ein nachgeschobener Imperativ gibt auch gleich noch die Provenienz an, die zu bevorzugen sei: »Trinkt Deutschen Wein!«

Gottlieb-Anzeige der neuen Werbelinie vom 21. Oktober 1931

Gottlieb-Doppel-Weihnachtsanzeige vom 23. Dezember 1931 in der Freiburger Zeitung.

Gottlieb-Filiale Schusterstraße 34–36.

Gottlieb-Filiale Herrenstraße 53.

Gottlieb-Filiale Ecke Schwimmbadstraße / Lorettostraße.

Gottlieb-Filiale Ecke Rennerstraße.

Gottlieb-Filiale Gartenstraße 8.

Gottlieb-Filiale Sandstraße.

Gottlieb-Filiale Ringstraße.

Folgsame Käufer werden mit einem Römerglas als Zugabe belohnt. Was aus heutiger Sicht schon wie eine national gefärbte NS-Werbeaktion anmutet, war allerdings nur ein später Reflex auf die 1925/1926 durchgeführte Gemeinschaftswerbung zur »Behebung der Not des Winzerstandes«, die unter dem Slogan »Trinkt Deutschen Wein!« landesweit Verbreitung gefunden hatte. Entstanden war sie, weil es viele Händler in Deutschland – wie eben auch Gottlieb – gewesen waren, die nach der Inflation und dem dadurch eingetretenen Verfall der Massenkaufkraft ab 1924 große Mengen billigen Weins aus Südeuropa importiert hatten – mit der fatalen Folge, dass dadurch wiederum der Absatz einheimischen Weins nahezu zum Erliegen gekommen war.[14]

Die Folgen der Weltwirtschaftskrise wirkten sich in Deutschland besonders stark aus: Vor allem in den Jahren 1931/1932 waren Firmenpleiten und Bankzusammenbrüche an der Tagesordnung. Seit dem Börsencrash am sogenannten Schwarzen Freitag im Oktober 1929 waren die Arbeitslosenzahlen bis auf sechs Millionen angestiegen, was den Nationalsozialisten deutliche Stimmenzuwächse, vor allem aus dem kleinbürgerlichen Milieu, bescherte. Die von Reichskanzler Brüning verfolgte Politik der »Notverordnungen« mit dem Ziel der Sanierung des Staatshaushalts und Gesundschrumpfung durch staatlich verordnete Lohn- und Preissenkungen (»Ein armes Land muss billig sein!«) verstärkte die Abwärtsspirale noch, da die Arbeitslosenquote allein während seiner Amtszeit von 15 auf 30% kletterte.

Doch wenn sich Menschen auf ihr Überleben konzentrieren und jeglichem überflüssigen Luxus abschwören, spielt das dem Lebensmittelhandel besonders in die Karten. Schließlich reagieren hier die Verkaufspreise von Haus aus weit weniger elastisch als in vielen Branchen des produzierenden Gewerbes. Die Wettbewerber jenseits des Lebensmittelmarkts sehen sich aufgrund einbrechender Massenkaufkraft jetzt gezwungen, alles aufzubieten, um ihre Kunden zu halten, sei es durch Zugaben, Rabatte oder gar »Preisschleuderei« [Verkauf von Produkten zu Dumping-Preisen, um die Marktposition zu halten, Anmerkung des Autors].

In der Weimarer Republik hatte Arthur Gottlieb die Zahl seiner Filialen in Südbaden von 19 (1925) auf 52 (1932) fast verdreifachen, den über sie erzielten Umsatz von 1,07 Millionen RM auf 3,80 Millionen RM fast vervierfachen können. Dieser bemerkenswerte Aufschwung, trotz der schwersten Wirtschaftskrise und wachsender Massenverarmung seit 1923 erzielt, erregte vor allem im verarmten Kleinbürgertum Ressentiments. Eben das wussten die erstarkenden Nationalsozialisten als politisches Kapital zu nutzen.

5

Vom Überstehen der NS-Zeit

Gratwanderung zwischen Anpassung und Widerstand

Februar 1934: An der Zollhallenstraße 14 am Güterbahnhof in Freiburg sind Mitarbeiter und Mitarbeiterinnen der Firma Gottlieb zum Fototermin angetreten. Der konkrete Anlass ist nicht mehr zu rekonstruieren – das Foto, das dabei entstand, darf dennoch als Dokument der Selbstdarstellung einer Firma in der Frühphase der NS-Herrschaft gelten. Welche Botschaft damit ausgedrückt werden sollte, bleibt eine Frage der Interpretation. Sollten die drei Uniformierten in der ersten Reihe zeigen, dass Gottlieb in der »neuen« Zeit angekommen war? Dann wären die versammelten Mitarbeiter keine Belegschaft mehr, sondern – im NS-Jargon – eine »Gefolgschaft«, die sich hinter ihren »Betriebsführer« geschart hat.

In Wahrheit ist Arthur Gottlieb (4. von links) seit mehr als 15 Jahren Zivilist! Doch zum Fototermin hat er Uniform angelegt, sie mit seinen im Weltkrieg errungenen Auszeichnungen, dem Eisernen Kreuz und dem Abzeichen der Heeresflieger geschmückt und eine Hakenkreuz-Armbinde angelegt. Außen wird die Gruppe von Lagerverwalter August Rinderle (1878–1966), ebenfalls in Uniform, flankiert. Im Gegensatz zu Arthur Gottlieb und der gesamten Belegschaft scheint der Mann in SA-Uniform in der Mitte als einziger energisch nach vorn streben zu wollen. Es handelt sich um Curt Poetter, (1903 – ?), seit 1925 bei Gottlieb angestellt, 1931 in die NSDAP eingetreten und ab 1937 NSDAP-Ortsgruppenleiter des Bezirks Freiburg-Altstadt. Bei Gottlieb fungiert er seit 1933 als »Betriebsobmann« und steigt Anfang der 1940er-Jahre zum Personalchef der Firma auf. Die Frage, die sich unweigerlich stellt: War dieses Foto ›nur‹ als symbolische Geste der Verbeugung vor den neuen Machthabern gemeint? Oder kann es als das ›echte‹ Bekenntnis eines nationalsozialistischen Musterbetriebs zum System aufgefasst werden? Um der Beantwortung dieser Frage näher zu kommen, erscheint ein Blick auf die Ereignisse bis zu diesem Februar 1934 hilfreich.

Sympathisch konnten Arthur Gottlieb als einem klassischen Repräsentanten der alten großbürgerlichen Elite die Nationalsozialisten von Haus aus nicht sein. Ihre lärmenden Massenveranstaltungen und ihre Gewaltbereitschaft dürften ihn zumindest aufgeschreckt haben. Seit sie regierten, hatte er Anlass, sich große Sorgen um seinen Betrieb zu machen. Wie gnadenlos die neuen Machthaber daran gingen, mit gezielten Geschäftsschädigungen bzw. -zerstörungen ihre rassenpolitischen Ziele zu verfolgen, war bereits zwei Monate nach der Machtergreifung am 31. März 1933 im landesweit organisierten Boykott jüdischer Geschäfte, Handwerksbetriebe, Anwälte, Ärzte und Künstler offensichtlich geworden. In Freiburg dazu aufgerufen hatte das NS-Hetzblatt »Der Alemanne« durch Veröffentlichung langer Namenslisten jüdischer Mitbürger. Und ausgerechnet dessen Schriftleiter Franz Kerber regierte seit April 1933 die Stadt als Oberbürgermeister.[1] Zwar hatte Gottlieb nicht auf der Boykott-Liste des »Alemannen« gestanden, doch gehörte die Firma zum erweiterten Kreis der »Feinde« des NS-Systems. Schließlich galt der Inhaber einer so großen Lebensmittelkette in ihrer Wahrnehmung als Prototyp des Kapitalisten, der viele Einzelhändler am Ort in ihrer Existenz bedrohte.

Schon kurz nach der Machtergreifung hatte das NS-Regime damit begonnen, die bis dahin herrschende liberale Wirtschaftsordnung in eine gelenkte Kommando-Wirtschaft zu transformieren. Zwangsläufig verbunden war damit eine Kampfansage an das privatwirtschaftliche Unternehmertum. Auf diesem Feld tat sich der »Kampfbund für den gewerblichen Mittelstand« (später »NS – Hago«, Handwerks-, Handels und Gewerbe-Organisation) besonders hervor, indem er sich vehement gegen die Massenfilialbetriebe wendete. Das schlug sich schon 1933 in einem Gesetz nieder, wonach diese als »unerwünschte Betriebsform« galten, deren weitere Ausbreitung verboten wurde. Dementsprechend war schon 1934 in der wirtschaftswissenschaftlichen Fachliteratur als herrschende Lehrmeinung zu lesen: »Der Filialgedanke ist ein Kind der vergangenen Wirtschaftsepoche.«[2]

Für Arthur Gottlieb, der es allein im Freiburger Stadtgebiet bis 1932 auf 22 Filialen – in ganz Südbaden 52 – gebracht hatte, bedeutete dies, dass fortan nur noch deren Verlegungen, aber keine Neueröffnungen mehr möglich sein sollten. In welchem Ausmaß die neuen Rahmenbedingungen auf sein Geschäft einwirkten, konnte er bereits im Frühjahr 1934 an den Jahresumsätzen ablesen. Diese waren von 3,8 Millionen RM 1932 – erzielt im Jahr der größten Wirtschaftskrise (!) seit 1923 – auf knapp 3,2 Millionen RM im Jahr 1933 gesunken.

Dennoch war Arthur Gottlieb gegenüber den Nationalsozialisten keineswegs wehrlos, ebenso wenig wie es die Lebensmittelfilialbetriebe als verbandlicher Zusammenschluss waren. Wie sehr sie seit Januar 1933 den massivsten Anfeindungen ausgesetzt waren, darüber hat Hans Latscha, seinerseits Inhaber einer Lebensmittelkette in Frankfurt, sehr detailliert Bericht erstattet: »Die

Behinderungen begannen zunächst auf unterer Ebene ohne ausdrückliche Direktiven höherer Partei- oder Staatsstellen, waren aber nichtsdestoweniger außerordentlich unangenehm.«[3] Durch eine Reihe neuer Gesetze hätten sich zeitgleich die Rahmenbedingungen für die Lebensmittelfilialbetriebe verschlechtert, wozu die »Bewirtschaftung wichtigster Lebensmittel« oder die »Neuordnung des landwirtschaftlichen Absatzwesens« zählten. Am schwersten hätten sie jedoch unter der schlagartig in der Öffentlichkeit einsetzenden Hetze gegen sie gelitten, die

> sich zeitweise bis zur Forderung ihrer Vernichtung verdichtete. Vorwiegend ausgehend von dem Kampfbund des gewerblichen Mittelstandes, der hierin nicht nur von örtlichen und bezirklichen Einzelhandelsorganisationen, sondern zugleich auch von Einzelpersönlichkeiten, von Verbänden und Vereinigungen der verschiedensten Art, von Hausfrauenorganisationen, Arbeiter- und Angestelltengruppen unterstützt wurde, waren die Nahrungsmittelfilialbetriebe wochen- und monatelang einer zunehmenden Boykottierung und Diffamierung ausgesetzt, die auch durch Kommunen und untergeordnete Parteistellen, daneben aber auch durch einzelne Landesregierungen, insbesondere mit der Aufforderung an alle ihnen unterstellten staatlichen Beamten, Angestellten und Arbeiter unterstützt wurde, Einkäufe bei Nahrungsmittelfilialbetrieben zu unterlassen, widrigenfalls sie mit Dienstentlassungen, Ausschluss aus Organisationen, Entziehung der Parteimitgliedschaft usw. zu rechnen hätten. Es ist kein Zweifel, dass hierunter die Nahrungsmittelfilialbetriebe auf das schwerste zu leiden hatten. Die sich hieraus ergebenden Umsatzrückgänge und Stockungen im Geschäftsverkehr führten auch in einzelnen Fällen zu Zahlungsschwierigkeiten, Schließung von Verkaufsstellen, Entlassung von Arbeitskräften und den sonstigen mit geschäftlichen Zusammenbrüchen verbundenen Auswirkungen.[4]

Im Endeffekt hätten all diese Maßnahmen aber längst nicht die Wirkung gezeigt, die sich deren Betreiber davon versprochen hätten: »Das Gros der Lebensmittelfilialbetriebe«, so Latscha, habe nämlich

> diese Zeit der Boykottierung und Diffamierung erfolgreich überstanden. Hunderte und Tausende von Versammlungen, der fast tägliche Einsatz von großen Teilen der Fach- und Tagespresse, eine umfangreiche Flugblattpropaganda und eine im einzelnen nicht zu übersehende Von-Mund-zu-Mund-Propaganda haben den Verbraucher nicht davon abhalten können, auch weiterhin in den Lebensmittelfilialbetrieben zu kaufen und damit die Leistungen der Nahrungsmittel-Filialbetriebe bei der Versorgung der Gesamtbevölkerung mit guten und preiswerten Lebensmitteln ausdrücklich anzuerkennen.[5]

Offenbar konnten die Lebensmittelfilialbetriebe nicht nur auf das gewachsene Vertrauen eines Großteils der Verbraucher zählen, sondern sie waren auch politisch für das NS-Regime ein Gegner auf Augenhöhe. Das jedenfalls beweist die starke Wirkung eines Schreibens vom 5. Juni 1933 des Verbandes an die Reichsregierung mit der Bitte,

> den untergeordneten Behörden, insbesondere den Kommunen, den unteren Parteiorganen der NSDAP, dem Kampfbund des gewerblichen Mittelstandes und den örtlichen und bezirklichen Organisationen des Einzelhandels die Fortsetzung des Boykotts der Nahrungsmittel-Filialbetriebe zu verbieten und ihnen die Diffamierung dieser Betriebe zu untersagen.[6]

Zur Beantwortung der Eingabe ließ sich die Reichsregierung drei Monate Zeit. Währenddessen muss ihr bewusst geworden sein, welch fundamentale Bedeutung den Filialbetrieben bei der Lebensmittelversorgung breiter Bevölkerungskreise zukam – zu Preisen, mit denen die Einzelhändler nicht wirklich konkurrieren konnten. Vor dem Hintergrund ihrer noch längst nicht gefestigten Macht, noch immer hoher Arbeitslosenzahlen und der erkannten systemrelevanten Bedeutung der Filialbetriebe – z. B. als Arbeitgeber Tausender von »Volksgenossen« – entschloss sich die Regierung zu einer in der Praxis deutlich milderen Vorgehensweise.

Per Erlass vom 1. 9. 1933 ließ sie verkünden, sie könne

> »es nicht zulassen, dass durch eigenmächtiges Handeln mittelbar oder unmittelbar ihren Entschließungen über die hier in Betracht kommenden Unternehmungen in Recht und Wirtschaft vorgegriffen und versucht wird, ihr die Freiheit des Handelns durch Schaffung vollendeter Tatsachen zu nehmen. Im Interesse der Erhaltung der fraglichen Unternehmungen als Arbeitsstätten einer sehr großen Zahl deutscher Angestellter und Arbeiter und als Arbeitsvermittler [Gemeint ist die volkswirtschaftliche Bedeutung der Lebensmittelfilialbetriebe im Hinblick auf an ihnen hängende Arbeitsplätze bei Zulieferern, im Transportwesen etc.; Anmerkung des Autors.] für eine noch weit größere Zahl von ihnen sind Boykotte und andere Maßnahmen, die sie im Geschäftsverkehr mit ihren Lieferanten oder ihren Abnehmern behindern (z. B. die Aufstellung von schwarzen oder weißen Listen, Nichtaufnahme ins Bezugsquellenregister, Inseratensperren, Abschrecken der Kundschaft durch Postenstehen, Flugblätter, Plakate, Warnungen, photografische Aufnahmen der Käufer oder deren Belästigungen in anderer Form u. a.) oder eine Einflussnahme im Sinne der Ausgabe bestimmter Warenarten oder Betriebszweige von jedermann zu unterlassen.«[7]

Damit war eine rote Linie gezogen und zugleich ein gewisser Schutz vor allzu fanatisierten NS-Anhängern insbesondere aus dem kleinbürgerlichen Milieu gegeben. Diese hatten offenbar geglaubt, im Namen der nationalsozialistischen Bewegung Jagd auf alle, die ihnen wie Kapitalisten erschienen, machen zu können. Insofern ließ ab Herbst 1933 der massive Druck auf die Lebensmittelfilialbetriebe deutlich nach, wogegen umkehrt die Pressionen auf jüdische Einzelhändler und Inhaber von Warenhäusern kontinuierlich zunahmen. Diese Entwicklung mündete schließlich am 9. November 1938 in der Reichspogromnacht und der hemmungslosen und radikalen Zerstörung jüdischer Geschäfte, Einrichtungen und Synagogen.

Obwohl nun nicht mehr direkt mit Zerschlagung oder Vernichtung bedroht, begann für Arthur Gottlieb ab Herbst 1933 eine schwierige Gratwanderung zwischen Anpassung und Widerstand: Einerseits sah er sich gefordert, im Interesse seines Unternehmens sowie seiner Mitarbeiter und Mitarbeiterinnen mit dem NS-System auf unabsehbare Zeit zu kooperieren, andererseits war er nicht dazu bereit, sich in die Kernbereiche unternehmerischer Entscheidungen und in sein Privatleben hineinregieren zu lassen. Hierin zeigte er große Beharrlichkeit und hinhaltenden Widerstand. Immerhin hatte er das Glück, dass ihm die ganz harten Auseinandersetzungen und Gewissenskonflikte erspart blieben. Unter den Gottlieb-Mitarbeitern und Mitarbeiterinnen gab es – nach bisheriger Recherche – keine Jüdinnen und Juden. Diese fanden sich in Freiburg, wie auch andernorts, meist unter Selbstständigen, Handwerkern, Rechtsanwälten, Künstlern, Inhabern kleiner Läden oder Viehhändlern. Das prominenteste Opfer nationalsozialistischer Hetze und Verfolgung wurde die jüdische Familie Knopf, die in der Kaiserstraße (damals schon Adolf-Hitler-Straße) ein großes Warenhaus betrieb und zudem einige Filialen außerhalb Freiburgs unterhielt. Von den vielen weiteren Fällen gezielter Verfolgung bzw. Vernichtung jüdischer Existenzen in Freiburg seien hier nur angeführt der Rechtsanwalt Dr. Robert Grumbach, der Lederwarenhändler Max Mayer oder der Viehhändler Jakob Uffenheimer.[8]

Arthur Gottliebs Arrangement mit dem NS-Regime beschränkte sich auf eine Mitgliedschaft in der Deutschen Arbeitsfront DAF (ab 1935), aber keiner der anderen NS-Massenorganisationen. Einen Antrag auf Aufnahme in die NSDAP stellte er erst ein halbes Jahr nach Kriegsausbruch am 1. Mai 1940 (Mitgliedsnummer 8376148),[9] weitere Eintragungen gibt es nicht. Zu seinem wichtigsten Mitarbeiter und gewissermaßen »Vorzeige-Nazi« während der gesamten NS-Zeit wurde der NS-Parteigänger und SA-Mann auf dem oben angeführten Foto: Curt Poetter.

Dennoch blieb eine Firma wie Gottlieb unter den neuen Machtverhältnissen angreifbar. Vor allem war sie wie kaum eine andere auf den Kontakt mit dem kaufenden Publikum über die Presse angewiesen. Ihre werbenden Insera-

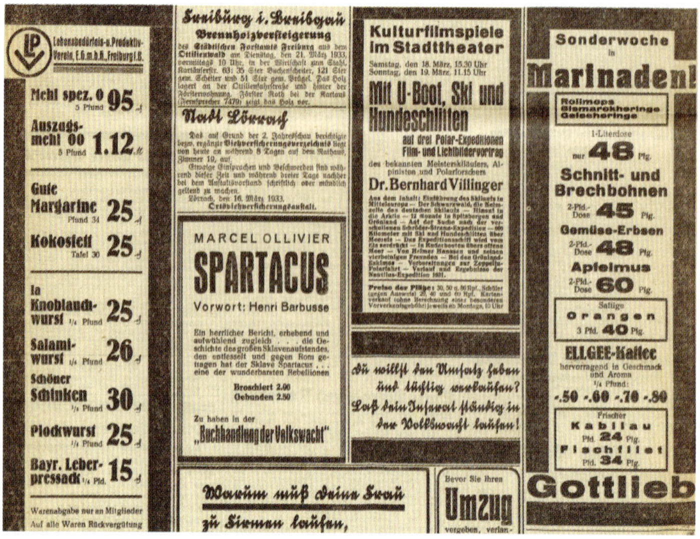
Lebensbedürfnis- u. Produktiv-Verein, E.G.m.b.H., Freiburg i. B.

Mehl spez. 0 5 Pfund 95 ₰
Auszugsmehl 00 5 Pfund 1.12 ℳ
Gute Margarine Pfund 34 25 ₰
Kokosfett Tafel 30 25 ₰
Ia Knoblauchwurst ¼ Pfund 25 ₰
Salamiwurst ¼ Pfund 26 ₰
Schöner Schinken ¼ Pfund 30 ₰
Plockwurst ¼ Pfund 25 ₰
Bayr. Leberpressack ¼ Pfd. 15 ₰
Warenabgabe nur an Mitglieder
Auf alle Waren Rückvergütung

Freiburg i. Breisgau
Brennholzversteigerung
des Städtischen Forstamts Freiburg aus dem Ottilienwald am Dienstag, den 21. März 1933, vormittags 10 Uhr, in der Wirtschaft zum Stahl, Kartäuserstr. 63: 35 Ster Buchenscheiter, 121 Ster gem. Scheiter und 51 Ster gem. Prügel. Das Holz lagert an der Ottilienfahrstraße und hinter der Försterwohnung. Förster Roth bei der Kartaus (Fernsprecher 7479) zeigt das Holz vor.

Stadt Lörrach
Das auf Grund der 2. Jahresschau berichtigte bezw. ergänzte Viehversicherungsverzeichnis liegt von heute an während 8 Tagen auf dem Rathaus, Zimmer 10, auf.
Etwaige Einsprachen und Beschwerden sind während dieser Zeit und während dreier Tage nachher bei dem Anstaltsvorstand schriftlich oder mündlich geltend zu machen.
Lörrach, den 16. März 1933.
Ortsviehversicherungsanstalt.

MARCEL OLLIVIER
SPARTACUS
Vorwort: Henri Barbusse
Ein herrlicher Bericht, erhebend und aufwühlend zugleich . . . die Geschichte des großen Sklavenaufstandes, den entfesselt und gegen Rom getragen hat der Sklave Spartacus . . . eine der wunderbarsten Rebellionen
Broschiert 2.00
Gebunden 2.50
Zu haben in der „Buchhandlung der Volkswacht"

Warum muß deine Frau
zu Fremden laufen,

Kulturfilmspiele im Stadttheater
Samstag, den 18. März, 15.30 Uhr
Sonntag, den 19. März, 11.15 Uhr
Mit U-Boot, Ski und Hundeschlitten
auf drei Polar-Expeditionen
Film- und Lichtbildervortrag
des bekannten Meisterskiläufers, Alpinisten und Polarforschers
Dr. Bernhard Villinger
Aus dem Inhalt: Einführung des Skilaufs in Mitteleuropa — Der Schwarzwald, die Keimzelle des deutschen Skilaufs — Hinaus in die Arktis — 12 Monate in Spitzbergen und Grönland — Auf der Suche nach der verschollenen Schröder-Stranz-Expedition — 800 Kilometer mit Ski und Hundeschlitten über Meereis — Das Expeditionsschiff wird vom Eis zerdrückt — In Ruderbooten übers offene Meer — Von Helmer Hanssen und seinen vierbeinigen Freunden — Bei den Grönland-Eskimos — Vorbereitungen zur Zeppelin-Polarfahrt — Verlauf und Ergebnisse der Nautilus-Expedition 1931.
Preise der Plätze: 30, 50 u. 80 Rpf., Schüler (gegen Ausweis) 20, 40 und 60 Rpf. Kartenverkauf (ohne Berechnung einer besonderen Vorverkaufsgebühr) jeweils ab Montags, 10 Uhr

Du willst den Umsatz heben
und tüchtig verkaufen?
Laß dein Inserat ständig in
der Volkswacht laufen!

Bevor Sie Ihren
Umzug
vergeben, verlan-

Sonderwoche in
Marinaden!
Rollmops
Bismarckheringe
Geleeheringe
1-Literdose
nur 48 Pfg.
Schnitt- und Brechbohnen
2-Pfd.-Dose 45 Pfg.
Gemüse-Erbsen
2-Pfd.-Dose 48 Pfg.
Apfelmus
2-Pfd.-Dose 60 Pfg.
Saftige Orangen
3 Pfd. 40 Pfg.
ELLGEE-Kaffee
hervorragend in Geschmack und Aroma
¼ Pfund:
-.50 -.60 -.70 -.80
Frischer Kabliau
Pfd. 24 Pfg.
Fischfilet
Pfd. 34 Pfg.
Gottlieb

In der letzten Ausgabe der Volkswacht vom 16. März 1933 stehen sich Lebensmittel-Angebote von Gottlieb und dem Lebensbedürfnis- und Produktiv-Verein unmittelbar gegenüber.

te, traditionell in der bürgerlichen »Freiburger Zeitung« geschaltet, waren für sie überlebenswichtig. Insofern war Gottlieb von den Veränderungen in der Freiburger Presselandschaft besonders betroffen – im Grunde schon seit dem 1. November 1931, als erstmals das NS-Hetzblatt »Der Alemanne« erschienen war. Konnte das Blatt aufgrund von bösartigen Hetzartikeln in der Anfangszeit noch mehrfach beschlagnahmt oder gar für mehrere Wochen aus dem Verkehr gezogen werden, so änderte sich das 1933 schlagartig. Von nun an ging umgekehrt vom »Alemannen« starker Druck auf konkurrierende Zeitungen aus. Erstes »Alemannen«-Opfer war die sozialdemokratische »Volkswacht«, die zu guten Zeiten immerhin eine Auflage von 16 000 Exemplaren erreicht hatte: Sie wurde noch im März 1933 verboten.[10]

Auch die liberale »Freiburger Zeitung«, Gottliebs Haupt-Insertionsorgan, geriet zunehmend unter den Beschuss des »Alemannen«. Doch da bekam sie im Juli 1933 überraschenderweise einen neuen Hauptschriftleiter aus Berlin zugeteilt, womit nun gleich zwei von NS-Parteigängern geführte Zeitungen in Freiburg nebeneinander existierten. Das führte keineswegs zur Stärkung der Position des »Alemannen«, sondern im Gegenteil nahmen die Spannungen zwischen den rivalisierenden Redaktionen der beiden Blätter zu.

Für Arthur Gottlieb bedeutete diese Entwicklung ein Stück Entlastung: Als Hausblatt des Freiburger Bürgertums bemühte sich die »Freiburger Zeitung« weiterhin um ihren liberal gesinnten Leserstamm, indem sie – trotz vollzogener Gleichschaltung – deutlich moderatere Töne als der »Alemanne«

anschlug. Seinerseits hatte dieser in Freiburg bis 1935 große Schwierigkeiten, neue Abonnenten im Stadtgebiet zu gewinnen und konnte seine Auflage nur mühsam und über extremen Druck (etwa auf Behördenmitarbeiter) erhöhen. Die Auflage der Freiburger Zeitung blieb dagegen erstaunlich konstant; selbst zwei Jahre nach der Machtübernahme betrug sie noch immer 21 000 Exemplare, gegenüber inzwischen 33 000 Exemplaren des »Alemannen« (allerdings im gesamten Oberrheingebiet zwischen Emmendingen und Lörrach, Neustadt und Waldshut).

Dennoch konnte jetzt jede noch so belanglos erscheinende Annonce politisch gefährlich werden. Arthur Gottlieb musste sich sehr genau überlegen, welche Zeitungen er mit Inseraten bedachte und wie er sich in der Öffentlichkeit positionierte.[11] Unmittelbar nach dem Boykott jüdischer Geschäfte am 31. März 1933 ließ er eine im »Alemannen«, in der national-liberalen »Breisgauer Zeitung« als auch in der katholisch ausgerichteten »Freiburger Tagespost« gleichlautende Anzeige erscheinen. Man sei, so hieß es darin, »eine rein christliche und deutsche Firma« und werde jeden, der Gegenteiliges behaupte, strafrechtlich verfolgen. Das war einerseits ein Stück Abgrenzung gegenüber der nationalsozialistischen Bewegung, anderseits ein deutliches Bekenntnis zum katholischen Bürgertum und zugleich der Versuch, sich ausbreitenden Gerüchten, der Name »Gottlieb« verrate einen jüdischen Ursprung, entgegen zu treten.

In der Folgezeit nahm, durch Franz Kerber betrieben, der Druck auf die »Freiburger Zeitung« weiter zu. Im Oktober 1935 wurden deren Verleger Adolf Poppen und Max Ortmann »auf Grund des § 10 der ersten Verord-

Gottlieb-Anzeige in der Freiburger »Tagespost« vom 2. April 1933 (diese Anzeige erschien wort- und zeitgleich auch im »Alemannen« und der »Breisgauer Zeitung«).

Ganz anders die Edeka-Anzeige am 4. April 1933 im »Alemannen« mit deutlichem Bekenntnis zur »nationalen Erhebung«.

nung zur Durchführung des Reichskulturkammergesetzes vom 1.11.1933 aus der Reichspressekammer ausgeschlossen und die weitere Tätigkeit als Zeitungsverleger untersagt«.[12] Als formale Begründung wurden Artikel eines ehemaligen jüdischen Mitarbeiters und eines ehemaligen Schriftleiters, »bis in die Gegenwart« erfolgende Veröffentlichungen jüdischer Anzeigen sowie des jüdischen Gottesdienstanzeigers in der Freiburger Zeitung angeführt. Nach Berlin vor die Reichsschrifttumskammer zitiert, sahen die Verleger keine andere Möglichkeit als ihr Blatt an die Vera Verlagsanstalt GmbH aus Berlin, eine Tochter des Zentralverlags der NSDAP (Franz-Eher-Verlag) zu verkaufen. Alles, was sie noch aushandeln konnten, war ein Zehn-Jahres-Vertrag, wonach die Zeitung auch weiterhin bei Poppen & Ortmann in Freiburg gedruckt werden durfte.[13]

Doch selbst nach diesem ihre Gleichschaltung endgültig besiegelnden Schritt bemühte sich die »Freiburger Zeitung« noch immer um einen gemäßigten Ton, um ihre bürgerliche Leserschaft nicht zu verprellen. Für Arthur Gottlieb blieb sie bis Mitte August 1939 das bevorzugte Insertionsorgan, wenngleich während der 1930er-Jahre sowohl im »Alemannen« als auch in der »Tagespost« immer wieder einmal Gottlieb-Annoncen auftauchten. In den regelmäßig im »Alemannen« erscheinenden Sammelanzeigen »Hier kauft

Eine der vielen turnusmäßig im »Alemannen« erscheinenden Sammelanzeigen »Wo kauft der Nationalsozialist in Freiburg?« (hier vom 28. März 1933).

der Nationalsozialist ein« mit einer beigefügten Liste ausgesuchter Geschäfte fand sich der Name Gottlieb nie.

Angesichts dieser Gegebenheiten verspricht der Vergleich diverser in der »Freiburger Zeitung« erschienener Gottlieb-Inserate im Zeitraum zwischen 1933 und 1939 aufschlussreich zu sein – vor allem im Hinblick auf die damit womöglich mittransportierte Politik oder gar Ideologie. Schon die Anzeige vom 29. März 1933 im Rahmen der »Werbetage in echtem Hanauer Bauernbrot« formuliert diesbezüglich ein starkes Bekenntnis: »Aus deutschem Korn und Mehl dein Brot – Weil deutscher Bauer sehr in Not!« Auch wenn dies kein Gottlieb-eigener Werbespruch war, sondern nur eine Übernahme, so bedeutete die explizite Hervorhebung des deutschen Bauernstandes doch eine politische Qualität, die es so zuvor in noch keinem anderen Gottlieb-Inserat gegeben hatte. Als neue Eigenmarke werden in derselben Anzeige die »nahrhaften und sehr billigen« ELLGEE (L = Ludwig, G = Gottlieb) -Suppen beworben, vermeintlich »nur« ein Sonderangebot wie so viele andere auch, und dennoch auch sie ein Stück Politik.

Schließlich war »billig« im ersten Jahr des NS-Herrschaft ein angesagtes Motto – wie auch im Gottlieb-Angebot vom 6. Juni 1933 kurz darauf. Diesmal werden fünf Stück Kernseife für gerade einmal 42 Pfennige sowie eine Milpuril-Limonade für 20 Pfennige angeboten. Umgekehrt fällt auf, dass die erst eineinhalb Jahre alte Werbekampagne »Greift zu Gottliebs guten Gaben« bereits am 10. August 1933 ein vorzeitiges Ende findet. Über die Gründe ihrer Kurzlebigkeit kann nur gemutmaßt werden. Mit Sicherheit gefielen die Botschaften des Wohllebens den Nationalsozialisten nicht, vielleicht erschien ihnen allein schon die Vorstellung des Füllhorns der »guten Gaben« überzogen. In ihrem Weltverständnis war es höchste Zeit, dass sich der Lebensmittelhandel ausschließlich auf die Bedürfnisse des einfachen Volksgenossen konzentrierte.

In der Tat galt Freiburg Mitte der 1930er-Jahre als ›teures Pflaster‹, wozu nicht zuletzt das über Jahrzehnte hin gewachsene – und gerade von Gottlieb mitbeeinflusste – Konsumniveau des gehobenen Bürgertums beigetragen hatte: »In Freiburg ist vielfach die geho-

Gottlieb-Anzeige vom 29. März 1933 in der »Freiburger Zeitung«.

bene Qualität, ein Blick in die Schaufenster zeigt es, die gesuchte, die gangbare. Dieser gehobene Standard bedeutet auch höhere Preise.«[14] Angesichts dessen fällt auf, dass sich Arthur Gottlieb vor allem im Jahr 1933 bemühte, in der Preisgestaltung den Vorwurf zu entkräften, man richte sich vor allem an die wohlhabende Kundschaft. Anfang November werden »3 billige Brot-Tage« angekündigt, an denen ein 2½ Pfund-Laib für nur 40 Pfennige zu erstehen ist. Noch deutlicher ist der Wechsel in der Angebotspolitik zu erkennen, wenn in Anzeigen jetzt amtliche Hinweise verbreitet werden, die sich ausschließlich an die sozial Schwachen richten wie:

Gottlieb-Anzeige vom 3. November 1933 in der Freiburger Zeitung mit amtlichem Hinweis auf verbilligtes Fett.

Beispiel einer Anzeige aus der Freiburger Zeitung vom 6. Juni 1933 mit extremen Billig-Angeboten von Gottlieb.

> Stamm-Abschnitte mit Bestellschein für verbilligte Haushalt-Margarine bitten wir jetzt zum Eintrag vorzulegen. – Durch frühzeitige Abgabe sichern Sie sich prompte Belieferung der Ihnen zustehenden verbilligten Margarine.

Selbst an Weihnachten werden jetzt nicht mehr wie in früheren Jahren die besseren Lebensmittel und guten Tropfen beworben, sondern billige Haus-Marken wie »ELLGEE Kaffee« und »ELLGEE Tafelbutter«. An Silvester gibt es zudem Nachhilfeunterricht per Rezept, wie man sich einen Punsch zubereitet. Vergleicht man das Warenangebot der frühen NS-Zeit mit den Inseraten aus den 1920er-Jahren, so ist die Hinwendung zu Bedarf und Geschmack des »einfachen Volksgenossen« nicht zu übersehen. Dass das »Consum-Geschäft Gottlieb« in noch nicht allzuweit zurückliegender Vergangenheit auf exklusive Delikatessen spezialisiert war, ist aus diesen Anzeigen kaum mehr herauszulesen.

Im Januar 1934 tritt ein neues Rabattgesetz in Kraft, das den Preisnachlass gegenüber dem Endverbraucher auf 3 % begrenzt. Das nimmt von den Lebensmittelfilialbetrieben weiteren Druck. Und es hilft ihnen im Konkurrenzkampf mit den Konsumgenossenschaften, die dem NS-Regime aufgrund ihrer Nähe zur sozialdemokratischen (und kommunistischen) Arbeiterbewegung ein Dorn im Auge gewesen waren. Sie zu zerschlagen und damit den Forderungen des gewerblichen Mittelstands zu entsprechen, wagte die Reichsregierung jedoch nicht:

> Die Konsumgenossenschaften wurden gleichgeschaltet und politisch der Deutschen Arbeitsfront unterstellt. Die DAF entsandte Beauftragte in die örtlichen Genossenschaften und Bezirksverbände, und Ley setzte einen ›Reichsbeauftragten für die deutschen Verbrauchergenossenschaften‹ ein. Ein großer Teil der Funktionäre in den Vorständen und Aufsichtsräten blieb im Amt![15]

Aufgrund des gedeckelten Rabatts sind deren Rückvergütungssysteme allerdings von nun an so unattraktiv, dass viele Mitglieder ihnen den Rücken kehren.

All das hat zur Folge, dass ab 1934 die Umsätze bei Gottlieb allmählich wieder ansteigen, aufgrund der nun gesetzlich beschränkten Zahl der Filialen zwar nicht so rasant wie in den 1920er-Jahren, aber doch stetig, von 3,2 Millionen RM im Jahr 1933 über 3,63 Millionen RM auf 4,1 Millionen RM 1939.[16] Der höchste Jahresumsatz während der gesamten NS-Zeit wird sogar mitten im Krieg 1943 (!) mit knapp 4,2 Millionen RM erreicht.

Freilich kehrt damit noch längst nicht die Leichtigkeit in der geschäftlichen Aufwärtsentwicklung wie in der zweiten Hälfte der 1920er-Jahre zurück. Das macht das Beispiel einer Gottlieb-Filiale auf dem Land in der Hochschwarzwaldgemeinde Löffingen aus dem Jahr 1936 deutlich. Allein über den Lebensmittelhandel sein Auskommen zu finden, war hier schon aufgrund geringer Bevölkerungsdichte und entsprechend kleiner Umsätze schwer. So reichten dem Filialleiter-Ehepaar Anne und Wilhelm Siefert die Einkünfte aus dem Laden zum Bestreiten ihres Lebensunterhalts nicht aus, sodass jeder von ihnen sich eine zweite Einnahmequelle suchte. In diesem Fall findet sich unter der Adresse der Gottlieb-Filiale auch noch ein von der Ehefrau geführtes Modegeschäft. In der Glasvitrine vor dem Laden hat sie ihre Hutkollektion ausgestellt. Ihr Ehemann hingegen nutzt, als Inhaber einer Kohlenhandlung von Haus aus im Brennstoff-Geschäft, die gute Lage in der Ortsmitte, um am Gottlieb-Laden noch eine Aral-Zapfsäule zu installieren.[17]

In Freiburg dagegen waren, bei höherer Kaufkraft am Ort, deutlich größere Umsätze möglich. Hier lässt sich konstatieren, dass Qualitätsniveau und Preise der ausgelobten Waren Mitte der dreißiger Jahre allmählich wieder ansteigen. Schon an Weihnachten 1934 gibt es »frischgeschossene Hasen, Ha-

Haus Siefert mit Ladengeschäft »Gottlieb« auf dem unteren Rathausplatz in Löffingen, 1936.

fermastgänse (»nur ausgesprochen schöne Ware«)«, dazu Eigenmarken wie Gottliebs Kaffee und Festkaffee.

Zwei Jahre später fragt Arthur Gottlieb die Freiburger Hausfrauen: »Wann beginnen Sie mit Ihrer Weihnachtsbäckerei? Haben Sie Ihre sieben Sachen schon beisammen?«, und offeriert die dazu nötigen Zutaten wie Orangeat, Zitronat und Korinthen. Zugleich verweist man auf die jetzt in den »Mittelpunkt der Stadt« verlegte Verkaufsstelle in der Schusterstraße 1.

An Weihnachten 1937 geht es schon wieder recht üppig zu. Zum Festtagsbraten empfiehlt Gottlieb Konserven eigener Herstellung wie Brechbohnen, Erbsen etc. und für den Nachtisch »als Kompott Erdbeeren, Mirabellen«, ein paar Tage später gute deutsche Rhein- und Moselweine wie »Kröver Nacktarsch« oder »Gaubickelheimer«, darüber hinaus Sekt (als Hausmarke), der zudem auch in verschiedenen Kleinpackungen erhältlich ist.

Dennoch hat Arthur Gottlieb allen Grund, vorsichtig zu bleiben, insbesondere was den nicht unproblematischen Verkauf alkoholischer Getränke betrifft. Dies zeigt sich Anfang Januar 1938, als er im Zuge der Verlegung der Innenstadt-Filiale von der Herrenstraße 53 in die Schusterstraße 1 von Amts wegen ein erneutes »Gesuch zum Verkauf von Alkohol« zu stellen hat. Dasselbe wird am 29. Januar mit der Begründung, es gebe deren bereits zu viele, abgelehnt: »In diesem Stadtbezirk befinden sich 18 Lebensmittelgeschäfte und 5 Spezialgeschäfte, welche zum Spirituosenverkauf zugelassen sind.«[18] Damit kommt die Stadtverwaltung jetzt dem Einspruch der »Wirtschaftsgruppe des Gaststätten- und Beherbergungsgewerbes« und der »Kommission für Mittel-

Die Werbekampagne »Trinkt deutschen Wein« im Schaufenster der Gottlieb-Filiale in Löffingen.

stands- und Wirtschaftsangelegenheiten der NSDAP« nach. Offenbar haben Arthur Gottliebs Gegner in den NS-Organisationen erfolgreich interveniert, sodass er den Antrag postwendend zurücknimmt. An anderen Orten ist er erfolgreicher, so am Schwabentorplatz 1 (Gesuch am 10. Februar 1938 stattgegeben), an Unterlinden 14 (Gesuch am 10. Juni 1938 stattgegeben, auch für den Verkauf von Branntwein) und in der Adolf-Hitler-Straße 317 (heute Kaiser-Joseph-Straße/Ecke Erwinstraße, Gesuch stattgegeben am 23. Juni 1938). In diesen Filialen darf Alkohol verkauft werden, was einigen anderen Konkurrenten in Freiburg wie etwa der Firma »Baader Brezeln« verwehrt wird.

Trotzdem vermeidet Arthur Gottlieb, die Aufsichtsbehörden zu sehr zu reizen, zumal nicht abzusehen ist, ob und wie lange der Verkauf gestattet bleibt. Vor diesem Hintergrund fällt ein ganz neuer Typ von Anzeige in den Spalten der »Freiburger Zeitung«, der »Tagespost« und des »Alemannen« auf. Sie kommen als extrem platzsparende Miniatur-Inserate im Negativ-Druck daher, deuten nur die Umrisse bestimmter Flaschentypen für Weinbrand, Wein, Schaumwein, Steinhäger oder Grog an. In den kleinen Flaschen-Piktogrammen werden nur die allernotwendigsten Angaben über Preis und Verkaufsgröße gemacht. Häufig

Gottlieb-Nikolaus-Anzeige in der Freiburger Zeitung vom 4. Dezember 1936.

Gottlieb-Mini-Anzeigen in der Tagespost vom 23. Dezember 1938.

finden sich dafür aber gleich vier dieser kleinen, sehr auffälligen Fläschchen-Inserate auf die Ecken einer ganzen Werbeseite verteilt. So bescheiden wie sie daherkamen, so wirkungsvoll dürften sie gewesen sein.

Zum Jahreswechsel 1938 / 1939 empfiehlt Gottlieb »Nach den vielen Süßigkeiten« an Weihnachten »etwas Pikantes« wie Schellfisch, Kabeljau, Ölsardinen. Natürlich beherrscht Fisch auch das Angebot der Karwoche vom 5. April 1939: »Über 10 000 kg frische Seefische treffen für die Karwoche in unseren Verkaufsstellen ein.« Was wie ein vom Kirchenkalender diktierter Verzicht auf Fleisch erscheint, entspricht in diesem Jahr ebenso sehr den Vorstellungen der NS-Wirtschaftspolitik, im Rahmen des Vier-Jahres-Plans kriegswichtige Rohstoffe wie tierische Fette oder Öle dem Massenkonsum zu entziehen, indem dafür der Verzehr von Fisch verstärkt propagiert wird.

In Gottliebs letzter Anzeige vom 17. August 1939 vor Beginn des Zweiten Weltkriegs wird die politische Aufladung noch deutlicher, wenn es heißt: »Fisch im Sommer? Jawohl, denn das Meer ist unsere Kolonie, und aus ernährungspolitischen Gründen sollte jeder Deutsche auch im Sommer Fisch essen und damit die Maßnahmen des Reichs unterstützen.«

Bereits am 28. August 1939 – drei Tage vor dem Überfall der Deutschen Wehrmacht auf Polen und dem Beginn des Zweiten Weltkriegs – ist das Ende des Großteils aller Warenanpreisungen im Lebensmittelhandel gekommen. Wie alle anderen gleichgeschalteten Zeitungen im Reich veröffentlicht jetzt

Gottlieb-Silvester-Anzeige in der Freiburger Zeitung vom 29. Dezember 1938.

Gottlieb-Anzeige in der Karwoche in der Freiburger Zeitung vom 5. April 1939.

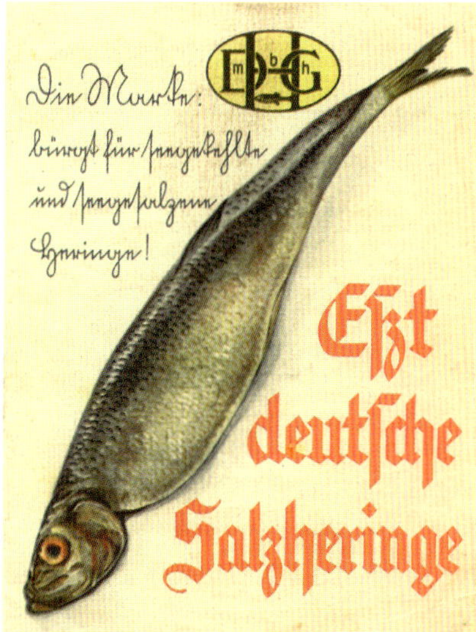

Gottlieb-Anzeige in der Freiburger Zeitung vom 17. August 1939 und NS-Gemeinschaftswerbung zur Propagierung von Seefisch-Konsum.

auch die »Freiburger« ein Merkblatt für die »versorgungsberechtigte Zivilbevölkerung« zu den soeben eingeführten Lebensmittelbezugskarten mit Zuteilungsquoten von Milcherzeugnissen (60 g pro Tag), Fleischwaren (700 g pro Woche), Kaffee (bzw. Kaffee-Ersatzmitteln; 63 g pro Woche), Graupen, Teigwaren etc. (150 g pro Woche) bis hin zu Brennstoffen wie Kohle. Dies sei – so die »Freiburger Zeitung« – die Großtat einer »fürsorglichen Staatsführung«; schließlich handele sich nicht hier um »Not-, sondern Vorsorgemaßnahmen« als »Zeichen des Selbstbehauptungswillens des deutschen Volkes« und »Mittel zur Wahrung der Freiheit seines Handelns«.

Ob Bauernbrot, ELLGEE-Suppen, Margarine, Fisch oder Alkohol – niemals zuvor waren Lebensmittel politisch so aufgeladen wie zu Zeiten des NS-Regimes. Um im Geschäft zu bleiben, war Arthur Gottlieb gut beraten, bis in seine werbliche Kommunikation hinein der herrschenden Ideologie ein Stück weit entgegen zu kommen. Nicht zuletzt bekundete sich dies im verstärkten Einzug deutscher Begrifflichkeiten vor allem in den Bereichen Genussmitteln und Mode, in denen zuvor französische Bezeichnungen Standard gewesen waren – wie in der Gottlieb-Anzeige vom 5. April 1939, in welcher „Sauce“ durch „Tunke“ ersetzt wurde.[19]

In welchem Ausmaß die NS-Politik aber umgekehrt – entgegen ihrer wirtschaftspolitischen Agenda – gerade auf die Betriebsform des Lebensmittelfilialhandels angewiesen war, zeigte sich in der Anfangsphase des Krieges 1940, als Arthur Gottlieb eine Ausnahmegenehmigung zur Errichtung einer weiteren Filiale in Blumberg im Südschwarzwald erteilt wurde. Die Einwohnerzahl des kleinen Ortes nahe der Schweizer Grenze war zwischen 1936 und 1939 von 800 auf 4500 Köpfe explodiert. Um das hier vorkommende nunmehr kriegswichtige Doggererz in großem Stil abbauen zu können, waren massenhaft Arbeitskräfte (davon mindestens ein Drittel in Baracken untergebrachte Fremd- und Zwangsarbeiter) herbeigeschafft worden. Um ihnen Unterkunft zu bieten, waren im Schnellverfahren Wohnsiedlungen errichtet worden, ohne jedoch zugleich die notwendige Infrastruktur aufzubauen. »Für 4500 Menschen gab es 1939 eine Metzgerei, zwei Bäckereien, ein Milchgeschäft und vier Gemischtwarenhandlungen. Viel zu wenig für eine solche Einwohnerzahl.«[20] Ein Bericht der örtlichen Polizeibehörde nennt die Versorgungsprobleme der Reißbrettstadt beim Namen:

> Die Folge davon ist, dass Handel und Gewerbe sich sträubt, sich hier sesshaft zu machen, weil die Verkehrsverhältnisse denkbar ungünstig sind. Lebensmittel und Bedarfsgegenstände sind in Blumberg teurer als überall, weil die Transportkosten zu hoch sind.

Einzig ein Filialbetrieb wie Gottlieb, der als Großeinkäufer Lebensmittel günstig beziehen und deren Transport an einen so entlegenen Ort garantieren konnte, kam dafür infrage. Natürlich wurde zu Kriegszeiten auf Linientreue gepocht:

> Die Auswahl der in Betracht kommenden Gewerbetreibenden und Handwerker hat bisher der Ortsgruppenleiter und Bürgermeister vorgenommen. Dieser erklärte uns, dass bei der Auswahl mit größter Sorgfalt vorgegangen worden sei. In jedem einzelnen Fall habe er ein Zuverlässigkeitszeugnis von dem zuständigen Kreisleiter verlangt. Er habe zur Voraussetzung gemacht, dass die zur Ansetzung kommenden Gewerbetreibenden und Handwerker außerdem Mitglied der NSDAP sind oder in der SA, SS oder dem NSKK Dienst tun.[21]

Im Mai 1940 stellte Arthur Gottlieb einen Antrag auf Mitgliedschaft in der NSDAP. In sein Privatleben hineinregieren lässt er sich jedoch nicht. Und diese von ihm gezogene rote Linie überschritten die NS-Größen vor Ort auch nie: Schließlich hatte Arthur Gottlieb in Freiburg und Südbaden eine viel zu starke Hausmacht, war für die Versorgung breiter Bevölkerungskreise mit Lebensmitteln – vor allem jetzt im Krieg – unverzichtbar. Und so kann die

Arthur Gottlieb vor seinem Horch 830 Kabriolett, dem 1933 vorgestellten Nachfolgemodell des Horch 8.

Familie unbedrängt weiterhin ihren luxuriösen und weltoffenen Stil wie zuvor leben und französischer Konsumkultur huldigen. Allein die Reisen, die Arthur Gottlieb, teils allein, teils mit seiner Familie zwischen 1933 und 1941 über den »Norddeutschen Lloyd« unternimmt, führen ihn durch ganz Europa, aber auch nach Marokko, Ägypten oder Russland. Ebenso besucht er die Kolonial- und die Weltausstellungen in Paris (1931 und 1937). Darüber hinaus verbringt er so manches Wochenende auf seiner Jagd im Elsass.

Seit 1927 – als er sich seinen ersten 8-Zylinder-Horch-Wagen kaufte – ist Arthur Gottlieb mobil. 1938 erwirbt er vom Möbelproduzenten Dietler eine große, standesgemäße Villa in einem der besten Wohnviertel Freiburgs.

Nicht zuletzt, weil er ein wohlhabender Mann ist und eine Reihe einflussreicher Geschäftsfreunde hat, kann Arthur Gottlieb über seine Verbindungen und sein Geld manches bewegen. Schließlich verfügt er über ein Jahreseinkommen, das mindestens dem zehnfachen des Durchschnittszeitgenossen entspricht. Während der gesamten NS-Zeit verdient er in keinem Jahr weniger als 40 000 RM, in manchen das Doppelte. Als es z. B. 1942 darum geht der jüngeren Tochter Ellen den Pflichtdienst im Bund Deutscher Mädels (BDM) zu ersparen, wird mithilfe eines im Obergeschoss der Villa einquartierten Arztes ein Attest auf den Weg gebracht, wonach sie ein »zu kleines Herz«[22] habe, was sie für diese Massenorganisation untauglich mache. Von 1940 bis zu seinem Tod im Dezember 1942 wohnte im oberen Stockwerk übrigens auch der Lyriker und Literaturwissenschaftler Philipp Witkop (1880–1942), Lehrstuhlinhaber für Literaturgeschichte an der Universität Freiburg. Witkop hatte sich sowohl als Herausgeber deutscher Klassiker wie Schiller, Johann Peter Hebel und anderen als auch von »Kriegsbriefen gefallener Studenten« einen Namen gemacht, stand im engen Briefaustausch mit Thomas Mann und hatte die Festrede zum 100. Goethe-Todestag 1932 in Frankfurt gehalten.[23]

Die Villa Dietler (später Gottlieb) in der Maria-Theresia-Straße 8 um 1910.

Selbst im Zweiten Weltkriegs und allgemein zunehmender Knappheit an Lebensmitteln, Kleidung und anderen Gütern des täglichen Bedarfs können die Gottliebs ihren Lebensstil noch über Jahre hin fortführen wie zu Friedenszeiten. Sie sei noch nie so reich beschenkt worden wie an Weihnachten 1940, schreibt die 15-jährige Tochter Ellen in ihr Tagebuch. Zu essen gibt es am Heiligen Abend Weinbergschnecken, Gänseleberpastete, Schinken mit Spargel, Zitronencreme mit Schlagsahne. Aus Sekt allerdings mache sie sich nicht viel, »schon weil wir immer so viel davon trinken.«[24]

Natürlich geht der Krieg auf Dauer weder an der Firma noch an der Familie Gottlieb vorbei. Für die Firma beginnt bald eine unsichere Zeit mit Irrfahrten auf der Suche nach Ausweichlagern und Büros und später auch Schließung verschiedener Filialen aufgrund von Personal- und Warenmangel. In der Endphase des Krieges wird auch die jüngere Tochter Ellen vom NS-System zwangsverpflichtet: zum Westwall-Einsatz im Herbst 1944.

Beim Bombenangriff auf Freiburg am 27. November 1944 werden acht von 22 Filialen vollkommen zerstört. Weitere Schäden entstehen in den Ausweichlagern im Heidenhof, in der Eschholzstraße und der Hindenburgschule. Mit dem Ende des Krieges am 8. Mai 1945 erfolgen zudem umfangreiche Plünderungen in den verbliebenen Filialen und im Zentrallager am Güterbahnhof.

Nach dem Ende der NS-Herrschaft sind Hunderttausende von Deutschen gefordert, ihr Verhältnis zum NS-System darzulegen. Auch Arthur Gottlieb und Curt Pötter müssen sich Entnazifizierungsverfahren stellen und Fragebogen ausfüllen,[25] zu August Rinderle, dem dritten Uniformierten auf dem Gruppenfoto von 1934, liegt keine Akte vor. Arthur Gottlieb fällt es nicht

Gottlieb-Standorte in Freiburg 1941

Numerierung von Nord nach Süd	Adresse
1	Zollhallenstraße 12 -14, Lager und Verwaltung
2	Rotlaubstraße 2
3	Stadtstraße 72
4	Eschholzstraße 32
5	Klarastraße 15
6	Ringstraße 1
7	Unterlinden 14
8	Schiffstraße 3
9	Nußmannstraße 10
10	Engelbergerstraße 23
11	Rathausgasse 5
12	Schusterstraße 1
13	Schusterstraße 46
14	Schwabentorplatz 1
15	Gartenstraße 8
16	Talstraße 88
17	Talstraße 44
18	Wilhelm-Gustloff-Straße 42, heute Teilstück der Basler Straße
19	Adolf-Hitler-Straße 317, heute Kaiser Joseph Straße
20	Schwimmbadstraße 48
	Andreas Hofer Straße 64
	Schwarzwaldstraße 181
	Zähringerstraße 378

Blau dargestellt die Orte, die auf der Karte zu weit außerhalb des Stadtbereiches sind.

Die Freiburger Innenstadt vor der Zerstörung im November 1944 mit 20 eingezeichneten Gottlieb-Filialen (Bearbeitung: Alexander Rosner).

schwer, eine ganze Reihe von Dokumenten vorzulegen, die seine negative Einstellung zum Nationalsozialismus beweisen, von amtlichen Mitteilungen bis hin zu Schreiben von Geschäftspartnern und Freunden.

Da verfasst schon am Tag der Kapitulation ein René Seiller Frères, Alimentation en gros aus Mulhouse-Dornach – offensichtlich einer seiner Geschäftspartner aus dem Elsass – einen an ihn gerichteten Brief: »Je vous remercie pout tout ce que vous avait fait pour la resistance et pour la France et je ne manque pas l'occasion de vous voir.«[26]

Ein gewichtiges amtliches Zeugnis erhält er aus dem Office of U.S. Chief Council Army, Palace of Justice, Nuremberg am 27. Januar 1946. Darin gibt ein Hans Kuhn folgendes Statement ab:

Gottlieb-Filiale 1943 in der Eisenbahnstraße 5 neben dem Neuen Rathaus (heute Rathausgasse).

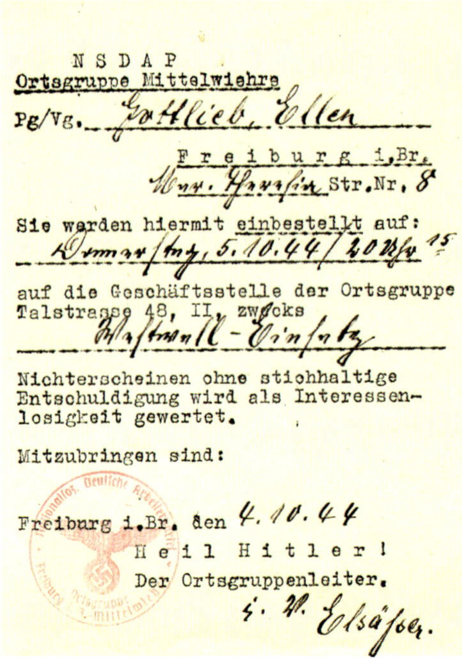
N S D A P
Ortsgruppe Mittelwiehre

Pg/Vg. Gottlieb, Ellen

Freiburg i.Br.
[illegible] Str.Nr. 8

Sie werden hiermit einbestellt auf:
Donnerstag, 5.10.44 / 20 Uhr 15

auf die Geschäftsstelle der Ortsgruppe
Talstrasse 48, II, zwecks
Westwall-Einsatz

Nichterscheinen ohne stichhaltige
Entschuldigung wird als Interessen-
losigkeit gewertet.

Mitzubringen sind:

Freiburg i.Br. den 4.10.44
Heil Hitler!
Der Ortsgruppenleiter.
i. A. Elsäßer.

Ellen Gottliebs Dienstverpflichtung zum Einsatz am Westwall.

> Mr. Arthur Gottlieb is known to me as anti Nazi. Mr. Gottlieb is a true democrat and helped democrats persecuted by the Nazis whereever he could do so. Mr. G. is a friend oft the jewish people also. My personal und business relations with Mr. Gottlieb, his family and his company were always pleasant ones. I consider, Mr. Gottlieb as absolute reliable.[27]

Als einer seiner alten Geschäftsfreunde attestiert ihm Karl Hercher, Direktor der Dresdner Bank, am 15. Mai 1946, er kenne Arthur Gottlieb seit rund 30 Jahren. Ihm gegenüber habe er immer wieder seine Abneigung gegen das NS-System zum Ausdruck gebracht. Vor allem die vom NS betriebene Vermischung von Geschäft und Politik habe ihm nicht gefallen. Er sei von wirklich demokratischer Gesinnung erfüllt gewesen gegen die NS-Brutalität. Seine Parteizugehörigkeit sei nur aufgrund starken Drucks zustande gekommen, nicht aufgrund innerer Überzeugung. Er habe auch, gegen seinen Willen, Parteigenossen in die Firma aufnehmen müssen, die ihn bespitzelten. Selbst diesen Kreaturen gegenüber habe er eine aufrechte und mannhafte Haltung bewahrt. Und er habe darauf verzichtet, seine 1918 im Elsass verlorenen Filialen nach der Besetzung 1940 zurück zu fordern – aus Abneigung gegen die Nazis.

Am 10. Juli 1946 stellt das Statistische Amt der Stadt Freiburg fest, Arthur Gottlieb sei 1941 in die Partei eingetreten,[28] habe aber keiner Gliederung angehört, »muss als Antifaschist angesprochen werden, da er einen frz. Capitain aus dem KZ Haslach befreit« und somit »den Alliierten besonders wichtige Dienste geleistet« habe: »Kann rehabilitiert werden, da politisch unbelastet.«[29] Einen besonders starken Eindruck auf die Prüfungskommission dürfte der Entlastungsbrief jenes Capitains selbst, Albert Fresnais mit Namen, hinterlassen haben. Diesen Elsässer habe die Familie zwei Jahre lang in ihrer Villa versteckt und vor dem Zugriff der Gestapo bewahrt. Dieser schreibt, er sei »sauvé par Hélène Gottlieb, caché et nouri par la famille Gottlieb à M. Theresia Str. 8. J' affirme que cette Famille allemande est honorable et n'a jamais partagé les idées nazies …«[30]

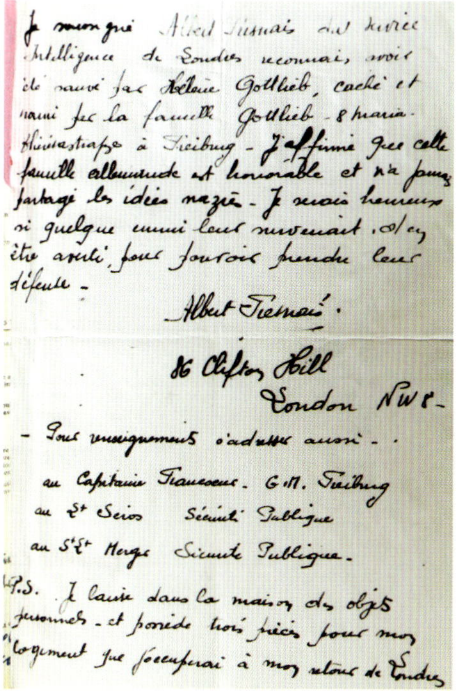
Je soussigné Albert Fresnais du service Intelligence de Londres reconnais avoir été sauvé par Hélène Gottlieb, caché et nourri par la famille Gottlieb - 8 Maria-Theresiastraße à Freiburg - J'affirme que cette famille allemande est honorable et n'a jamais partagé les idées nazies - Je serais heureux si quelque ennui leur survenait d'en être averti pour pouvoir prendre leur défense -

Albert Fresnais.

86 Clifton Hill
London NW8 -

- Pour renseignements s'adresser aussi - -
au Capitaine Francoeur. G.M. Freiburg
au Sgt Seios Sécurité Publique
au Sgt Merge Sécurité Publique.

P.S. Je laisse dans la maison des objets personnels - et possède trois pièces pour mon logement que j'occuperai à mon retour de Londres

Handschriftliches Entlastungsschreiben von Albert Fresnais für die Familie Gottlieb.

Weitere Recherchen zur Person Albert Fresnais' und zu den Umständen seiner behaupteten Befreiung durch Ellen Gottlieb aus dem KZ-Außenlager Vulkan in Haslach im Kinzigtal sind leider ergebnislos geblieben.

Gegenüber diesen entlastenden Dokumenten konnten zwei in der Personalakte ebenfalls erhaltene Schreiben von Denunzianten beim Ermittlungsausschuss offenbar keinen Eindruck hinterlassen, zumal in beiden Sozialneid sehr deutlich die Feder führte. Arthur Gottlieb, so wird in dem einen behauptet, sei ein »undurchsichtiger Kaufmann, wo es versteht Vermögensvorteile zu erreichen… hat im Elsass Landbesitz und Jagd bei Hattheim. Die Familie ist egoistisch veranlagt, kennen nur ihre persönlichen Vorteile, lassen Geschäftsführer zweideutige Geschäfte erledigen. Gottlieb beschäftigte nur gute Nazisten …«[31] Im anderen heißt es, die Gottliebs führten »heute noch ein luxuriöses Leben, das sich kaum die Sieger in England leisten können.«[32] Im Endergebnis stellt der Ermittlungsausschuss lakonisch fest: »Arthur Gottlieb war Pg. seit 1941. Er gilt trotz seiner Mitgliedschaft als unbelastet.«[33]

Aufgrund seiner nicht abzuleugnenden Verstrickungen mit dem NS-System deutlich schlechter als die seines Chefs ist nach Kriegsende die Situation des ehemaligen NSDAP-Ortsgruppenleiters Curt Poetter. Über die gesamte NS-Zeit hinweg hatten Arthur Gottlieb und er in einem auf Gegenseitigkeit beruhendem Vertrauensverhältnis gestanden, indem jeder an seinem Platz über den anderen die Hand hatte halten können. Als Gottlieb-Mitarbeiter (Endgehalt monatlich 350 RM) erhielt Poetter über die Firma nicht nur sein Auskommen, sondern seine Funktion in diesem »lebenswichtigen« Betrieb führte dazu, dass er schon bei Kriegsausbruch 1939 »uk-gestellt« [= unabkömmlich; Anmerkung des Autors] war, was ihn bis zum Herbst 1944 davor schützte, Wehrdienst ableisten zu müssen. Erst in der letzten Kriegsphase wurde er eingezogen und blieb Soldat bis zum Kriegsende. Als in seinem Verfahren belastend eingestuft war für ihn auch die Verleihung des »Kriegsverdienstkreuzes der II. Klasse ohne Schwerter« (höchste Auszeichnung für nicht unmittelbar am Krieg beteiligte Zivilisten) im September 1942 in seiner Funktion als Ortsgruppenleiter Freiburg – Altstadt – Nord mit der Begründung: »Poetter führt die weltanschaulich schwierige Ortsgruppe Altstadt-Nord, in der auch der Erzbischof Gröber wohnt. Pg. Poetter hat seine Führungsaufgabe stets mit bestem Erfolg gemeistert.«[34]

Zur ›Entlastung‹ seines Weggefährten gab ihm Arthur Gottlieb am 10. September 1948 eine schriftliche Bestätigung. Poetter sei zwischen 1925 bis 1944 in seiner Firma beschäftigt gewesen und habe im Laufe der Jahre sein volles Vertrauen erworben:

> Ich bestätige ihm außerdem, dass er einer Kritik an Maßnahmen der NSDAP im Gespräch von Mann zu Mann nicht unzugänglich war, ja dass er gelegentlich selbst eine kritische Haltung solchen Maßnahmen gegenüber verriet und sich um deren Milderung bemüht zeigte; auch brachte er viele Anordnungen und Verfügungen der Parteistellen im Betrieb bewusst – mit meinem Einverständnis – nicht zur Durchführung. Ich wusste, dass er mich gegenüber der Partei, von der ich stark angegriffen wurde, in Schutz nahm. Die Partei hatte gegen meinen Betrieb in Freiburg eine starke Hetze getrieben, so wie sie gegen Warenhäuser unternommen wurde. Nur durch die energische Haltung des Herrn P. gegenüber der Partei waren größere Schädigungen abzuwenden. Seine UK-Stellung im Jahr 1939 war nur darauf zurückzuführen, dass er eine führende Stellung in einem lebenswichtigen Betrieb innehatte und nicht auf seine Partei-Stellung …[35]

Wie also überstanden die Uniformierten auf dem Foto von 1934 die NS-Zeit und den Krieg? Alle drei blieben der Firma verbunden. Arthur Gottlieb, als »unbelastet« eingestuft, konnte sich direkt an den Wiederaufbau seines Unternehmens machen. Ebenso kehrte August Rinderle, bei Kriegsende immerhin schon 67 alt und geradezu ein Gottlieb-Urgestein (Privatwohnung seit 1937 über der Filiale Adolf-Hitler-Straße 317, heute Günterstalstraße / Ecke Er-

Lagerverwalter August Rinderle feierte seine Geburtstage in der Firma, laut Aussagen ehemaliger Kollegen, »immer ganz groß« – hier seinen 74. im Jahr 1952.

winstraße), im Herbst 1945 an seinen alten Arbeitsplatz als Lagerverwalter zurück. Curt Poetter konnte seine Verstrickung mit dem NS-System nicht ableugnen. Zwar kam er mit dem Urteil »minderbelastet« noch glimpflich davon, doch war zumindest in den ersten Nachkriegsjahren an einen schnellen Wiederaufstieg nicht zu denken. Vorerst blieb ihm nichts anderes übrig, als seine Frau, die in Villingen ein Textilgeschäft eröffnet hatte, als Reisender zu unterstützen – bei einer äußerst bescheidenen monatlichen Vergütung von 100 DM. Erst am Ende seines Berufslebens kehrte er in den 1960er-Jahren zur Firma Gottlieb, nunmehr in der Position eines Filialleiters einer Verkaufsstelle im Hochschwarzwald, zurück.

Auf ihre uniformierten Auftritte im Februar 1934 bezogen, sind diese sowohl vonseiten Arthur Gottliebs als auch August Rinderles als ›dekorativ‹ anzusehen (zumal es ihre alten Veteranen-Uniformen aus dem Ersten Weltkrieg waren), Curt Poetters Uniform hingegen war Ausdruck eines aktiven Nationalsozialisten.

Gottlieb

6

Nachkriegszeit und Wirtschaftswunderjahre 1948 bis 1971

Geschäftsneueröffnungen im Halbjahresrhythmus

So gut es Arthur Gottlieb gelungen war, seine Firma ab 1919 wieder aufzubauen und die Pressionen während des zwölf-jährigen NS-Regimes zu überstehen, dem Großangriff der Royal Air Force auf Freiburg am Abend des 27. November 1944 war sein Lebenswerk schutzlos ausgeliefert. Am Morgen danach zählte man fast 3000 Tote, die gesamte Freiburger Innenstadt war zerstört, von den 22 Gottlieb-Filialen lagen acht in Schutt und Asche: die in der Engelbergerstraße 23, Eschholzstraße 32, Gartenstraße 8, Nußmannstraße 10, Ringstraße 1, Schiffstraße 3, Schusterstraße 1 und an Unterlinden 14. Ein halbes Jahr später war der Krieg zu Ende, Arthur Gottlieb stand in seinem 56. Lebensjahr. Wie sollte es jetzt weitergehen?

Die »Freiburger Nachrichten«, die nur zwischen September 1945 und Ende Januar 1946 erschienen und dann von der »Badischen Zeitung« beerbt wurden, berichteten am 18. September 1945, im größten Freiburger Betrieb, der Rhodiaceta, werde zum 1. Oktober die reguläre Arbeit wieder aufgenommen. Schon bald könnten dort wieder bis zu 1000 Menschen Arbeit und Einkommen finden. Bereits 300 männliche Arbeitskräfte seien wieder an ihre Arbeitsplätze zurückgekehrt, darüber hinaus würden noch 500 bis 600 Frauen gesucht. Das Haupthindernis, warum sich nicht genügend weibliche Arbeitskräfte meldeten, läge im Nachteil der berufstätigen gegenüber den anderen Frauen:

> Es ist deswegen unumgänglich die Einkaufsfrage für die Arbeiterinnen zu lösen, etwa dadurch, dass man den Verkauf in der Fabrik selbst organisiert, also den Bäcker-, Metzger- und Kolonialwarenhandel an den Arbeitsplatz verlegt.

Diese sich eröffnende Chance, in den Freiburger Lebensmittelhandel zurückzukehren, wusste Arthur Gottlieb klug zu nutzen. Bis 1953 sollte seine Filiale

Die Freiburger Innenstadt nach dem Bombenangriff vom 27. November 1944.

in der Rhodiaceta bestehen bleiben. Freilich konnte sie (wie auch die anderen wieder eröffneten Verkaufsstellen) vorerst nur Einlösestelle für die auf Lebensmittelkarten erhältlichen kargen Rationen an Grundnahrungsmitteln sein. Dazu war die allgemeine Not, welche die Behörden mit allen Mitteln zu mildern versuchten, noch viel zu groß. Schon im Dezember 1945 musste das städtische Ernährungsamt einräumen, die Getreideernte sei vor dem herannahenden Winter bereits zu 70 bis 80 % aufgebraucht. 10 000 Personen in Freiburg seien ohne Kartoffelzuteilung, an Fleischversorgung sei gar nicht zu denken:

> Wenn die deutschen Metzger auch das Vieh für die Truppen [der französischen Besatzungsarmee; Anmerkung des Autors] schlachten und diesen das Fleisch liefern dürfen, könnten sie Blut, Köpfe, Beine und Eingeweide für die Zivilbevölkerung verwenden.[1]

Schon in diesem Dezember lagen die Tagesrationen bei nur 1330 Kalorien pro Kopf, was deutlich unter dem von der Besatzungsmacht festgelegten Satz von 1550 Kalorien lag. In den Sommern 1946 und 1947 fielen sie noch weiter ab auf nur 802 bis 990 Kalorien – zum Leben zu wenig, zum Sterben zu viel.

Andere lebten zu dieser Zeit deutlich besser wie viele Angehörige der französischen Militärregierung, für die Arthur Gottlieb offensichtlich als unbelastet galt. Josef Enderle, als Lehrling eben bei Gottlieb eingetreten, erinnert sich:

> Als ich 1946 in der Zentrale meinen Dienst antrat, bestand dort ein Depot mit exklusiven Getränken für die französischen Offiziere (obwohl es noch andere Großhandels-Firmen in Freiburg gab, die über Lagermöglichkeiten verfügten). Um diese Herren zu empfangen wurde ich dann an den Büro-Eingang geschickt: ›Avez vous un bon de deblocage?‹. Wenn das bejaht wurde, sagte ich: ›Venez avec moi, s'il vous plaît‹ und ging mit ihnen zum Lagerverwalter Herrn Rinderle. Auf Veranlassung von Herrn Gottlieb kam später auch eine Frau in die Zentrale und gab etwas Französisch-Unterricht.[2]

»Hunger und Kälte, Obdachlosigkeit und Flucht aus der Stadt, Kleider- und Schuhmangel, Krankheit und Behinderung durch Krieg und Hungersnot, Warten auf die Rückkehr der Väter und Trauer um Vermisste, chaotische Familienverhältnisse und Eheprobleme, Halt- und Hoffnungslosigkeit, Arbeit bis zur Erschöpfung«: Auch in Freiburg zeigten sich »sämtliche Symptome der ›Zusammenbruchgesellschaft‹, wie sie für die deutsche Gesellschaft der ersten Nachkriegsjahre typisch waren«[3] – trotz enormer Anstrengungen diverser Wohlfahrtsorganisationen wie der Freiburger Nothilfe, der Quäkervereinigung oder der CARE-Organisation, die allein nach Freiburg 43 000 Pakete schickte. Doch eine Rückkehr zu normalen Verhältnissen war, solange noch die Reichsmark galt und die Mangelwirtschaft mit Zuteilungskarten für Lebensmittel, Kleidung und Brennstoffen herrschte, dafür aber Schwarzmarkt, ›Zigarettenwährung‹ und Schiebertum den Alltag prägten, nicht möglich.

Eine der letzten Lebensmittelkarten für kontingentierte Zuteilungen von Fleisch, Zucker, Butter, Fett und Brot aus Südbaden (Februar 1950).

Dabei war gerade in Freiburg schon während des Krieges über eine neue Wirtschaftsordnung für ganz Deutschland nachgedacht worden – in den berühmt gewordenen »Freiburger Kreisen« um Constantin von Dietze, Adolf Lampe und Walter Eucken. Diese Professoren hatten die theoretischen Grundlagen für das System einer freiheitlichen und Sozialen Marktwirtschaft erarbeitet, die schon bald durch Alfred Müller-Armack weiterentwickelt und von Ludwig Erhard als politisches Programm in die Öffentlichkeit getragen werden sollte. Unter diesen Vorzeichen fing mit dem Tage der Währungsreform – noch vor Gründung der Bundesrepublik am 23. Mai 1949 – am 20. Juni 1948 eine neue Zeitrechnung an durch die Erstausstattung jedes Bundesbürgers mit 40 DM ›Kopfgeld‹. Volkswirtschaftlich gesehen viel wichtiger waren jedoch die damit verbundenen Effekte, denn dieses Geld war endlich wieder kaufkräftig (weil entsprechend rar), sodass sich jeder um seinen Besitz bemühte. Das wiederum machte die Schaufenster über Nacht voll mit Waren, Sonderangebote wieder möglich und die Werbung wieder bunt. Freies Unternehmertum, Konkurrenz und Werben um Käufer prägten von nun an das Marktgeschehen, denn der einzige geltende Bezugsschein war jetzt das Geld selbst, die Deutsche Mark.[4]

Diese für sein Unternehmen günstigen Rahmenbedingungen enthoben Arthur nicht davon, sich um dessen Zukunft Gedanken zu machen. Den anstehenden Generationenwechsel voraussehend, hatte er bereits an Weihnachten 1939 seinen beiden Töchtern Hildegard und Ellen jeweils 3000 RM (laut Schenkungssteuerbescheid vom 8. August 1941) und an Weihnachten 1945 noch einmal je 3000 RM (laut Schenkungssteuerbescheid vom 11. September 1948) geschenkt. Am Tage nach der Währungsreform, dem 21. Juni 1948, hatte er das Stammkapital der Firma von 30 000 RM auf 100 000 DM aufgestockt. Das kam de facto einer Aufstockung um 97 000 DM gleich, da Kapitalvermögen aus der Reichsmarkzeit durch die Währungsreform im Verhältnis 10:1 abgewertet wurden, also 30 000 RM zu gerade einmal 3000 DM zusammenschmolzen. An diesem Stammkapital beteiligt waren er selbst mit 60 % sowie seine Töchter Hildegard und Ellen mit jeweils 20 %.

Dennoch hatte bislang keine der beiden Neigung gezeigt, die Nachfolge im Familienunternehmen anzutreten. Da Ellen, die jüngere, seit dem 5. September 1945 verehelicht war, dürften entsprechende Hoffnungen auf ihrem Ehemann, dem Rechtsanwalt Dr. Friedrich Merkel, geruht haben. Schließlich war dieser schon im Herbst 1945 als juristischer Berater in die Firma eingestiegen.[5] Ellen selbst hatte im Sommer 1946 ein Studium der Psychologie, Psychopathologie und Kriminologie an der Universität in Freiburg aufgenommen und – seit 1949 – nebenher in der Firma gearbeitet. Insofern schienen sich dem Unternehmen gute Zukunftsperspektiven zu eröffnen. Juristischer Berater blieb Friedrich Merkel bis zum Dezember 1949. Nachdem Ellen schwanger geworden war – Tochter Angelika wurde am 19. April 1950 geboren –, stieg er in die Geschäftsführung auf und bekleidete diese Position bis zum 1. De-

Währungsreform am 20. Juni 1948: Ausgabe des neuen Geldes.

Dr. Ellen Gottlieb und ihr Ehemann Dr. Friedrich Merkel auf der Dreisambrücke / Kaiserstraße, ca. 1951.

zember 1952. Währenddessen kümmerte sich seine Frau um die Tochter und schrieb an ihrer Dissertation. Am 20. Juli 1951 legte sie ihre Doktorprüfung im Fach Philosophie ab mit einer Arbeit zum »Ausdruck sozialer Gefährdung im Schriftbild«.

Aber die Ehe scheitert und damit auch Ellens Lebensplan, sich weiterhin vorwiegend mit Kunst, Literatur und anderen schöngeistigen Dingen zu beschäftigen. Doch da sich ihre Schwester nach Paris aufgemacht hat, um dort in der Modebranche Fuß zu fassen, gab es in der eigenen Familie außer ihr niemand, der in die Leitungsebene des Familienunternehmens hätte nachrücken können. So sieht sich die alleinerziehende Mutter gedrängt ihren Vater beim Wiederaufbau der Firma zu unterstützen. Freilich bleibt sie dabei nicht auf sich allein gestellt, sondern erfährt Unterstützung durch Prokuristen wie Willi Orlikowsky (1950–1965) und Hans Noßwitz (1950–1963), später Oskar Oswald und Horst Becher (ab 1965). Ab dem 11. Januar 1963 wird sie schließlich selbst Geschäftsführerin und »einzeln zur Vertretung der Gesellschaft berechtigt«[6] sein. Ab 1966 werden ihr dann mit dem Dipl. Kaufmann Dr. Hubert Klepsch und dem Rechtsanwalt Hans Behrens weitere Geschäftsführer zur Seite stehen.

Zu tun gibt es in diesen frühen 1950er-Jahren unendlich viel. In der Bundesrepublik herrscht bald Hochkonjunktur, die Menschen arbeiten wie besessen, es grassiert die »Managerkrankheit«. Die entbehrungsreichen Jahre sind vorüber, die »Fresswelle« erfasst die Bürger der Bundesrepublik, sodass eine Lebensmittelkette wie Gottlieb jetzt außerordentlich stark wächst. Das verdeutlicht schon ein Blick auf die Zahl der Filialen in Freiburg, die innerhalb von fünf Jahren von 15 im Jahr 1949 auf 20 allein im Stadtgebiet Freiburg ansteigt.[7] Bei Gottlieb finden jetzt auch immer mehr Menschen Beschäftigung und Auskommen. Zählte die Firma kurz nach der Währungsreform 1948 gerade 162 Mitarbeiter, so sind es 1951 schon 321, 1955 wird die 500er-Schwelle überschritten, 1960 gibt es bei Gottlieb 637 Beschäftigte, 1962 dann 803 und 1964 schließlich 904.

Neueröffnung einer (bald wieder verlegten) Gottlieb-Filiale an der Dreisambrücke/Kaiserstraße im Oktober 1949 (Anzeige in der »Freiburger Tagespost«).

Das rasante Gottlieb-Wachstum hängt eng mit der Einwohner-Entwicklung der Stadt Freiburg zusammen – als Folge Zehntausender neu (oder wieder) in die Stadt (zurück-) ziehender Menschen, ob Flüchtlinge aus dem Osten, Kriegsheimkehrer oder Ausgebombte. 1946 zählte Freiburg – infolge des Bombenangriffs

Gottlieb-Mitarbeiter/innen bei der Mittagspause (ca. 1951).

– noch gerade 93 075 Einwohner (1940 waren es schon einmal 108 700 gewesen). 1952 ist ihre Zahl schon wieder um fast 30 000 Köpfe auf 121 713 gestiegen, vier Jahre später leben bereits 130 228 Personen im Stadtgebiet, 1960 sind es 141 637 und nur drei Jahre später (1963) wird die 150 000-Einwohner-Schwelle überschritten. Alle diese Menschen brauchen neben Wohnraum vor allem Lebensmittel. Das lässt die Wachstumsraten im Lebensmittelabsatz regelmäßig Jahr für Jahr zweistellig ausfallen.

Doch die Budgets in den meisten Verbraucher-Haushalten bleiben bis weit in die 1950er-Jahre hinein sehr begrenzt. Dessen ist sich Arthur Gottlieb bewusst und richtet sei-

Postwurfreklame der Gottlieb-Filiale in Furtwangen 1950.

Gottlieb-Filiale am Marktplatz in Staufen 1951.

ne Angebote darauf aus. Geradezu gebetsmühlenartig empfiehlt er sich als »Geschäft der sparsamen Hausfrau«. Eines der wichtigsten Instrumente, diesen Gedanken werbewirksam zu vermitteln, wird die kontinuierliche Gewährung von drei Prozent Rabatt bei jedem Einkauf ab 1953 – nicht zuletzt, um die eigene Preiswürdigkeit gegenüber den zu dieser Zeit noch stark konkurrierenden Konsumgenossenschaften herauszustellen. Damit war Gottlieb im Freiburger Lebensmittel-Handel der erste Betrieb, der Rabattmarken ausgab.[8] Zuweilen tauchen in den Sonderangebots-Anzeigen ganze Musterrechnungen auf, wie sich unter Zugrundelegung des dreiprozentigen Kundenrabatts bei einer durchschnittlichen Ausgabe von 150 DM für einen Vier-Personen-Haushalt der letzte Tag im Monat quasi umsonst

Die Gottlieb-Filiale in Löffingen am Rathausplatz 6 mit Verkaufspersonal (ca. 1951).

Gottlieb-Rabattmarken-Rechnung in einer Anzeige des »Freiburger Wochenbericht« 1953.

Erste Rückzahlungsbilanz aufgrund aller im Laufe von etwa eineinviertel Jahren eingelösten Markenbücher: »In 15 Monaten zahlten wir bis Ende Februar DM 643 347 an unsere Kunden zurück.«

leben lasse. Umgekehrt lässt auch Arthur Gottlieb selbst in seiner Werbung größte Sparsamkeit walten und begnügt sich mit kleinformatigen »Gottlieb-Ecken« in der »Badischen Zeitung«, dem »Freiburger Wochenbericht« oder im »Staufener Wochenblatt«. Hier und da wird in den Inseraten eine kleine humorvolle Vignette dazugestellt oder ein lockerer Werbevers wie »Kluger Kopf – Huhn im Topf« abgedruckt. Nur zu außergewöhnlichen Anlässen wie etwa Produktneueinführungen oder vor Festtagen werden großformatige Anzeigen geschaltet.

Gottlieb-Weinkostprobe. Anzeige im Freiburger Wochenbericht, Oktober 1955.

Auf der anderen Seite ist ein Gang zu Gottlieb bis weit in die 1950er-Jahre für die noch immer von den Erinnerungen an die Hungerjahre geprägten Menschen wie ein Gang ins Wunderland. Gottlieb präsentiert ihnen jetzt Konsumwelten, von denen sie vor noch kurzer Zeit nicht einmal zu träumen gewagt hatten wie etwa Gratis-Weinverkostungen von spanischem Rioja.

Aktionen wie diese können durchaus für sich in Anspruch nehmen, Musterbeispiele aus dem Lehrbuch »Soziale Marktwirtschaft« zu sein, gemäß Ludwig Erhards Ausspruch, »das Luxusgut von gestern zum Konsumgut von heute« zu machen.

Gottlieb eröffnet nun fast im Halbjahresrhythmus im Freiburger Stadtgebiet (wie auch in Südbaden) Filiale um Filiale, 1954 auch seinen ersten Selbstbedienungsladen am Kartoffelmarkt. Der Freiburger Wochenbericht vom 10. Dezember 1954 schwärmt:

> Er ist mitten in der Stadt, so dass die Hausfrau unterwegs alles Gewünschte mitnehmen kann; auf der anderen Seite aber breitet sich vor dem Geschäft ein geräumiger Parkplatz aus. Im Laden ist alles aufs beste eingerichtet. In übersichtlichen Regalen finden sich alle Lebensmittel und Gebrauchsgegenstände für den Haushalt. Selbst Wurst, Fleischwaren und Käse sind in Cellophan appetitlich verpackt und mit einem besonderen Apparat luftdicht verschlossen. Mit einer Lautsprecheranlage werden die neuesten Schlager und Musikstücke übermittelt, sodass man wirklich das Einkaufen als angenehme Unterhaltung und Abwechslung betrachten kann. Damit die Schrecksekunde des Zahlens möglichst schnell überwunden wird, stehen drei blitzschnell arbeitende Registrierkassen bereit.

Anzeige im Freiburger Wochenbericht vom 10. Dezember1954 mit Instruktionen für die Hausfrau, wie man in einem neuartigen Selbstbedienungsladen einkauft.

Neueröffnung von Gottlieb-Filialen in Littenweiler (25.11 1954), Herrenstraße (25.10 1957) und Elsässerstraße 63 (30.9.1955) in Anzeigen des »Freiburger Wochenberichts«.

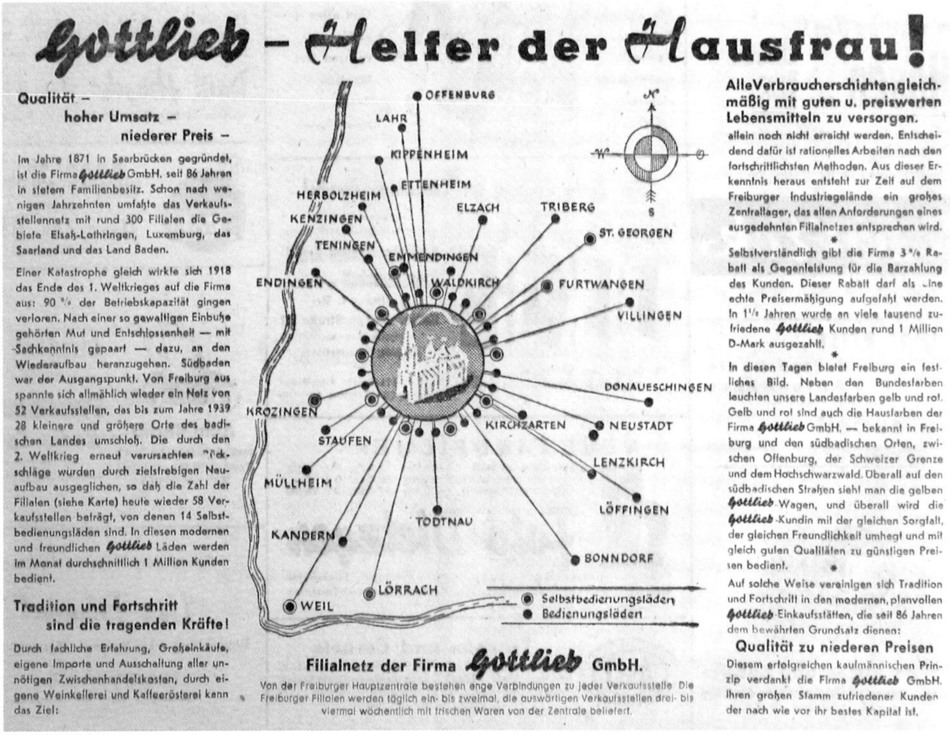

Schon im Juli 1957 zählt das Gottlieb-Netz wieder 58 Filialen in Südbaden, davon 28 im Freiburger Stadtgebiet. 14 Filialen sind inzwischen auf das System der Selbstbedienung umgestellt (Anzeige aus dem »Freiburger Wochenbericht«, 14. Juli 1957).

Suche nach Mitarbeitern: Gottlieb-Anzeige vom Juli 1957 im »Freiburger Wochenbericht«.

Einer der letzten Gottlieb-Behelfsläden am Schwabentor in Freiburg (1958/1959).

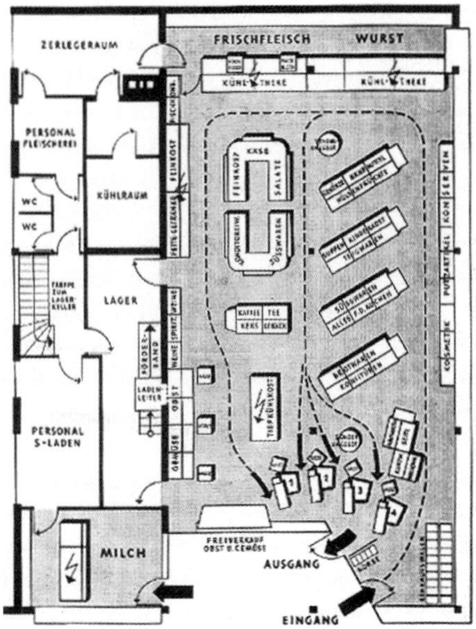

Grundriss eines idealtypischen Supermarkts der neuen Generation von 1957.

Doch es ist nicht nur die steigende Zahl an Mitarbeitern und Filialen, in denen sich das Wachstum des Unternehmens spiegelt – mindestens ebenso wichtig wird der ständige Zuwachs an Verkaufsfläche. Das freilich bereitet zunehmend Probleme. Viele der alten und jetzt wieder eröffneten Filialen platzen schon Mitte der 1950er-Jahre aus allen Nähten; sie sind schlicht zu klein, um das ständig wachsende Sortiment aufzunehmen und zu präsentieren. Häufig fehlt es auch an Möglichkeiten zur Installation moderner Technik, wenn etwa keine Räume für Waren vorhanden sind, die gekühlt werden müssen und die entsprechenden Aggregate nicht eingebaut werden können, die Zugangswege für die Liefer-Lkw zu schmal sind oder es an Parkmöglichkeiten für die zunehmend motorisierte Kundschaft mangelt. Ist es in den frühen 1950er-Jahren noch möglich, einige Zeit lang mit Behelfslösungen im Stil von Tante-Emma-Läden auszukommen, so sind spätestens in der zweiten Hälfte des Jahrzehnts größere und nachhaltigere Lösungen gefordert.

Modernisierung ist das Gebot der Stunde. Dies gilt nicht nur für die Läden selbst, deren Ausstattung und Angebotspalette, sondern auch für alle anderen Bereiche des Betriebs von der Lagerhaltung über die Logistik bis hin zur Flotte der Auslieferungsfahrzeuge. Vergleicht man etwa den Fuhrpark der Firma Gottlieb, wie er sich noch 1954 als notdürftig zusammengestückeltes Ensemble präsentiert, mit dem des Jahres 1960, so fällt auf, wieviel sich auch in diesem Bereich in wenigen Jahren bewegt hat.

Der gesamte Gottlieb-Fuhrpark von ca. 1954 mit nur einem Dutzend Fahrzeugen bietet ein geradezu chaotisches Bild sieben (!) verschiedener Hersteller, angefangen vom VW-Bus über Hanomag-, Opel-Blitz-, Ford-, Mercedes-, Magirus-Deutz- bis hin zum Büssing-Lkw. Der Mercedes-Lkw (dritter von rechts) hat sogar noch ein sogenanntes Behelfs-Fahrerhaus, wie sie aufgrund von Materialmangel in der unmittelbaren Nachkriegszeit häufig anzutreffen waren. Aus heutiger Sicht ungewöhnlich wirkt die Werbestrategie, die wöchentlich wechselnden Sonderangebote durch Tafeln, die an der Stirnseite der Planen hinter den Fahrerhäusern montiert wurden, ›spazieren‹ zu fahren.

Wenige Jahre später besteht der Gottlieb-Fuhrpark nur noch aus zwei Typen bzw. Baureihen, was eine deutliche Kostensenkung bei Beschaffung von Neufahrzeugen und Ersatzteilen bedeutet und zu Erleichterungen und Vereinfachungen bei deren Wartung und Pflege führt. Alle neun größeren Lkw stammen jetzt aus dem Ulmer Magirus-Deutz-Werk (Typ Sirius, sogenannter Rundhauber), die sechs kleineren Lieferwagen der 2,8 bzw. 3,5 t Klasse dagegen sind sämtlich Opel vom Typ Blitz.

Bemerkenswert ist, dass Ellen Gottlieb, nach nur wenigen Jahren an der Seite ihres Vaters, inzwischen Entscheidungen fällt, die auch technische Fragen wie den Firmen-Fuhrpark betreffen. Das verdeutlichen Einträge aus ihrem Tagebuch, wonach sie allein im Mai 1957 fünf neue Auslieferungsfahrzeuge bestellt, am 4. und noch einmal am 15. des Monats: »Ich kaufe zwei Lastwagen, nach Totalschaden vom Hoffmann-Wagen, noch einen Dreitonner und für mich selbst das Borgward Coupé.«[9]

Wo immer die räumlichen Verhältnisse es zulassen, gehen Gottlieb-Filialen jetzt vom ersten Tage an als moderne Selbstbedienungsläden an den Start mit breiten Kassenzonen und einem Kundenparkplatz vor dem Laden: 1958 ist von den inzwischen 30 Gottlieb-Läden im Freiburger Stadtgebiet bereits ein Drittel auf das Selbstbedienungsprinzip umgestellt. Können die dazu erforderlichen Investitionen auf der einen Seite durch Einsparungen im Personalsektor noch halbwegs aufgefangen werden, so erfordert der dazu nötige Aufwand auf der anderen Seite auch gleich wieder außerordentliche Investitionen in Logistik, Ausstattung und Technik.

Diesen ab Mitte der 1950er-Jahre einsetzenden Strukturwandel hat Felix Herzog so beschrieben:

> Einerseits ermöglichte die Umstellung auf Selbstbedienung Einsparungen im Personalsektor. Anderseits war es erforderlich, den umsatzfördernden Effekt des Verkaufsgesprächs durch eine Verkaufspsychologie der Warenfülle zu ersetzen. Warenfülle setzte ein größeres Sortiment und seine entsprechende Präsentation voraus. Ein größeres Sortiment erforderte eine größere Ladenfläche. Größere Ladenflächen und größeres Sortiment bedeuteten hohe Investitionen und hohen Kapitalbedarf. Die eingesparten Personalkosten konnten den Anstieg der fixen Kosten nicht auffangen und den erhöhen Kapitalbedarf nicht abdecken, wodurch sich im Lebensmitteleinzelhandel die Risiken je Ladeneinheit deutlich erhöhten. Auf das Wagnis erhöhter Investitionen und erhöhten Kapitalbedarfs bei erhöhtem Risiko konnten sich die kleinen Lebensmitteleinzelhändler nicht einlassen. Nur große Unternehmen auf einer gesicherten Kapitalbasis konnten Risikobereitschaft zeigen. Wer risikobereit in die Umstrukturierung investiert hatte, musste Umsatz machen. Das führte zu einem scharfen Wettbewerb um Marktanteile mit dem Mittel des Preisdumpings. Hierdurch sanken die Gewinnspannen im Lebensmitteleinzelhandel. Letztlich entschied der Umsatz, der sich wiederum nur über eine Erweiterung von Sortiment und Ladenfläche nach oben steuern ließ. Symbolhaft für diese Entwicklung stehen die Ladenbezeichnungen, die sich vom Selbstbedienungsgeschäft über den Supermarkt hin zum Großmarkt entwickelt haben.[10]

Vor diesem Zeithintergrund fliegt Ellen Gottlieb am 18. Oktober 1957 in die USA nach Washington. Sie wird im Sheraton-Hotel an einer Arbeitstagung teilnehmen, zu der Dutzende von Geschäftsführern großer Lebensmittelketten und Warenhäusern aus der ganzen Welt anreisen. Fast einen ganzen Monat lang bleibt sie in den Vereinigten Staaten, besucht Dayton und New York – um anschließend in Miami / Florida noch einige Tage Urlaub zu machen. Auf der Tagung geht es um die Zukunft des Handels, um Verkaufsstrategien und -methoden, Logistik und Buchhaltung, Lagerung, Warenpräsentation und Werbung, kurz: um den Supermarkt der Zukunft. Selbst in die USA zu reisen dürfte den inzwischen 68-jährigen Arthur Gottlieb in vielfacher Hinsicht überfordert haben, sodass sich Ellen allein dieser Herausforderung stellt. Sie, die ohnehin welt- und sprachgewandter ist als er und fließend Englisch spricht, macht auf der Tagung eine hervorragende Figur, stiehlt sogar – glaubt man ihrem Tagebuch – etlichen anderen die Schau. Sie nimmt an einem Empfang des französischen Botschafters teil und besucht eine Cocktail-Party der Colgate-Palmolive-Company.

Ganzseitige Gottlieb-Anzeige im »Freiburger Wochenbericht« an Ostern 1958 mit zwei Eigenmarken, der gesetzlich geschützten Hausmarke »Münsterturm«-Likör in acht verschiedenen Geschmacksrichtungen und Hartglanz-Bohnerwachs aus eigener Herstellung.

Neben Vorträgen und Seminaren wird ein großes Begleitprogramm angeboten. Die Angereisten bekommen Gelegenheit, die Arbeit amerikanischer Ladenbauer zu studieren, sie besichtigen das Lagerhaus von Giant Food, diverse »supermarkets« neuesten und auch alten Stils, ein dreigeschossiges Warenhaus und eines, das rund um die Uhr geöffnet bleibt. An einem anderen Tag steht der Besuch der National Registrierkassen-Company in Dayton auf dem Programm; ebenso werden ein Großlagerhaus für Whisky und eine Fabrik, die Baby-Puder herstellt, besucht.

Auf der Tagung lernt sie Herbert Eklöh (1905–1978) kennen. Der Honorarkonsul von Kuba kommt gerade aus Havanna, wo er einige Supermärkte betreibt, die er aber aufgrund der revolutionären Ereignisse jetzt schnell wieder abstößt. Branchenkennern gilt Eklöh schon lange als ein genialer Marktstratege. Schließlich war er der Erste gewesen, der in Deutschland bereits 1938 in Osnabrück das Selbstbedienungsprinzip erfolgreich ausprobiert hatte. In der Bundesrepublik wird Eklöh unmittelbar nach seiner Rückkehr von dieser Tagung in der »Rheinland-Halle«, einem umgebauten Radsportpalast in Köln, auf einer Fläche von 2000 Quadratmetern den ersten deutschen Riesen-Supermarkt, in dem nicht nur Lebensmittel, sondern alle Artikel des täglichen Bedarfs erhältlich sind, eröffnen – mit 200 Parkplätzen vor dem Laden für seine Käufer.

Über die Tagung hinaus bleibt Eklöh, von Ellen tief beeindruckt, der Familie fortan verbunden; schon 1959 besucht er sie in Freiburg. Wie kaum ein anderer hatte er die sich in der »Kaufparadies«-Konzeption des Riesensupermarkts eröffnenden Chancen erfasst. Schließlich sorgte dieses gewaltige neue Verführungspotenzial für ständig neue Umsatzrekorde allein aufgrund von »Impulskäufen in einem uns bisher unbekannten Ausmaß«.[11] Doch schon Anfang 1959 überkamen ihn Zweifel am neuen Geschäftsmodell – vor allem, weil die Sachzwänge, die es entfaltete, ihn, der sich irgendwann gerne zurückgelehnt hätte, um sich karitativ oder kulturell zu betätigen, aufzuzehren drohten: »Es gibt keine Entlastung. Bei diesem Business wird man mit der Peitsche vorangetrieben. Das liegt in der Natur des Business. Da gibt es keine Ruhe.«[12] Zugleich war ihm bewusst, dass sein Unternehmen, wenn es nicht zum Stillstand kommen sollte, ständig vergrößert werden musste. Dafür wurde aber nun ein Kapitaleinsatz in einem Ausmaß notwendig, der über die finanzielle Kraft seines Familienunternehmens weit hinausging, was ihn unweigerlich in die Hände fremder Kreditgeber getrieben hätte. Das wollte er nicht, und genau das sollte in den kommenden Jahren das Dilemma Gottliebs werden.

Für Ellen sind die in den USA gesammelten Eindrücke überwältigend. Als sie Mitte November 1957 wieder in Deutschland eintrifft, steht ihr klar vor Augen, dass sich viele Dinge im eigenen Betrieb ändern müssen. Doch noch bestimmt Arthur Gottlieb die Geschäftspolitik. Der paternalistische Firmeninhaber handelt eher nach dem Prinzip des »königlichen Kaufmanns«,[13] der sich gegen allzu kapitalistische Auswüchse der reinen »Profitmaximierung« stemmt. Das bekundet sich etwa in einer Anzeige aus dem Jahr 1960, in der es heißt: »Unsere Weinpreise sind so niedrig, weil wir uns bewußt mit einem bescheidenen Gewinn begnügen, damit auch alle Freunde des Weines sich diesen Genuß leisten können.« Diese Behauptung, nicht ausschließlich an den eigenen Gewinn zu denken, sondern in und mit seinen Angeboten so etwas wie eine ›soziale Mission‹ zu erfüllen, erscheint durchaus glaubwürdig. Schließlich hätte die an Monopolstellung grenzende Marktmacht, die Gottlieb an der Schwelle der 1960er-Jahre in Südbaden erreicht hatte, es leicht gemacht, den Profit deutlich zu steigern.

Gottlieb-Inserat aus dem »Staufener Wochenblatt« vom Oktober 1960. Die Vignette oben links, die eine Hausfrau zeigt, die einen Einkaufswagen schiebt, zeigt jetzt deutlich an, dass diese Filiale bereits auf Selbstbedienung umgestellt ist.

Gottlieb-Filiale am Torplatz in Freiburg-Günterstal, ca. 1962.

Für den Wirtschaftskapitän das adäquate Fahrzeug: der Kapitän. Firmenpatriarch Arthur Gottlieb Mitte der Fünfzigerjahre neben seinem großen Opel.

Für diese – aus seiner Sicht – soziale Grundeinstellung beansprucht Arthur Gottlieb aber auch einen angemessenen Unternehmerlohn. Schließlich muss er sich dauernd dem Markt stellen, Konkurrenten beobachten, Verbraucherwünsche erspüren und postwendend mit passenden Artikeln bedienen, wenn er im Wettlauf um die Kundengunst erfolgreich bleiben will. Denn das Risiko, auf seinen Waren sitzen zu bleiben, nimmt ihm niemand ab, so wie auch ihm trotz aller Cleverness immer wieder einmal Fehleinkäufe unterlaufen, die sich dann nur noch mit Verlust absetzen lassen. Leisten kann er sich diese so überaus generös erscheinende Haltung gegenüber seiner Kundschaft, weil das Geschäftsmodell »Lebensmittelfilialbetrieb« gerade in diesen Jahren immer ertragreicher wird. Nach einer Aufstellung der »Arbeitsgemeinschaft der Lebensmittelfilialbetriebe e.V. (ALF)« in Bonn stiegen zwischen 1950 und 1964 die Umsätze der angeschlossenen Mitglieder von 0,7 Milliarden DM auf 5,6 Milliarden DM – was einer Steigerung ihres Marktanteils gegenüber dem Einzelhandel und den Konsumgenossenschaften von 5,1 % auf 13,1 % entsprach.[14]

In die Öffentlichkeit begibt sich Arthur Gottlieb dagegen nur ungern und zeigt sich höchstens bei Geschäftsessen und wenigen Pflichtauftritten. Viele Repräsentationsaufgaben übernimmt dafür Ellen, die, ganz »höhere Tochter«, zwar als eine gebildete, elegante und selbstbewusste Erscheinung auftritt, gleichwohl aber noch immer eher wie seine Assistentin wirkt. Diesen Eindruck nehmen auch Reporter der »Badischen Zeitung« mit, als sie im August 1959 einen Bericht über den Jubilar Arthur Gottlieb anlässlich seines 70. Geburtstags verfassen möchten. »Darf ich den Herren von der Zeitung einmal

Arthur Gottlieb auf dem Hof des Zentrallagers in der Hans-Bunte Straße im Freiburger Industriegebiet (ca. 1963).

einen herrlichen Blick zum Kandel von Deinem Arbeitszimmer zeigen?« – so seien sie von »Frau Doktor« begrüßt worden, der »charmanten rechten Hand ihres Vaters, als wir kürzlich die neuerbaute Gottlieb-Zentrale im Industriegebiet besuchten. Das war eine kleine List, um den alten Herrn bei der Arbeit zu sehen, denn der bescheidene Mann, der noch immer souverän dem großen Unternehmen vorsteht, ist nicht sehr publicity-freudig.«[15]

Auch wenn sich anfangs der 1960er-Jahre in der Bundesrepublik erst zarte Anzeichen eines grundlegenden Strukturwandels im Lebensmittelhandel ankündigten – Ellen dürfte sich vollkommen darüber im Klaren gewesen sein, dass die Firma Gottlieb spätestens dann neu aufzustellen wäre, sobald die Verantwortung ganz auf sie übergangen sein würde. Für sie als eine der wenigen Frauen in der damaligen Bundesrepublik in der Position der Geschäftsleitung eines großen Unternehmens bedeutete dies eine gewaltige Herausforderung – umso mehr, da sie von Haus aus über keinerlei betriebswirtschaftliche Ausbildung verfügte. Was immer sie an Kenntnissen abrufen konnte, hatte sie sich in den zurückliegenden Jahren bei ihrem Vater abgeschaut. Was sie jedoch in die Waagschale werfen konnte, war ihr fast untrügliches Gespür für Menschen in deren Eigenart und charakterlichen Qualitäten, die sie zu hochmotivierten Mitarbeitern in ihrer Firma zu machen verstand. Auch wenn sie – so die Wahrnehmung etlicher ihrer ehemaligen Mitarbeiter – im Grunde eine eher unsichere Frau blieb, die bei all ihrer Bildung und Eleganz nach Orientierung suchte, verstand sie es sehr geschickt, ihre fachlichen Defizite über ihre Menschenkenntnis und ihr oft königlich anmutendes Auftreten zu kompensieren. Da mochten manche ihrer Untergebenen noch so sehr frozzeln, sie müsse ihrem Vater jeden Sonntag einen Rapport über die abgelaufene Woche im Betrieb abliefern.

In ihrem Privatleben jedoch bleibt das Geschäft zweitrangig, es dominiert das Interesse an Kunst, Musik und Literatur. Ellen besucht häufig Veranstaltungen der Universität, vor allem die Vorlesungen des berühmten Romanisten Hugo Friedrich (1904–1978), von dem die »Badische Zeitung« einmal schrieb, er fülle das Auditorium Maximum bis zum Rand.[16] Bald entwickelt sich zwischen ihr und dem gut zwanzig Jahre älteren Literatur-Professor eine enge Beziehung, Im Frühjahr 1955 unternimmt man eine gemeinsame Reise nach Italien.[17] Am 28. Februar 1959 schließlich geht Ellen mit Hugo Friedrich ihre zweite Ehe ein.

Was jedoch das Geschäft betraf, blieb Ellen Gottlieb ihrer Strategie, sich mit einem Stab hochqualifizierter erfahrener Fachleute zu umgeben und sie durch außerordentlich gute Bezahlung langfristig zu binden, über viele Jahre hin treu. Schließlich erforderte die stets wachsende Konkurrenz im Handel jetzt immer mehr Professionalisierung – ob in Rechtsfragen, Buchhaltung und Finanzen, Personal- und Mitarbeiterschulung, Verkauf und Werbung, Bauvorhaben, Logistik oder Transportwesen. Ausreichend qualifizierte Mitarbeiter, die solchen Anforderungen genügten, ließen sich aus der vorhandenen Belegschaft aber nur bedingt rekrutieren.

Zu den wenigen Ausnahmen gehörte Josef Enderle, der schon 1946 bei Gottlieb als Lehrling eingetreten war und sich über die Jahre hin in der Abteilung Rechnungswesen zum Leiter des gesamten Finanzwesens emporgearbeitet hatte. Andere mussten von außerhalb herangeholt werden, was sich angesichts der anfangs der 1960er-Jahre extrem angespannten Lage auf dem leergefegten Arbeitsmarkt als schwieriges Unterfangen erwies.

Zu den neu hinzukommenden Fachkräften der Leitungsebene stieß als Personalleiter Hermann Vorwerk, der zuvor bei der Hagener Süßwarenfilialkette »Hussel« in ähnlicher Position tätig gewesen war. 1964 warb ihn Ellen Gottlieb, die ihm seinen Wechsel nach Freiburg mit einem großzügigen Wohnungsangebot schon während seiner Probezeit schmackhaft zu machen verstand, von seinem früheren Arbeitgeber in Hagen / Westfalen regelrecht ab.

Zum Leiter der in den frühen 1960er-Jahren immer bedeutsamer werdenden Bauabteilung wurde im selben Jahr Bernhard Leupolz. Als ausgebildeter Architekt blieb er der Firma Gottlieb noch über ihren Verkauf 1987 hinaus erhalten, weil er in seiner Funktion als Betriebsratsvorsitzender auch weiterhin Verantwortung für die nun zu KaFu-Wasmund-Mitarbeitern gewordene Gottlieb-Belegschaft trug.

Zum Verkaufs- und später Marketingleiter wurde – ebenfalls 1964 – Ernst Funk. Er blieb der Firma bis 1991 treu. Zu Ellens wohl wichtigstem Mitarbeiter wurde jedoch der Jurist Hans Behrens, der schon seit Mitte der

Dr. Ellen Gottlieb und Prof. Dr. Hugo Friedrich bei ihrer Eheschließung auf dem Standesamt Freiburg am 28. Februar 1959.

Dr. Ellen Friedrich-Gottlieb und ihr Vater bei einem Empfang (ca. 1963).

1950er-Jahre für Gottlieb tätig gewesen war und ihr ab 1966 als festangestellter Geschäftsführer zur Seite stand.

Überhaupt erscheint die Beständigkeit auffällig, mit welcher die männlichen Führungskräfte nicht nur der Firma, sondern ein gutes Stück weit Frau Gottlieb persönlich die Treue hielten. Die von ihnen noch Lebenden erklären heute einhellig, dass sie sehr gern bei Gottlieb gearbeitet hätten, weil dies eine sehr soziale Firma gewesen sei.

Josef Enderle, Leiter Finanzen (l.) mit Frau Widmann
und Herrn Klepsch (ca. 1966).

Neben der Personalfrage erweist sich als das größte Problem in diesen Jahren die Beengtheit der räumlichen Verhältnisse. Vor allem Zentrale und Lager an der Zollhallenstraße entsprechen längst nicht mehr den Anforderungen eines modernen Unternehmens. Schon 1956 war im Industriegebiet Nord die ›große Lösung‹ in Angriff genommen worden: Der Bau einer modernen Zentrale, in der alle notwendigen Funktionen unter einem Dach vereint sind – von der eigenen Metzgerei bis hin zur Firmentankstelle für die Lkw. Sie wird 1958 in Betrieb genommen. Dazu gehört, unmittelbar neben dem Verwaltungsgebäude, auch die Errichtung eines geräumigen neuen Zentrallagerlagers. Ein Projekt dieser Größenordnung kann allerdings nicht in einem Anlauf umgesetzt werden und erfordert eine gewaltige Kraftanstrengung. In drei aufeinander folgenden Bauabschnitten wird es realisiert – über einen Zeitraum von mehr als zehn Jahren.

Mit seinen etwa 1000 Mitarbeitern und Mitarbeiterinnen ist Gottlieb als einer der größten Arbeitgeber in Freiburg in eine Größenordnung hineingewachsen, die es geboten erscheinen lässt, dass sich die Firma im Rahmen ihrer Möglichkeiten um die sozialen Belange ihrer Angestellten kümmert. Zu diesem Zweck wurde schon 1961 in Kesswil auf der Schweizer Seite des Bodensees ein Betriebserholungsheim gebaut, um »unverschuldet in Not geratenen« Betriebsangehörigen eine Auszeit zu ermöglichen. Darüber hinaus kümmert sich ein Betriebsarzt ab Mitte der 1960er-Jahre um die Gesundheit der Belegschaft.

Das alte Lager am Güterbahnhof in der Zollhallenstraße
12 – 14 in den frühen 1950er-Jahren.

Gottlieb-Verwaltungsgebäude 1958.

Rückansicht der Gottlieb-Zentrale mit Lagerhalle
und Bahn-Anschluss (ca. 1959).

Auch der Gesetzgeber erkennt, dass es höchste Zeit ist, den vielen wachsenden Unternehmen in der Bundesrepublik ein Regelwerk zu geben, um das Miteinander zwischen Betriebsführung und Mitarbeitern, Arbeitgebern und Arbeitnehmern in geordnete Bahnen zu lenken. Dazu gehört, den Belegschaften ein Mitspracherecht an den Entscheidungsprozessen in ihren Betrieben einzuräumen – nicht zuletzt, um auf diese Weise den »sozialen Frieden« in der Bundesrepublik insgesamt zu stärken. 1964 wird das Betriebsverfassungsgesetz verabschiedet, das jedes Unternehmen, das mehr als 500 Beschäftigte zählt, zur Einrichtung eines Betriebsrats verpflichtet.

Bei Gottlieb wird parallel zur dessen Einrichtung in der Gesellschafterversammlung vom 14. April 1964 erstmals ein aus vier Personen bestehender Aufsichtsrat gewählt, der das Handeln der Geschäftsführung kontrollieren soll – was bei einer GmbH gesetzlich nicht zwingend vorgeschrieben ist. Dessen Vorsitzender wird der aus der aktiven Geschäftsführung nunmehr ausgeschiedene Senior-Chef Arthur Gottlieb, die Arbeitnehmerseite vertritt mit Josef Enderle der dienstälteste Mitarbeiter der Führungsebene. Im April 1969 rücken im Zuge der Fusion mit Gottlieb-Saarbrücken mit Arthur Gottliebs Frau Maria sowie der Tochter Hildegard Baecker weitere Familienmitglieder in den Aufsichtsrat nach. Dass Gottlieb ein Großbetrieb geworden ist, lässt sich auch an der Aufstockung des Stammkapitals ablesen, das im Jahr 1964 um fast das 20-fache (!) von 100 000 DM auf 2 Millionen DM aus Gesellschaftsmitteln erhöht wird. Kaum vier Jahre später wird noch einmal nachgelegt und das Stammkapital um weitere drei auf fünf Millionen DM erhöht.

Gottlieb-Gemüsestand außerhalb des Ladens (ca. 1963).

Auch der Öffentlichkeit bleibt nicht verborgen, dass und wie Gottlieb wächst. Am 4. April 1963 wird in Schopfheim der erste Gottlieb-Markt der neuen Generation – mit deutlich mehr Verkaufsfläche und vergrößertem Angebot an frischen Fleisch- und Wurstwaren – eröffnet. Ende August 1964 kann bereits der dritte Markt dieses neuen Typs, diesmal in Freiburg selbst, in Betrieb genommen werden. Was aus heutiger Sicht von der Breite des Angebots selbstverständlich anmutet, ist für die »Badische Zeitung« 1964 noch etwas außerordentlich Berichtenswertes. Unter der Überschrift »Die Wünsche vieler wurden erfüllt« heißt es:

> Wer von Süden her die Fehrenbachallee entlanggeht, erfreut sich des Anblicks blumengeschmückter Balkone und Wohnfronten, die weitab liegen von dem, was man unter einem Geschäftsviertel versteht. Da dürfte die Eröffnung eines Marktes den Wünschen eines ansehnlichen Käuferkreises entgegenkommen. In dem geräumigen lang hingezogenen Rechteck des Gottlieb-Marktes kann die Hausfrau sozusagen von Stand zu Stand gehen, unbehelligt von Wind und Wetter ... Sie findet hier alles, was sie im Haushalt braucht, angefangen beim Gemüse und weitergehend zu den Nährmitteln, Teigwaren, Konserven, der Milch- und Molkereiabteilung mit einem reichen Käsesortiment, der Tiefkühltruhe mit ihren mannigfachen Angeboten an Obst, Gemüse und Geflügel und schließlich den Getränken je nach Wunsch und Bedarf. Zuletzt erwartet die Hausfrau hinten an der langen Seitenfront im Hintergrund die komplette Metzgerei mit allem, was man heutzutage von ihr erwartet. Selbstverständlich findet sie auch Wasch- und Putzmittel und was sonst zur Haushaltsführung gebraucht wird.[18]

Von der Grundkonzeption her ist das zwar immer noch ein auf einen begrenzten Einzugskreis ausgerichteter »Nachbarschaftsladen«, allerdings mit einem deutlich hervortretenden Profil auf den Supermarkt der Gegenwart hin.

Auch im äußeren Erscheinungsbild zeigen die Gottlieb-Märkte neuen Stils den Kunden ein gewandeltes Gesicht, wenn diese nun von kraftvollen Blockbuchstaben über dem Laden begrüßt werden; die zierlichen, fast zerbrechlich wirkenden Schreibschrift-Lettern, wie sie seit Mitte der 1930er-Jahre den Namen Gottlieb in Anzeigen und an Hausfassaden buchstabierten, gehören der Vergangenheit an. In Werbegrafik und -typographie regiert jetzt die zeitgemäß-nüchterne Formensprache der 1960er-Jahre. Das zeigt sich auch in der grafischen »Übersetzung« der bislang allein durch das Wort vermittelten Werbebotschaft »Das Geschäft der sparsamen Hausfrau« in ein modernes, mit minimalen Mitteln gestaltetes Logo: ihr auf die Sonderangebote niederschießendes, stets wachsames Auge.

Das neue Erscheinungsbild der Gottlieb-Märkte (ab 1963) mit kräftigen roten Blockbuchstaben.

Verantwortlich dafür ist der Werbeleiter der Firma Wolfgang Saumer (1936–2013), der aber Mitte der 1960er-Jahre Gottlieb verlässt und sich mit einer Werbeagentur (Saumer & Partner) selbstständig macht. Zur Werbeabteilung bei Gottlieb gehört zu dieser Zeit auch noch die Sparte »Dekoration«, in der die Grafikern Romy Weber für Ladenbeschriftungen zuständig ist, Sonderangebote auf Schaufenster malt, aber auch Kleinwerbemittel gestaltet bis hinunter zu Streichholzschachteln und Plastiktüten.

1964 wird in der Zentrale in der Hans-Bunte-Straße der Ausbau der eigenen Metzgerei angegangen. Ihr Leiter wird Erich Wichert. Auch Lebensmittelkontrollen werden bei Gottlieb schon Mitte der 1960er-Jahre regelmäßig aufgrund einer Vereinbarung mit dem chemischen Labor Dr. Bernt Merten – einem der ersten privaten Lebensmittellabore in der Bundesrepublik überhaupt – durchgeführt, um Fleisch- und Wurstwaren, aber auch andere verderbliche Lebensmittel einer regelmäßigen Hygiene-Prüfung zu unterziehen.

Im Oktober des Jahres folgt der Neubau von Betriebswerkstätten mit eigener Schreinerei für die Ladenbauten, einem Spritzraum, einem Lkw-Reparaturraum und einer Trafostation. 1966 steht im zweiten Bauabschnitt die Erweiterung des Zentrallagers in der Hans-Bunte-Straße an, die eigene, von Rolf Wandres geleitete, Weinkellerei (»Löwen-Keller«) hingegen, von Arthur Gottlieb jahrzehntelang besonders gepflegt, wird, wie auch die eigene Kaffeerösterei, aufgegeben. 1967 überspringt der Jahresumsatz erstmals die magische Schwelle von 100 000 000 DM. In diesem Jahr kann auch die eigene neue Wagenwaschhalle fertiggestellt und eingeweiht werden. Schließlich sind saubere Lkw fahrende Visitenkarten für das Unternehmen.

Das neue Gottlieb-Logo mit dem auf die Sonderangebote niederschießenden Auge der sparsamen Hausfrau (Entwurf Wolfgang Saumer) von 1964.

Gottlieb-Streichholzschachteln im modernen Design der 1960er-Jahre (Entwurf Romy Weber).

Gottlieb-Plastik-Tragetaschen von ca. 1968 (Entwurf Romy Weber).

Einführung der Frische-Garantie bei Marken-Butter: Gottlieb-Anzeige im Freiburger Wochenbericht vom Juni 1965.

Es ist eine Zeit, in der Ellen Gottlieb oder »Frau Doktor«, wie sie von ihren Mitarbeitern respektvoll genannt wurde, ständig nach neuen Impulsen für das Unternehmen sucht. 1967 hatte sie in Schweizer Migros-Läden etwas im Lebensmittelhandel bis dahin noch völlig Ungewohntes entdeckt: Backtheken in den Vorkassenzonen, hinter denen frisches Brot direkt vor Ort hergestellt und verkauft wurde. In der größten Gottlieb-Filiale in der Kaiser-Joseph-Straße 274–276 neben dem Friedrichsbau bietet sich die Gelegenheit, ein solches Angebot auch in Freiburg einzuführen. Denn im Rückgebäude des Ladens gibt es zwei Räume, die sich zur Einrichtung einer kleinen Backstube anbieten. Dem Projekt kommt entgegen, dass über dem neu eingerichteten Supermarkt auch das erste Gottlieb-eigene Restaurant »Karolinka« eröffnet hat, in dem Frisch-Backwaren, Kuchen und Torten ebenfalls willkommen sind. Noch 1967 werden die Planungen aufgenommen; die Eröffnung des ersten Gottlieb-Backtheke findet im Oktober 1968 statt.

Gottlieb-Ausbildungsstellenangebot im Freiburger Wochenbericht 1967.

Freilich steckt diese Innovation noch in den Kinderschuhen und startet, verglichen mit heutigen Standards, bescheiden: In zwei Öfen mit jeweils nur acht Quadratmetern lassen sich maximal 20 000 Brötchen am Tag ausbacken. Doch das Angebot wird von den Kunden gut angenommen, sodass der Start beflügelt, weitere Theken auch in anderen Freiburger Filialen folgen zu lassen. Das wiederum scheitert vorerst häufig an den begrenzten Räumlichkeiten. Nur in den größeren Filialen wie der in Landwasser oder der Carl-Kistner-Straße lassen sich problemlos neue Backtheken einrichten. Dennoch entwickelt sich aus der Backstube in der Kaiser-Joseph-Straße bald Gottliebs Hausbäckerei, die in den 1970er-Jahren alle 28 Freiburger Filialen mit Frischware versorgen kann.

In den späten 1960er-Jahren ist Ellen so sehr in die Rolle der Geschäftsführerin hineingewachsen, dass sie die Firma längst selbstbewusst nach außen vertritt. In der Tat gilt Gottlieb branchenintern jetzt als Vorzeigebetrieb, was ihr auf Geschäftsreisen immer wieder bestätigt wird. Mitte Juni 1967 nimmt sie an einer Tagung der Gedelfi (Gesellschaft der Lebensmittelfilialisten GmbH) in der Schweiz teil. Vom Tagungsort geht es zu Nestlé am Genfer See. Man besucht einen Migros-Laden und das berühmte Lebensmittelmuseum in Vevey. Später, bei einem von Coca-Cola ausgerichteten Empfang in Zürich, sitzt sie neben dem Generaldirektor für Deutschland und diskutiert mit einem leitenden Tengelmann-Mitarbeiter über die Idee, vielleicht eine »kleine Gedelfi« zu gründen ohne einen aufgeblähten Verwaltungsapparat. Bei der Sitzung des Verwaltungsrats ist eins der Hauptthemen das Vordringen der Non-Food-Artikel im Lebensmittelhandel. Im Raum steht die Frage, ob in Zukunft auch Betriebe mit einem Anteil von weniger als 50 % Lebensmitteln der Gedelfi beitreten sollen oder dürfen.

Eröffnung einer Gottlieb-Backtheke in der Vorkassenzone einer Filiale (ca. 1980).

Kaum aus der Schweiz zurück steht am 24. Juni die nächste Tagung in Rotterdam auf dem Programm. Doch wohin Ellen Gottlieb sich auch begibt, immer sind ihre Gesprächspartner Männer – was ihr so manche Gelegenheit gibt, in den Verhandlungen auch ihre Waffen als attraktive Frau einzusetzen. Sie schreibt in ihr Tagebuch: »H. angelt nach mir. In der Pause antichambrieren die Herren von Henkell, Krafft …«[19]. In ihren Gedanken schmiedet sie Expansionspläne, etwa den »einer Beteiligung, um den Lehmann-Latscha Konzern an die Wand zu drücken.«[20] Jetzt, in der sogenannten großen Rezession 1967 haben viele mittelständische Lebensmittel-Filialbetriebe in der Bundesrepublik deutlich mehr zu kämpfen als Gottlieb in Südbaden, wo es noch kaum echte Konkurrenz gibt.

Dass – im Gegensatz zur Entwicklung bei Gottlieb – das Geschäftsmodell »Lebensmittel-Filialbetrieb« in der Bundesrepublik generell an Boden verliert, offenbart sich im Januar 1968, als die Gedelfi ihre Mitglieder zu einer Krisensitzung an den Hauptsitz der Gesellschaft nach Köln lädt: Es geht »um ein

Dr. Ellen Friedrich-Gottlieb mit Fuhrpark-Leiter Jarzina auf dem Hof des Firmengeländes (ca. 1968).

Kampfprogramm gegen Verbrauchermärkte.« [21] Viele der Mitglieder klagen über stagnierende oder gar sinkende Umsätze. Allein für Gottlieb scheint das nicht zu gelten: »Unsere Firma«, so schreibt die Geschäftsführerin geradezu stolz in ihr Tagebuch, »ist der ›Star‹ durch Umsatzzuwachs geworden. Wir haben Schürmann, Schmidt, Hellberg überflügelt ...«[22] Ende September 1968 fliegt sie nach München zur IKOFA (Internationale Kolonialwaren und Feinkost-Ausstellung), bastelt schon während des Fluges in Gedanken an Strategien, wie sich den immer stärker auftrumpfenden Zulieferern aus der Markenartikelbranche wirkungsvoller begegnen ließe: »Die Geschäftspolitik wird mir immer klarer. Weg von den Markenartiklern, die uns zu Verteilern abstempeln wollen hin zu Partnerschaften ...«[23].

Keine vier Wochen später reist sie gemeinsam mit ihrem inzwischen 78-jährigen Vater zu einer Tagung der »Arbeitsgemeinschaft der Lebensmittelfilialbetriebe« (ALF) nach Baden-Baden. Die Fachvorträge am Vormittag sind öde; dafür weiß sie beim abendlichen Zusammentreffen ein Kontrastprogramm zu bieten, das keiner der männlichen Tagungsteilnehmer vergessen wird: »... abends in tomatenrotem Abendkleid mit bauchnabellangem Ausschnitt ohne BH. Opa muss Manschettenknöpfe leihen. Riesenerfolg für uns beide.«[24] Im harten Geschäft um Marktanteile und Positionen schlägt sich das Vater-Tochter-Gespann auf dem Baden-Badener Parkett bravourös.

Die Wachstumsdynamik bei Gottlieb lässt sich nicht losgelöst von der Wirtschaftsentwicklung in der Bundesrepublik betrachten; sie ist Mechanismen geschuldet, die zunehmend auch von außen auf den Lebensmittelhandel einwirken. Einer davon ist die von den Markenartikel-Unternehmen immer offensiver betriebene Konsumgüterwerbung, die über Zeitungen, Zeitschriften, Litfaßsäulen, Kinoreklame, Rundfunk und – seit Mitte der 1960er-Jahre verstärkt – über das Werbefernsehen verbreitet, auf die Endverbraucher eintrommelt. Vor allem über dieses Medium werden jetzt immer mehr Kaufentscheidungen vorbereitet. Das gilt insbesondere für die ständig größer werdende Palette der sogenannten Convenience-Produkte. Dabei handelt es sich um industriell erzeugte Fertig- bzw. Halbfertiggerichte wie Puddingpulver, Kartoffelklöße, Speiseeispulver, Schnellkaffee, Fischstäbchen und ähnlichen. Artikel wie diese treten allesamt mit dem Versprechen an, der Hausfrau Arbeitsgänge zu ersparen und ihr das Leben leichter zu machen. Durch offensive Werbung dem Verbraucher nahegelegt (»Sollst auch immer Deine Fischstäbchen haben …«[25]), drücken sie mit Macht in die Regale des Handels, was diesen unter immer größeren Druck setzt, die entstandene Massennachfrage zu bedienen und diese Produkte zu führen, um keine Kunden zu verlieren. Das kann allein schon der Absatz von Tiefkühlkost in der Bundesrepublik veranschaulichen, der 1960 bei noch bescheidenen 47 000 t lag, sich aber acht Jahre später bereits verzehnfacht hat (479 800 t), – was wiederum immense Auswirkungen auf die Ladenlokale im Hinblick auf deren Ausstattung mit Kühltheken hat.[26]

Es müssen ständig neue und immer großzügiger ausgelegte Filialen eröffnet und eingerichtet werden. Dabei heißt es, rechtzeitig vor Ort zu sein, um

Konsumneuheiten Kartoffelklöße (1958) und Fischstäbchen (1964).

seine Position als Platzhirsch nicht nur zu verteidigen, sondern zu festigen und auszubauen. Die Frage nach dem Standort bekommt eine immer größere Bedeutung, weil die Anforderungen an die Beschaffenheit der Ladenlokale ständig steigen. Was sich dagegen auf dem Markt der Gewerbe-Immobilien vorfindet, kann nur in Ausnahmefällen problemlos zu einer rentablen Verkaufsstelle aus- oder umgebaut werden. Die zwangsläufige Konsequenz: Ladenlokale werden immer seltener angemietet, sondern müssen zunehmend selbst errichtet werden, um die Verkaufsstelle von vornherein nach eigenen Vorstellungen optimal gestalten zu können.

Schon seit 1960 ist eine eigene Immobilien- bzw. Bauabteilung bei Gottlieb dokumentiert. Wesentlich leichter als im engen Stadtzentrum ist es, in den neu entstehenden Trabantenstädten Verkaufsstellen zu eröffnen, die den gestiegenen Anforderungen genügen. Unabdingbar dafür ist der Aufbau und die Pflege guter Kontakte zu den Entscheidungsträgern in der kommunalen Wohnungswirtschaft, um rechtzeitig von den Planungen bei der Erschließung neuer Wohngebiete zu erfahren – eine Aufgabe, die im Fall Gottliebs zunehmend Ellens Rechtsanwalt und Mitgeschäftsführer Hans Behrens wahrnimmt. Bei vielen seiner Verhandlungspartner gilt er schon bald nur noch als »Mister Gottlieb«. Im Freiburg der 1960er-Jahre betrifft dies vor allem die neuen auf dem Reißbrett konzipierten Stadtteile Weingarten oder Landwasser: Hier bietet sich die Chance, einen Lebensmittelmarkt wie Gottlieb gewissermaßen als Teil der für den entstehenden Stadtteil unverzichtbaren Grundversorgung wie Schulen, Kindergärten und ähnlichen Einrichtungen von vornherein gleich miteinzuplanen.

Im Falle Landwassers spielte allerdings die gewerkschaftseigene co op-Lebensmittelkette damals noch eine bedeutende Rolle: »Wir hatten Probleme«, so Josef Enderle,

> hier zum Zug zu kommen, da die kommunalen politischen Verhältnisse uns anfangs nicht günstig waren, weil der Bauträger des gesamten Wohnkomplexes die gewerkschaftseigene ›Neue Heimat‹ war, der natürlich daran gelegen war, dass im neuen Einkaufszentrum auch gleich ein co op-Supermarkt entstand. Wir hatten aber genügend politische Freunde, um wenig später gegenüber auch eine Gottlieb-Filiale eröffnen zu können. Bei späteren Stadtteil-Projekten wie etwa in Weingarten war es dann einfacher, weil co op dann kaum noch eine Rolle mehr spielte.[27]

Bereits 1962 hatte Gottlieb 30 Bauanträge für neue Filialen gestellt, ähnlich viele sollten es in den folgenden Jahren sein. Natürlich wurden auf der anderen Seite dafür eine Reihe klassischer Standorte aufgegeben, beispielsweise die kleine Verkaufsstelle in der Rathausgasse (früher Eisenbahnstraße 5) neben

Gottlieb-Filiale in Freiburg-Landwasser (ca. 1970).

dem Rathaus. Obwohl zentral gelegen wie kaum eine zweite in Freiburg, war sie aufgrund der beengten Verhältnisse nicht mehr geeignet, das gewachsene Sortiment auch nur ansatzweise aufzunehmen und zu präsentieren. Als eine der ältesten Filialen in Freiburg überhaupt wurde sie schon 1905 eröffnet. Fast durchgängig betrieben – abgesehen von einigen Jahren während der NS-Zeit sowie nach dem Bombenangriff im November 1944 – war sie als eine der ersten bereits 1946 wieder in Betrieb genommen worden. Ende der 1950er-Jahre wird sie aufgrund mangelnder Verkaufsfläche geschlossen und durch die große neue Selbstbedienungsfiliale, ebenfalls in der Eisenbahnstraße neben der Hauptpost, ersetzt.

Zum Jahresende 1968 beschäftigt die Firma Gottlieb in Freiburg und Südbaden mehr als 1300 Mitarbeiter und Mitarbeiterinnen in 74 Filialen, 31 davon im Freiburger Stadtgebiet und weitere 43 im südbadischen Raum zwischen Achern und Villingen mit einer Gesamtverkaufsfläche von über 18 600 qm. Fast alle davon (72) sind inzwischen auf das Selbstbedienungs-System umgestellt, 55 verfügen über eine Frische-Abteilung (Fleisch, Fisch, Backwaren). Dazu hat sich das Angebot deutlich erweitert, es sind etliche neue Geschäftsfelder im Non-Food-Bereich erschlossen worden: Man kann Fotoarbeiten entwickeln lassen und Hygiene-Artikel erstehen. Manche Filialen haben schon Imbiss-Ecken oder sogar Restaurants – sogar mit Kinderbetreuung.

Zu dieser Zeit zeigt sich auch Ellen Gottliebs ›weibliche Hand‹ auf immer mehr Feldern der Sortimentspolitik – insbesondere beim ständigen Ausbau des Non-Food-Bereichs und stets im Hinblick auf die Bedürfnisse und Erwartungen der weiblichen Kundschaft. Kurz vor der Einweihung der ersten Backtheke 1968 dokumentiert sich dies in der Eröffnung der ersten Gottlieb-Blumenboutique in der Filiale am Schwabentor. Damit will Ellen ihren Kundinnen nicht nur Anregung, sondern zugleich auch Gelegenheit geben, in einem einzigen Einkauf etwas mehr Freude und Schönheit mit in die heimische Wohnung zu tragen. Eine andere, gezielt auf die weibliche Kundschaft ausgerichtete Marktstrategie beginnt sie in Zusammenarbeit mit der Kosmetik-Firma »Pond's« im Sommer 1969.

Der »Freiburger Wochenbericht« schrieb dazu: »Gottlieb öffnet Markt der Kosmetik«. Es gab ja durchaus Grund zur Hoffnung, dass dieses Experi-

Gottlieb-Blumenboutique 1970.

Gottlieb-Backshop in der Kaiser-Joseph Straße.

»Weltberühmte Schönheitspflege« aus dem Gottlieb-Regal: Ausschnitt aus einer Gottlieb-Anzeige im Freiburger Wochenbericht vom Juni 1969.

ment zu einer langfristig erfolgreichen Kooperation führen würde. Schließlich verfügte Gottlieb inzwischen über fast 100 Verkaufsstellen in Südbaden und besaß über den täglichen Einkaufsgang wie sonst niemand am Ort eine Nähe zu den Verbraucherinnen. Umgekehrt hatten Marktforscher herausgefunden, dass sich die bundesdeutsche Hausfrau noch immer scheute, regelmäßig zu pflegenden Kosmetik-Artikeln zu greifen, da sie solche Produkte für überflüssigen Luxus hielt, den sich nur die »oberen Zehntausend« leisten konnten. Es lag also ein großes unausgeschöpftes Wachstumspotenzial vor.

Dementsprechend beruhte die Markteinführungsstrategie darauf, über den niederschwelligen Handelskanal einer großen Lebensmittelkette alte, festsitzende Widerstände gegen den »falsch verstandenen Luxus« der Körperpflege abzubauen, indem nun, unauffällig zwischen Lebensmitteln und Haushaltsartikeln platziert, in den Gottlieb-Märkten jetzt Gondeln mit »Pond's«-Produkten aufgestellt wurden. Parallel dazu wurde in den Filialen – im Rahmen einer Marktuntersuchung – eine große Kundenbefragung mit Gewinnspiel (»Pond's fragt Gottlieb-Kunden«) gestartet, bei welcher 30 000 Einsendungen eingingen. Als erster Preis war ein Kleinwagen vom Typ Fiat 500 ausgesetzt, bei der Auslosungsveranstaltung spektakulär von der ehemaligen deutschen Miss World Petra Schürmann übergeben.

Zu dieser Zeit bedeutete es auch nichts Ungewöhnliches mehr, wenn Neueröffnungen von Filialen bereits spektakulär inszeniert und wie Volksfeste zelebriert wurden – wie etwa anlässlich der Inbetriebnahme der neuen, zweit-

Die Argentinische Weinkönigin 1969 zu Gast bei Gottlieb (hier beim Fototermin auf dem Kandel).

größten Gottlieb-Filiale in Freiburg im Karlsbau Anfang Dezember 1969. Was den Besuchern aus diesem Anlass geboten wurde, kann selbst aus heutiger Sicht durch den außerordentlich hohen Aufwand noch beeindrucken. Nicht nur wurde jedem/r Besucher/in ein Blumensträußchen überreicht, er / sie erhielt auch einen kostenlosen Taxitransport innerhalb des gesamten Stadtgebiets bis vor die Haustür. Gekrönt wurde das Eröffnungsspektakel von einer Gewinnspielaktion, bei der es eine 22-tägige Weltreise im Wert von 6000 DM zu gewinnen gab (»mit Gottlieb um die Welt!«).

Im Durchschnitt der 1960er-Jahre erreicht Gottlieb mit 20 % jährlichem Umsatzwachstum extrem gute Werte. Wurde 1967 die 100 000 000 DM Umsatzschwelle überschritten, so sind es Mitte 1969 schon weit über 220 000 000 DM. Freilich steht hinter dem Erfolg harte Arbeit, was bei Ellen natürlich Spuren hinterlässt. Ihre Tage sind vollgepackt mit Besprechungen, Finanzierungsproblemen, Lieferantenverhandlungen, Einstellungsgesprächen, Filialbesuchen und Bauprojekten. Obwohl im Betrieb und in der Öffentlichkeit ein Muster an Haltung, fühlt sie sich innerlich häufig matt und elend, sucht

Doppelseitige Anzeige im Freiburger Wochenbericht anlässlich der Eröffnung des großen Gottlieb-Marktes im Karlsbau am 1. Dezember 1969.

Ruhe und Ausgleich zu finden. Einige wenige Eintragungen in ihrem Tagebuch vom Oktober 1969 mögen davon einen Eindruck vermitteln: 2. Oktober 1969: »Ein Tag voll Ärger. Fasse bei den Bezirksleitern nach und vermisse eine messbare Leistung. Die selbstverständlichsten Dinge müsse nur wieder gepaukt werden«; 7. Oktober 1969: »Düsseldorf Köln ANUGA. Markenartikelforum besucht. Ansonsten Lieferantenbesuche, Konditionengespräche, eine harte ganz auf Zwecke ausgerichtete Welt. Traurig wird es da einem«; 8. Oktober 1969: »Die 10 000er läppern sich zusammen. Bis zum Abend sind es über 300 000 DM. Ich bin zerrüttet von diesem Lärm, Kostengesprächen. Das sind geopferte Tage … abends auf der Kö«; 14. Oktober 1969: »Zusage Woolworth [Gemeint ist die geplante Eröffnung einer Gottlieb-Filiale im Basement eines Woolworth-Ladens; Anmerkung des Autors.] Konstanz, überspiele alle persönlichen Sorgen. Doch leise Sorge: Wächst unsere Organisation in diesem Tempo mit?« Natürlich fehlen auch Einträge wie dieser nicht: »Schlaf und doch kein Schlaf«. Schon vor Jahren hatte sie sich ganze Yoga-Kurse in ihr Tagebuch notiert:

Die Chefin (»Frau Doktor«) bei einer Besprechung mit leitenden Mitarbeitern und Geschäftspartnern aus Freiburg und Saarbrücken (ca. 1970).

> Im Stehen Hände auf den Rücken, dabei umfasse die linke Hand die rechte. Einatmen und ausatmen. Dreimal … Oder Hände auf Knie gewinkelt, tief einatmen so weit als möglich vorbeugen – anhalten – ausatmen – hochkommen – einatmen – anhalten ausatmen.[28]

Und doch ist diese aufreibende Geschäftswelt nur Ellen Gottliebs halbes Leben. Die andere Hälfte, die sie nicht minder intensiv lebt, gehört der Kunst und der Literatur. Die Anregungen, die ihr Ehemann Hugo Friedrich ihr dazu fortwährend gibt, nimmt sie gern auf und besucht, wann immer es ihr möglich ist, seine Vorlesungen und Seminare. Wie sehr sie auch hier gefordert ist, macht eine abzuarbeitenden Lektüreliste, welche ihr Mann ihr im März 1968 zusammengestellt hat, deutlich: Drei Platon-Dialoge (Symposion, Phaidros, Phaidon), Augustins Bekenntnisse, Nietzsches Spätschriften ab »Jenseits von Gut und Böse«, sämtliche Shakespeare-Dramen, Jacob Burckhardts »Zeitalter Konstantins des Großen«, »Die Kultur der Renaissance in Italien«, »Weltgeschichtliche Betrachtungen«, Leopold von Rankes 1000-Seiten-Werk »Die Päpste«, dazu weitere 1000 Seiten des »Grünen Heinrich« von Gottfried Keller, Mörikes Roman »Maler Nolten« und dessen gesamte Lyrik, Schillers ästhetische Schriften und seine Wallenstein-Trilogie und darüber hinaus Werke von Hamsun, Hauptmann, Guy de Maupassant und zur Erholung »Märchen aus 1000 und einer Nacht«. [29]

Ständig versucht sie, ihre beiden Leben zu vereinbaren – und ist häufig unglücklich, wenn das nicht gelingen will: »Komme wegen der ewigen Besprechungen nicht rechtzeitig zu Hugos Kolleg …« (1964) oder »Furchtbar anstrengender Tag. Herzbeschwerden. Kann nicht ins Kolleg von Hugo …«[30] (1968). In den Kollegs lässt sich ja nicht nur Entspannung und Erholung finden, sondern diese verlangen geistige Aufmerksamkeit – zumal es keine Proseminare sind, sondern Veranstaltungen für Examenskandidaten.

1969 wird eines der arbeits- und ereignisreichsten Jahre in Ellens Leben – zudem bekommt ihr Ehemann für sein Lebenswerk als Literaturwissenschaftler im Juni den »Orden Pour le Mérite« für Wissenschaften und Künste verliehen. Das jedoch hat auch Auswirkungen auf ihre Ehe, da sich der Literaturprofessor nun endgültig einer Sphäre zugehörig fühlt, die vom harten Existenzkampf im Lebensmittelhandel gänzlich abgeschottet ist. Wie Ellen, inmitten ihres harten Tagesgeschäfts, die Nachricht der Preisverleihung erlebte, davon gibt ihr Tagebuch einen plastischen Begriff:

> heftiges R-Gespräch über ›die Schlamper in S.‹, unterbrochen durch Telefonate, nachmittags in Tierklinik [wegen ihres Hundes] … Noch einmal in Betrieb wegen Bierbesprechung. Da hinein kommt Überraschung, dass Hugo den ›Pour le Mérite‹ bekommt. Riesige Freude – Blumen – Wein kommt. Wir inszenieren ein Lachsessen mit Eltern. Sehr nett. Nachher Balkonzeit. Hugo glücklich und sehr sehr stolz. Ich bin doch froh, dass alle Karten, auf die ich so endgültig setzte, Treffer waren …[31]

USA WOCHEN
GOTTLIEB

7

»Immer älter, immer jünger« Auf dem Höhepunkt des Erfolgs

Wiedervereinigung der Gottlieb-Zweige und 100. Geburtstag 1971

Der auf der Gedelfi-Tagung im Januar 1968 angesprochene sich verschärfende Wettbewerb im Lebensmittelhandel führte bald zu Konzentrationsprozessen und ersten Geschäftsübernahmen unter den Filialbetrieben. Opfer wurden vor allem jene Ketten, die mit nur wenigen Läden oder zu kleinen Verkaufsflächen am Markt präsent waren. Vor diesem Hintergrund eröffnete sich Anfang 1969 für die Firma Gottlieb die Chance, mit einem einzigen Schlag einen gewaltigen Wachstumssprung zu machen. Am 17. Januar liegt das Angebot vor, den seit dem 1. Juli 1902 abgespaltenen Saarbrücker Gottlieb-Zweig wieder ins Unternehmen einzugliedern. Ellen zögert nicht, sofort ihren Mit-Geschäftsführer Rechtsanwalt Hans Behrens zu einer Sondierungsfahrt ins Saarland zu schicken. Der weiß bei der Rückkehr nur Positives zu berichten: »Wir sollten es machen.«[1] Eine Woche später begibt er sich erneut nach Saarbrücken, diesmal gemeinsam mit dem Verkaufsleiter Ernst Funk. Wieder ist der Eindruck »sehr positiv«. Anfang März will sich Ellen schließlich selbst überzeugen und fährt gemeinsam mit ihm, ihrem Vater und Steuerberater Dr. Felix Stilz für mehrere Tage ins Saarland. Mit dem örtlichen Bezirksleiter besucht man eine Reihe von Filialen in der Stadt und der Umgebung. Diesmal ist der Eindruck nicht mehr so ungetrübt. Die Filialen, so notiert sie, sind »alle zu klein, zu niedriger Umsatz, keine Umstellungsmöglichkeiten, reichlich deprimierend. Auch Standorte der Konkurrenz angesehen.«[2] Am nächsten Tag vergleicht sie Kaufhäuser in der Innenstadt mit Gottlieb-Filialen am Ort, inspiziert die Fleischerei und das Lager – um letztendlich zu dem Schluss zu kommen: »Wir müssen es für den günstigen Preis machen.«[3]

Wirklich wohl ist ihr dabei aber nicht: »Ein Risiko ist es und wird es lang bleiben.« Natürlich verfolgt das Projekt sie bis in ihre Träume hinein. Sie

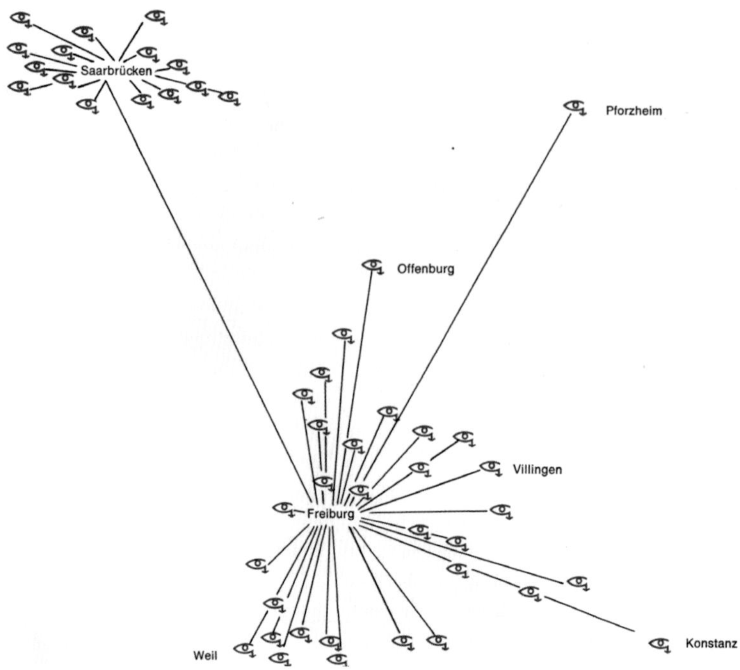

Von Saarbrücken bis Konstanz, von Pforzheim bis Weil: Das um 30 (15 in Saarbrücken selbst) hinzugekommene Filialen gewachsene Gottlieb-Imperium im Sommer 1969.

schreibt in ihr Tagebuch: »Schlechte Nacht. Müde, elend, übel. Das ganze Saarbrückenproblem liegt mir im Magen.« Dennoch: Saarbrücken wird von Freiburg übernommen, schließlich ist der Zukauf der etwa 30 Filialen an der Saar (davon 15 in Saarbrücken selbst) für nominell 792 000 DM Stammkapital eine Gelegenheit, die sich so niemals mehr bietet. Mit der Wiedervereinigung ist man voller Zuversicht, bald »eine führende Stellung unter den Filialbetrieben im südwestdeutschen Raum«[4] zu erreichen. Mit den 30 Millionen DM Jahresumsatz am Standort Saarbrücken und etwa 150 Millionen DM aus Südbaden erhofft man sich einen Gesamtumsatz von mehr als 200 Millionen Mark im Jahr 1969 – Zahlen, die zu dieser Zeit sehr realistisch erscheinen.

Über die Rettung ihrer Arbeitsplätze sind die Mitarbeiter vor Ort spürbar erleichtert. Davon können sich Ellen und ihr Verkaufsleiter Ernst Funk persönlich überzeugen, als sie am 8. Mai 1969 die dortigen Filialen besuchen: »Die Begeisterung ist beim Verkaufspersonal groß – der Anfangserfolg durchschlagend. 100 % mehr Umsatz. Werbung – Artikelauswahl etc. i. O.« Gekrönt wird der Tag durch eine Einladung zum Abendessen bei der Familie Fritz Franckes, dem Geschäftsführer des Saarbrücker Gottlieb-Zweigs: »Überraschung. Eine nette fröhliche Familie. Großes Pastetenessen ...« Schon fünf Tage später kann bei der Personalbesprechung eine erste Umsatz-Statistik vorgelegt werden. Ellen triumphiert: »Bessere Ergebnisse. Meine These, dass der Umsatz am schnellsten alles zum Guten reguliert, bestätigt sich.«[5]

Doch in den nächsten Monaten treten die Probleme deutlich hervor. Das gravierendste ist die räumliche Entfernung von gut 220 km. Für die Lkw, die nicht die Route über das Elsass nehmen können, sind es 60 km mehr. Es bleibt eine gewaltige Herausforderung, die abgespaltene Insel mit ihren 30 Filialen auf dem Stand der Zeit zu halten, mit (Frisch-)Waren zu beliefern, zu kontrollieren, zu verwalten, logistisch, personell und abrechnungstechnisch. Auch der Argwohn, dass sich die Dinge hier, weitab von Freiburg, unkontrolliert verselbständigen könnten, lässt sich nie ganz ausräumen. Unangemeldet die Saarland-Filialen zu inspizieren – eine übliche Praxis in Südbaden – bleibt extrem aufwändig und erfordert gleich eine Tagesreise. Dringend wird nach Möglichkeiten einer schnelleren Anreise gesucht. Das probiert Ernst-Wilhelm Busch, Organisator und Controller bei Gottlieb, Mitte Mai 1969 erstmals aus, als er sich am Freiburger Sportflugplatz kurzerhand in eine Privatmaschine setzt und ins Saarland fliegt – und wieder keinen guten Eindruck mitbringt. Dieser Eindruck verfestigt sich Mitte Juli, als er von »schlimmen Mängeln«[6] in Saarbrücken berichtet. Die Oberaufsicht bleibt ein Problem. Mit einem jungen Piloten, der Flugstunden braucht, wird ein Sonderpreis ausgehandelt, um bei Bedarf schnell nach Saarbrücken fliegen zu können. Zunehmend wird von dieser Möglichkeit Gebrauch gemacht. Doch als am 22. September ein solcher Inspektionsbesuch auf dem Programm steht, scheitert das Vorhaben schon am Freiburger Flughafen wegen zu dichten Nebels. Ersatzweise werden ein paar Filialen im Oberrheingraben besucht.

Parallel zur Erweiterung im Saarland steht im Mai 1969 am Standort Freiburg der dritte und letzte Bauabschnitt der Zentrale an der Hans-Bunte-Straße an. Diese Maßnahme, vom Frankfurt Architekturbüro Reinhold Weber geplant, soll endlich zu einer zeitgemäßen Größe des Zentrallagers führen. Bebaut wird eine Gesamtfläche von knapp 6000 Quadratmeter, aufgeteilt in zwei jeweils etwa 3000 Quadratmeter große Hallen. Allein in der Lagerhalle werden ab 1969 fast 60 Mitarbeiter beschäftigt.[7]

Dabei wird zugleich auch eine für die gesamte Logistik epochale Neuerung eingeführt: die auf der Basis moderner EDV (System IBM) schnelle, exakte und zentrale Erfassung aller Warenein- und -ausgänge. Das bedeutet für die Bewertung, Einschätzung und vor allem den Umschlag aller Artikel im Sortiment eine große Erleichterung. Davor, so erinnert sich Josef Enderle, habe es etwa seit 1964 die sogenannte Filialbuchhaltung gegeben: »Nach diesem System erfasste jede Filiale die Warenaufnahme selbst und führte darüber Buch. Einmal im Quartal wurde eine Inventur durchgeführt, dazu wurde ein ›Inventur-Trupp‹ von der Zentrale in die Filialen geschickt.«[8]

Die Gottlieb-Zentrale (ca. 1963) …

… und 1970.

Am 4. August 1969 begeht Arthur Gottlieb seinen 80. Geburtstag. Er kann ihn im Bewusstsein feiern, dass seine Firma blüht und gedeiht und dass die jahrzehntelange Trennung vom Saarbrücker Zweig für immer der Vergangenheit angehört. Seine Tochter Ellen hat, gemeinsam mit Hans Behrens und ebenso qualifiziertem wie loyalem Personal auf der Leitungsebene, den Familienbetrieb mit Ausdauer, Energie und den richtigen Innovationen zur richtigen Zeit auf ein Niveau geführt, das er sich besser nicht hätte wünschen können. Gern nimmt er die Glückwünsche aus Saarbrücken und Freiburg entgegen.

Allzu lange konnte sich Arthur Gottlieb am wiedervereinigten Unternehmen nicht mehr freuen, da er ein gutes Jahr später am 10. Oktober 1970 verstarb. Die »Badische Zeitung« widmete ihm einen knappen Nachruf: »Der Verstorbene stand manchen Strömungen der Gegenwart kritisch gegenüber, doch hinderte ihn dies nicht, gegenüber Neuerungen, die er als gut und nützlich erkannte, aufgeschlossen zu sein. Er erwarb sich den Respekt und die Hochachtung seiner Mitarbeiter durch sein strenges Pflichtgefühl, seine Bescheidenheit und seine Ablehnung allen unnötigen Aufwandes sowie seine Aufgeschlossenheit für brauchbare Vorschläge aus dem Mitarbeiterkreis.«[9]

Es braucht nicht viel Phantasie, um jene »Strömungen der Gegenwart«, denen Arthur Gottlieb so kritisch gegenübergestanden haben soll, zu benennen. Die im Gefolge der Studentenbewegung Ende der 1960er-Jahre wieder salonfähig gewordenen marxistischen Gesellschaftstheorien mit ihrem Vokabular wie Klassenkampf, Profitmaximierung, Spätkapitalismus, Konsumter-

Geburtstagskarte für Arthur Gottlieb zu dessen 80. Geburtstag am 4. August 1969 mit Porträts und Unterschriften der leitenden Mitarbeiter des Unternehmens sowohl aus Freiburg als auch Saarbrücken.

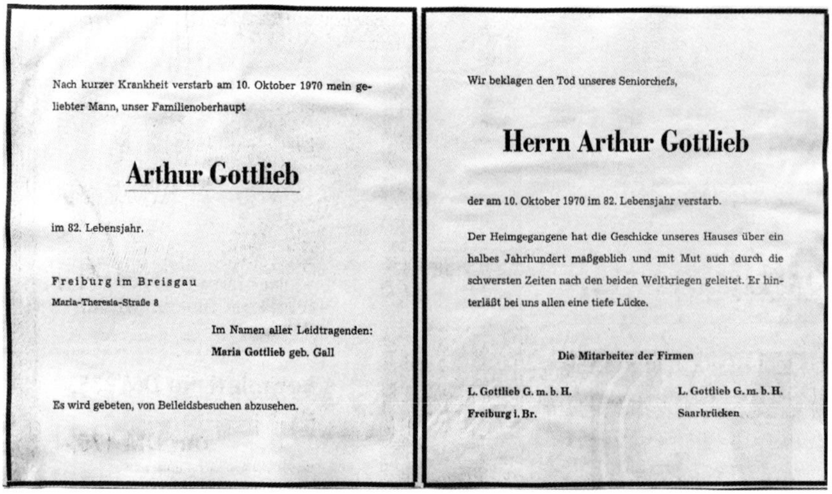

Nach kurzer Krankheit verstarb am 10. Oktober 1970 mein geliebter Mann, unser Familienoberhaupt

Arthur Gottlieb

im 82. Lebensjahr.

Freiburg im Breisgau
Maria-Theresia-Straße 8

Im Namen aller Leidtragenden:
Maria Gottlieb geb. Gall

Es wird gebeten, von Beileidsbesuchen abzusehen.

Wir beklagen den Tod unseres Seniorchefs,

Herrn Arthur Gottlieb

der am 10. Oktober 1970 im 82. Lebensjahr verstarb.

Der Heimgegangene hat die Geschicke unseres Hauses über ein halbes Jahrhundert maßgeblich und mit Mut auch durch die schwersten Zeiten nach den beiden Weltkriegen geleitet. Er hinterläßt bei uns allen eine tiefe Lücke.

Die Mitarbeiter der Firmen

L. Gottlieb G. m. b. H.
Freiburg i. Br.

L. Gottlieb G. m. b. H.
Saarbrücken

Todesanzeigen für Arthur Gottlieb in der »Badischen Zeitung« vonseiten der Familie und der Firmenmitarbeiter vom 10. Oktober 1970.

ror, Bedürfnismanipulation und der daraus abgeleiteten Forderung nach Abschaffung jedes privatwirtschaftlich arbeitenden Unternehmertums, konnten einem so paternalistisch geprägten Unternehmer wie Arthur Gottlieb, der den roten Sozialismus stets ebenso rigoros abgelehnt hatte wie den braunen, nur verstören. Schließlich hatte er zwei Mal in seinem Leben in extrem schwieriger Zeit ein Unternehmen aufgebaut, nicht jedoch, um sich jetzt von einer nachgewachsenen, bereits im Wohlstand großgewordenen Generation darüber belehren zu lassen, wie eine bessere Gesellschaft aufzubauen war.

Mit dem Tod ihres Vaters liegt die Zukunft des Unternehmens ganz in Ellens Händen, zumal er sie in seinem Testament zu seiner Alleinerbin erklärt hatte. Es ist eine Zeit, in der die bundesdeutsche Gesellschaft in starker Bewegung ist; es herrscht Aufbruchsstimmung. Auch die Märkte und das Konsumentenverhalten wandeln sich in Richtung auf die heutige Erlebnisgesellschaft zu.[10] Das zeigt sich in einem verstärkten Werben um die Kunden durch immer neue und erweiterte Angebote, die auch das Einkaufen selbst attraktiver und zugleich angenehmer machen sollen. Schließlich ist die Mobilität der Bundesbürger auch in der Breite spürbar gestiegen – selbst Studenten und Schüler verfügen in der Regel schon über ein eigenes Auto –, sodass es kein Risiko mehr bedeutet, riesige Verbrauchermärkte mit überwältigenden Warenangeboten und Parkplätzen in der Größe von Fußballfeldern auf der grünen Wiese zu eröffnen.

Auf der anderen Seite bildet sich in den Innenstädten ein Ladentyp zunehmend heraus, der sein Wachstum über ein (noch) überschaubares Warenangebot zu unschlagbar günstigen Verbraucherpreisen generiert. Seine Marktmacht nimmt kontinuierlich zu: der Discounter. Dabei galten die Gebrüder Albrecht (Aldi) aus Essen noch 1964 als nur einer unter vielen mittelständischen Lebensmittelfilialbetrieben, die zwar mit seinerzeit immerhin schon 300 Filialen einen überschaubaren Umsatz von etwa 110 Millionen DM erzielten, aber damit letztlich nur einen Platz im Mittelfeld belegten. Tengelmann erwirtschaftete zur selben Zeit über seine etwa 350 Filialen das Fünffache. Deutlich ungünstiger lesen sich die Zahlen für Kaiser's Kaffeegeschäft, das 1964 zwar den Spitzenplatz aller Filialbetriebe mit 562 Millionen DM Gesamtumsatz belegte, dazu aber auch fast 800 Verkaufsstellen benötigte.[11]

Offensichtlich steht der Handel an einem Scheideweg. Um den nötigen Umsatz pro Quadratmeter zu erzielen, setzen die Discounter auf eine möglichst kurze Verweildauer im Laden bei maximalem Kundendurchlauf, die Verbrauchermärkte auf das entgegengesetzte Prinzip: ihre Kunden möglichst lange im Laden zu halten, um sie durch ein überwältigendes Waren-Angebot und zusätzliche Verweilmöglichkeiten wie Restaurants oder Kinderspielecken zu unvorhergesehenen Impulskäufen zu verführen. Welchen Weg konnte oder sollte Gottlieb in Zukunft gehen?

Schon 1955 hatte man in der Eisenbahnstraße 39 neben der Hauptpost allererste Schritte in Richtung einer höheren Verweildauer im Laden vollzogen und dort – strategisch geschickt auf dem Weg zum Hauptbahnhof – eine Erfrischungsecke eingerichtet, wo für 25 Pfennig eine Tasse Bohnenkaffee angeboten wurde.

Gottlieb-Erfrischungsecke 1959. Anzeige im »Freiburger Wochenbericht«.

Warum sollte, was die großen Kaufhäuser seit Jahren erfolgreich praktizierten – ihre Kunden durch gastronomische Angebote länger im Hause und in Kauflaune zu halten – nicht auch bei Gottlieb funktionieren? Als ein zumindest in der Anfangszeit erfolgversprechendes Projekt schien sich in dieser Hinsicht die Eröffnung der »Karolinka«-Restaurants sowohl in Konstanz als auch im ersten Obergeschoss in der Filiale in der Kaiser-Joseph-Straße in Freiburg anzulassen. Was sich Ellen davon versprach, formulierte sie in der Bilderbroschüre zum 100. Jubiläum 1971:

> Wer einkauft, möchte nachher oft etwas essen. Für die Eiligen gibt es in einer Reihe von Märkten einen Schnellimbiss. In einigen Filialen haben wir gemütliche Restaurants eingerichtet. Zwei besondere Attraktionen: ›Karolinka‹ das Restaurant im farbenfrohen Bauernstil und das Kinderkino (mit Kindergärtnerinnen). Auf diesem Feld haben wir uns viel vorgenommen.[12]

Doch das Experiment scheiterte nach wenigen Jahren. Die Verweildauer in einem als Nur-Lebensmittelladen wahrgenommen Markt war letztlich doch zu kurz, das Angebot an Waren zu begrenzt und wohl auch zu wenig »spannend«, als dass eine genügend große Anzahl von Kunden nach ihrem Restaurant-Besuch noch »eine zweite Runde« durch das Geschäft hätte machen wollen. Dennoch verdient das Restaurant-Projekt Respekt, schon weil es Ellens Stilwillen dokumentiert, etwas Besonderes und Ausgesuchtes zu bieten. Als Wand- und Tischschmuck kaufte sie farbenfrohe, in der Bundesrepublik noch kaum bekannte, polnische Scherenschnitte an. Eine kaum minder eigenwillige Idee war auch das sich verwandelnde Restaurant nach Ladenschluss. Eben noch im Selbstbedienungs-Modus, wurden Schlag 18.30 Uhr Teppiche ausgelegt, womit sich der Charakter des Restaurants augenblicklich verwandelte.

Im Restaurant wurde auch Kinderbetreuung durch eine Kindergärtnerin sowie »Kinderkino« angeboten.

Gottlieb-Restaurant »Karolinka« im »farbenfrohen Bauernstil«
in der Konstanzer Filiale (1971).

Polnische Scherenschnitte als Wandschmuck gaben dem
Restaurant »Karolinka« ein besonderes Gepräge.

Insgesamt sind die späten 1960er-und frühen 1970er-Jahre, vor dem Hintergrund einer heute kaum mehr vorstellbaren Gottlieb-Präsenz und -Dominanz mit mehr als 30 Verkaufsstellen allein in Freiburg, für die Firma eine goldene Zeit. 1971 ist die Zahl der Filialen auf über 110 – davon 30 im Saarland – angewachsen. Zwischen Pforzheim und Weil am Rhein, zwischen Saarbrücken und Konstanz im Südwesten und Westen präsent, beschäftigt Gottlieb mehr als 2400 Menschen. Dabei sind es im Jahr 1971 gerade einmal 5000 verschiedene Artikel, die in den größeren Filialen vorgehalten wurden; verglichen mit aktuellen Sortimenten von Rewe oder EDEKA war das allenfalls einmal ein Viertel dessen. Auch die Verkaufsfläche aller Gottlieb-Verkaufsstellen mit damals im Durchschnitt 270 Quadratmetern (bei 30 000 Quadratmetern Verkaufsfläche insgesamt) erscheint, an aktuellen Ladenflächen gemessen, winzig. 1971 gab es in Freiburg nur wenige wirklich große Gottlieb-Filialen wie die im Karlsbau mit 620 Quadratmetern und die in der Kaiser-Joseph-Straße mit 750 Quadratmetern, inklusive der Backtheke und dem Imbissstand.

Im Gottlieb-Zentrallager warten die Waren auf ihre Auslieferung.

Wartung der Lkw-Flotte.

USA-Wochen bei Gottlieb: Plakat von Romy Weber (1970).

Sonderaktionen wie diese USA-Wochen sorgten bereits 1971 immer wieder für neue Konsumimpulse …

Da Arthur Gottlieb den 100. Geburtstag seines Unternehmens nicht mehr erlebte, sollte wenigstens seinem Lebenswerk ein bleibendes Denkmal gesetzt werden. Schon über Monate hin warf das Ereignis seine Schatten voraus. Eine nicht unwichtige Rolle fiel dabei dem Osteuropa-Historiker und späteren (ab 1982) dritten Ehemann Ellens, Prof. Dr. Gottfried Schramm, zu. Kennen gelernt hatten sich die beiden ausgerechnet am 2. Juli 1969 bei der Feierstunde der Universität für ihren Mann Hugo, als dieser den Orden »Pour le Mérite« verliehen bekam. Der Kontakt intensivierte sich schnell, wobei Ellen die Gegensätzlichkeit ihrer Charaktere offenbar als äußerst faszinierend und bereichernd empfand. Mit Schramm, evangelisch und dazu noch SPD-Mitglied, konnte sie, katholisch erzogen und CDU-nah, stundenlang und auf Augenhöhe über gesellschaftspolitische Themen wie Sozialismus und Kapitalismus diskutieren, was mit dem seit seiner Ordensverleihung in den Wissenschafts-Olymp entschwebten Hugo Friedrich offenbar nicht mehr möglich war.

Von Haus aus war der aus Göttingen stammende Gottfried Schramm (1929–2017) Sprachwissenschaftler, der sich erst im Laufe seiner wissenschaftlichen Karriere zum Historiker weiterentwickelt hatte und in Freiburg den Osteuropa-Lehrstuhl aufbaute. 1964 erhielt er einen Ruf auf den Lehrstuhl für Neuere und Osteuropäische Geschichte an der Albert-Ludwigs-Universität. Hier legte er den Schwerpunkt seiner Forschung und Lehre zunehmend auf Russland, insbesondere die Zeit vom Krimkrieg 1855 bis hin zur Stalinschen Diktatur. Viermal war Schramm Geschäftsführender Direktor des Historischen Seminars, 1970 auch Pro-Rektor. Von 1971 bis 1994 leitete und gestaltete er zudem das »Studium Generale«. Durch sein Buch »Fünf Wegscheiden der Weltgeschichte. Ein Vergleich« (2004) wurde er auch einem größeren Leserkreis bekannt.

Anlässlich des 100. Gottlieb-Geburtstags erschien die Aufarbeitung und Darstellung der Unternehmens-Historie ein Muss. In ihrem Brief, in dem sich Ellen bei den leitenden Mitarbeitern für deren geleistete Arbeit bedankt, geht sie darauf ein:

> Da Sie in einem großen Unternehmen selber Unternehmer sind, dürfen wir auf Ihr Interesse für eine Aufmerksamkeit zählen, die wir Ihnen anlässlich des Jubiläums zudenken und bei der es um eine Darlegung unternehmerischer Probleme geht. Ein junger Freiburger Historiker, Herr Vorberg, erzählt in der Broschüre, die Sie beigelegt finden, die Geschichte unserer Branche. Wenn Sie darin lesen, werden Sie erkennen, in welcher Traditionen Sie stehen. Schon immer haben Kaufleute wie Sie tagtäglich und sorgsam überlegen müssen, womit man dem Kunden am besten dienen kann und wie man der Gefahr entgeht, von Konkurrenten aus dem Felde geschlagen zu werden, weil man nicht rechtzeitig aus der stumpfen Routine herausfindet …[13]

Die bescheiden als »Broschüre« titulierte eher sozialwissenschaftlich als historisch ausgerichtete Arbeit war auch Teil einer Mappe, die eine Einladung zum Festessen, ein Poster mit einer kurzgefassten Firmengeschichte auf der Rückseite sowie eine zweite Broschüre mit aktuellen Fotos vom Unternehmen Gottlieb und seinen Beschäftigten enthielt. Mit der Aufgabe, die Historie der Lebensmittelfilialbetriebe und die der Firma Gottlieb zu erarbeiten hatte Gottfried Schramm einen seiner Examenskandidaten betraut. Ludger Vorberg lieferte aber keineswegs eine der üblichen Unternehmensgeschichten ab, die sich schon bei oberflächlicher Betrachtung eher als Werbeschrift herausstellen, indem sie Problematisches wie etwa die NS-Zeit ausblenden, sondern leistete echte Forschungsarbeit. Und: Obwohl von Ellen Gottlieb bezahlt, taucht der Familienname der Auftraggeberin nicht einmal auf der Titelseite (!) auf, sondern die Firma wird, lediglich innen auf andersfarbigem Papier abgehandelt, als Fallbeispiel im Rahmen der historischen Darstellung der Lebensmittelfilialbetriebe generell betrachtet. So viel Bescheidenheit dürfte sich heute in keiner modernen Unternehmenschronik mehr finden!

Im Gegensatz dazu wandte sich die gleichzeitig zusammengestellte Bildbroschüre in großer Auflage und mit Kurzerläuterungen in drei Sprachen (deutsch, englisch, französisch) an die breitere Öffentlichkeit. Sie vermittelte plastische Einblicke in sämtliche Bereiche des modernen Lebensmittelfilialbetriebs, von der Zentrale über das Lager und den Fuhrpark bis hin zu einzelnen Filialen mit ihren Frischetheken und Sonderverkaufsständen und natürlich mit vielen Impressionen von Gottlieb-Mitarbeitern und Mitarbeiterinnen an deren Arbeitsplätzen.

An der Frischfleischtheke …

In den Tagen vor dem großen Jubiläum schaukelt sich die Stimmung hoch, es geht hektisch zu. Am 26. September schreibt Ellen in ihr Tagebuch: »Allmählich ist die ganze Firma wegen des 100-jährigen ganz aufgeregt. Und immer fällt einem noch etwas ein.«[14] Zwei Tage später: »Wir gehen zu Filialen. Überall gute Laune …«[15] Die von der hauseigenen Grafikabteilung gezeichneten fröhlichen Tiere (Rabe, Schildkröte und Elefant) als allegorische Repräsentanten von Weisheit, Alter und Stärke kommen bei Mitarbeiterinnen und Mitarbeitern außerordentlich gut an. Leitfunktion kommt dabei dem Raben (als dem Vogel der Weisheit) zu. Als Freund und Berater der sparsamen Hausfrau erscheint er auch in der zeitgleich geschalteten Anzeigenkampagne und versinnbildlicht den zwischen Traditionsbewusstsein und Zukunftsgewissheit changierenden Slogan »Immer älter, immer jünger«.

Eröffnung der Gottlieb-Filiale in Neustadt 1971.

Sympathiebotschafter des Gottlieb-Jubiläums 1971: Rabe, Schildkröte und Elefant.

Von den Tier-Motiven werden selbstklebende Folien angefertigt, die, auf den Lkw angebracht, durchs Land rollen und die Jubiläums-Botschaft verbreiten. Die Gottlieb-Mitarbeiter sind davon so entzückt, dass sie sogar Ellens Privatwagen damit bekleben, »zum Ärger von Hugo«,[16] wie sie schreibt. Offenbar war er der einzige, dem es nicht gefiel, dass der Gottlieb-Rabe einem Werk deutscher Hochliteratur entlehnt worden war: Matthias' Claudius' »Wiegenlied bei Mondschein zu singen«, in dem es in der fünften Strophe heißt: »Alt ist er wie ein Rabe, / Sieht manches Land; / Mein Vater hat als Knabe / Ihn schon gekannt …«[17]

Jubiläums-Anzeige im Freiburger Wochenbericht (Oktober 1971).

Jubiläumsmäßig mit den Tierfiguren beklebter Lkw von 1971.

Der Elefant als allegorischer Botschafter der Gottlieb-Stärke tritt zeitgleich auch als Werbeheld in einem in den örtlichen Kinos gezeigten Zeichentrickfilm auf. Darüber hinaus wird er noch viele Jahre lang – nunmehr in Rot gehalten – die Gottlieb-Plastik-Tüten schmücken, von denen bis zur Ölkrise im November 1973 fast eine Million Stück im Jahr gratis ausgegeben werden.[18] Kurz vor dem Jubiläums-Stichtag steigert sich die Aufregung, als Ellen sich bei ihrer Führungsriege bedankt: »Ich verteile die Pressemappen mit Geld an die Abteilungsleiter – Überraschung wegen der Höhe der Beträge, auch Tränen. Umtrunk mit 350 statt 250 Leuten. Alles sehr gelungen.«[19] Am großen Tag selbst, dem 1. Oktober 1971, nimmt sie sich jedoch eine Auszeit und lässt die andern feiern: » … traumhaftes Wetter. Ich schwänz' den Betrieb und schwebe mit Hugo auf den Schauinsland. Sonne.«[20]

Zwei Wochen später zieht der Freiburger Wochenbericht eine Bilanz. Gottlieb habe ein »Jubiläum der besonderen Art«, in seiner Art »einmalig«, gefeiert. Es sei zumindest stundenweise gelungen, das in der Bevölkerung umgehende Gespenst der Inflation und Teuerung zu verbannen, sodass sich jeder Besucher in der schönen Illusion gewähnt habe, noch in der »guten alten Zeit« zu leben. Für dieses Fest habe die Gottlieb-Geschäftsleitung bewusst von jeder glamourösen Selbstdarstellung mitsamt den üblichen Jubelreden

Ochsenbraterei anlässlich des 100. Gottlieb-Geburtstags in der Filiale Neustadt im Oktober 1971.

der örtlichen Repräsentanten Abstand genommen, sondern habe es sozusagen im »Familienkreis«, zu dem selbstverständlich auch die treue Kundschaft eingeladen war, gefeiert. Vor den Gästen waren »Geburtstagstische« mit riesigen Bergen »einmalig günstiger Sonderangebote« aufgebaut worden. Beim 14-tägigen Jubiläumsverkauf fanden Waren im Gesamtgewicht von 1300 Tonnen ihre Käufer – darunter 70 000 Packungen Pralinen, 400 000 Tafeln Schokolade. 100 000 Flaschen Wein, 35 000 Flaschen Sekt, 80 000 Flaschen Softdrinks, 25 000 Pfund Kaffee, 120 000 Strumpfhosen, 150 000 Dosen Spargel und 60 000 Hähnchen.

In fünf größeren Gottlieb-Märkten lud man darüber hinaus zur großen »Jubiläums-Ochsenbraterei« mit Blasmusik ein, wobei 7000 Braten-Portionen ausgegeben wurden. Dort weiteten sich die Geburtstagsaktionen zu regelrechten Volksfesten aus. Natürlich kam auch das Gottlieb-Personal nicht zu kurz: Mehr als eine Viertel-Million D-Mark an Prämien, gestaffelt nach Dauer der Betriebszugehörigkeit, floss an die Mitarbeiter und Mitarbeiterinnen. Während der Festtage trugen diese denn auch zu einer Jubiläums-Umsatzsteigerung von 40 % bei, was, wie der Bericht vermerkte, ein Beweis für das ausgezeichnete Betriebsklima sei.

8

Chancenlos im härteren Wettbewerb der 1980er Jahre

Schleichender Niedergang und langes Ende

Die mit beträchtlichem Stolz in der Jubiläumsbroschüre abgedruckte Umsatzkurve hatte den 100. Geburtstag zum optimalen Zeitpunkt gekrönt. Schon zwei Jahre später sollte die Ära des 20-prozentigen Gottlieb-Wachstums im Jahr für immer Geschichte sein. Von etwa 260 Millionen DM Gesamtumsatz 1971 ließ sich das Ergebnis in den folgenden 16 Jahren bis zum Verkauf 1987 nur noch auf das gut Doppelte (ca. 660 Millionen DM nach in der Spitze schon einmal 770 Millionen DM im Jahr 1984) steigern.

Schon in den frühen 1970er-Jahren wurde offenbar, welch gewaltige Investitionen am neuen Standort Saarbrücken hätten getätigt werden müssen. Doch dazu fehlten die Mittel, wenngleich das Projekt – zumindest in der Anfangszeit – mit großem Elan angegangen wurde: Noch im Übernahmejahr 1969 konnte die Eröffnung von gleich drei neuerbauten Verkaufsstellen gefeiert werden: in Merzig (13. August 1969, 304 Quadratmeter), Völklingen, (30. Oktober 1969, 535 Quadratmeter) und Bexbach (13. November 1969, 337 Quadratmeter). Im Dezember 1971 folgte in der Saarbrücker Innenstadt im umgebauten Kaufhaus Weinhold die Eröffnung eines weiteren großen Gottlieb-Supermarkts mit 600 Quadratmeter und Spezialabteilungen für Fleisch, Käse, Obst, Spirituosen und Blumen.

Saarbrücken stellte aber auch eine, sozio-kulturell gesehen, komplizierte Eingliederungsaufgabe dar; schließlich hatte sich dieser Unternehmens-Zweig in den 68 Jahren der Trennung eigenständig weiterentwickelt. Analog zu Arthur Gottlieb in Freiburg war es auch der Saarbrücker Geschäftsführung gelungen, nach dem Ersten Weltkrieg Zug um Zug neue Filialen zu eröffnen und sich eine gute Stellung am Markt zu erobern. Auch während des Zweiten Weltkriegs war der Verkauf weitergegangen, ebenso hatten alte und neue Mitarbeiter das Unternehmen seit Kriegsende wieder aufbauen können. Am

Gottlieb-Stammhaus am St. Johanner Markt in Saarbrücken, Ansichtskarte von 1942.

Gottlieb-Filiale in Völklingen/Saar, Ansichtskarte aus den späten 1930er-Jahren.

4. September 1953 – ein gutes Jahr vor der Eröffnung der ersten Freiburger SB-Filiale – erfolgte die Inbetriebnahme des ersten Selbstbedienungsladens im Saarland an der Ecke Viktoriastraße / Kohlwaagstraße überhaupt.[1] Ein zweiter SB-Laden eröffnete nur zwei Monate später in der Bahnhofstraße. In diesem Jahr erschien sogar eine eigene, ganz auf die saarländische Gottlieb-Tradition ausgerichtete und im neuen Selbstbedienungsladen gipfelnde Unternehmenschronik.

Auch im Erscheinungsbild hatte die Trennung deutliche Spuren hinterlassen. Waren die Unternehmensfarben der Freiburger Gottlieb-Linie eine bewusste Reverenz an die badischen Landesfarben Rot und Gelb, so hatte Gottlieb-Saarbrücken mit einem satten Grün einen davon gänzlich abweichenden Markenauftritt mit eigenem Logo und eigenem Slogan kultiviert. Hinzu kam eine ganze Reihe von Faktoren, die sich aus der Grenzlage des Saarlands zwischen Frankreich und Deutschland erklären – bis in die Beschaffungspolitik der Lieferfahrzeuge hinein. So zeigen Fotos des Gottlieb-Fuhrparks Saarbrücken noch in den frühen 1960er-Jahren, wie sehr das Unternehmen bei der Wahl seiner Lkw auf Fahrzeuge französischer Hersteller wie Renault (Typ Fainéant) oder Saviem setzte.

Unmittelbar nach dem Krieg war das Saarland zunächst Teilgebiet der französischen Besatzungszone geworden. Im Oktober 1946 wurde es verwaltungstechnisch daraus ausgegliedert. In der 1947 in Kraft getretenen Saar-Verfassung war mittelfristig die Lostrennung von Deutschland und der wirtschaftliche Anschluss an Frankreich proklamiertes Ziel. Ihre Eigenständigkeit sollte den Bürgern im Saargebiet durch eine eigene Staatsangehörigkeit, Flagge, Landeswappen und eigene Hymne gegeben werden. Doch nach einer Volksabstimmung im Oktober 1955, bei der sich zwei Drittel der Wahlberechtigten gegen einen Saarstaat und für den Anschluss an Deutschland ausgesprochen

Gottlieb-Saviem-Sattelzug aus den frühen 1960er-Jahren.

hatten, schlossen die Bundesrepublik Deutschland und Frankreich das Saarabkommen, demzufolge das Gebiet zum 1. Januar 1957 der Bundesrepublik Deutschland beitrat. Dessen ungeachtet bestand noch bis zum 5. Juli 1959 ein einheitlicher französisch dominierter Wirtschaftsraum. Bereits 1947 war anstelle der Reichsmark (in den anderen Besatzungszonen galt sie noch bis zur Währungsreform 1948) die Saar-Mark eingeführt worden, die noch im selben Jahr durch den französischen Franc ersetzt wurde. 1954/55 wurden die französischen Münzen dann durch die sogenannten Saar-Franken ergänzt. Es gab aber weiterhin eine Zollgrenze zu den Westzonen und – ab Herbst 1949 – zum Gebiet der nun entstandenen Bundesrepublik, hingegen keine zu Frankreich: Somit gehörte das Saarland bis zum 6. Juli 1959 zum französischen Wirtschafts- und Zollgebiet. Erst an diesem Tag trat die D-Mark zum Kurs von 100 Saar-Franken = 0,8507 DM in Kraft, womit endlich die Zollschranken von der Grenze zum Bundesland Rheinland-Pfalz an die südliche Grenze zu Frankreich verlegt werden konnten.

Mit der Übernahme von Gottlieb-Saarbrücken verfolgten Ellen Gottlieb und Hans Behrens ganz offensichtlich den Plan, von diesem ›Brückenkopf‹ aus nach Norden und Südosten zu expandieren. 1972 unternahmen sie erstmals Schritte über die saarländische Landesgrenze hinaus auf rheinland-pfälzisches Gebiet. Kurz vor Weihnachten wurde im Zentrum Kaiserslauterns das in Freiburg und Konstanz erfolgreich arbeitende Marktmodell mit Konditorei, Caféteria und Kindergarten (530 Quadratmeter mit Frischfleisch, Wurst, Feinkost, Obst, Gemüse und Blumen, Konditorei und Cafeteria und Kindergarten) eingeführt. Die Saarbrücker Zeitung schrieb: »Für das kommende Jahr ist die Eröffnung von zwei weiteren Gottlieb-Märkten im Raume Trier vorgesehen.«[2] Am 25. Mai 1973 erfolgte die Inbetriebnahme der ersten Gottlieb-Filiale im rheinland-pfälzischen Worms (in der dortigen Warenhaus-Filiale Woolworth). Es sei, wie die Zeitung schrieb, bereits die 32. Filiale (von mittlerweile insgesamt 116) der Kette in der Region. Mit einer Verkaufsfläche von damals beachtlichen 620 Quadratmetern waren die Umsatzerwartungen entsprechend hoch. Von anfangs 220 000 bis 250 000 DM im ersten Monat wollte man schon nach Ablauf eines Quartals die 300 000 DM-Schwelle überschreiten. Das allerdings gelang nicht.

Je länger das Saarbrücken-Experiment andauerte, desto unbefriedigender stellte sich die Ertragssituation dar. Auch die Kreditgeber wurden unruhig. Ende November 1975 schrieb Ellen in ihr Tagebuch: »Die deutsche Bank liegt uns in den Ohren, Saarbrücken zu verkaufen. Ernste Mahnung die Entwicklung nicht zu leicht zu nehmen.«[3] Vor allem die im Verhältnis zum erzielten Umsatz stets zu hohen Personalkosten verführten zu harten Einschnitten. Welche Folgen das wiederum hatte, wurde am 22. September 1976 in einem »Personalgespräch« offenbar: »Diesen Sommer hat die Ausdünnung von 30

Filialleuten zu großen Klemmen geführt. Bei einem Wegfall der Weihnachtsgratifikation werden weitere Kündigungen von guten Leuten gefürchtet.«

Dennoch wollte man sich so schnell nicht vom Vorhaben, die Saar-Filialen in die Gewinnzone zu führen, abbringen lassen. Nach vielen Monaten Pause folgte im Herbst 1977 eine zweite Welle von Neu- und Umbauten. Den Anfang machte die Eröffnung einer neu errichteten Verkaufsstelle in Burbach (6. Oktober 1977, 462 Quadratmeter), es folgten Lebach (5. Oktober 1978, 440 Quadratmeter), Dudweiler (11. Oktober 1979, 612 Quadratmeter), Quierschied (25. Oktober 1979, 480 Quadratmeter), Elversberg (15. November 1979, 483 Quadratmeter), Rohrbach (27. November 1980, 420 Quadratmeter) und Ensdorf (19. Februar 1981, 450 Quadratmeter). Hinzu kamen Erweiterungen bestehender Filialen in Völklingen (8. Mai 1980, 550 Quadratmeter), St. Ingbert, (22. Januar 1981, 850 Quadratmeter) und Dudweiler-Süd (12. November 1981, 470 Quadratmeter). In der Presse wurde jede einzelne Eröffnung wie ein Durchbruch gefeiert – so am 7. Oktober 1977, als es hieß, die Firma Gottlieb eröffne nach einer »30-jährigen Suche nach einem passenden Ladenlokal« die 12. Filiale innerhalb der Kernstadt Saarbrücken in der Hochstraße 166–168 mit insgesamt 461 Quadratmetern.[4] Und die im Oktober 1979 in Betrieb genommene neue Filiale in Dudweiler sei mit einer Fläche von 900 Quadratmetern (davon 620 Quadratmeter reine Verkaufsfläche) sogar die größte links des Rheins. Der Betrieb, der 24 Mitarbeiter beschäftige, zeichne sich durch eine selten gewordene »persönliche Beziehung zwischen Kundschaft und Personal« aus.

Doch einige der neueröffneten Verkaufsstellen mussten schon bald wieder schließen, weil der nötige Umsatz ausblieb und die Durststrecke von zwei Jahren, die immer anzusetzen war, bis eine Filiale schwarze Zahlen schreiben konnte, nicht durchzuhalten war. Auch unterliefen der Geschäftsführung Fehleinschätzungen wie im Fall der Anmietung eines Ladenlokals in der Innenstadt von Trier, bei der sich bald herausstellte, dass die wenigen Laufkunden nicht ausreichten, um profitabel zu sein. Allein die Zahl von zuletzt 35 Filialen an der Saar und in der Pfalz zu halten (mit einer Verkaufsfläche von etwa 8000 Quadratmetern und etwa 600 Mitarbeitern), bedeutete einen finanziellen Kraftakt, der längerfristig nicht durchzuhalten war.

Eine letzte große Anstrengung, sich im Raum Saarbrücken zu etablieren, erfolgte im Sommer 1984, indem das in Südbaden so profitabel arbeitende Backshop-Konzept auch hier flächendeckend eingeführt werden sollte. Dazu war natürlich Voraussetzung, eine leistungsfähige Großbäckerei vor Ort zu haben, die für die mehr als 30 Filialen im Umland die erforderliche Menge an Frischbackwaren herstellen konnte. Zu seiner neuen Produktionsstätte gekommen war Gottlieb, als sich die Chance geboten hatte, die seit 1975 in Heusweiler ansässige Bäckerei Treib zu übernehmen und zu modernisieren.

Gottlieb-Großbackstube in Heusweiler (1984).

Über die neue Großbäckerei mit 34 Beschäftigten berichtete die Saarbrücker Zeitung am 5. September 1984 unter der Schlagzeile »Zweimal täglich Leckereien für Frühstückstisch und Kaffeetafel«: Für die Filialen produziere Gottlieb hier täglich 250 verschiedene Produkte, vom Brot bis zur fünfstöckigen Hochzeitstorte, verarbeite dabei 60 Tonnen Mehl pro Monat, 35 000 Eier, 2 Tonnen Hefe, 2 Tonnen Zucker, 1,5 Tonnen Salz und 200 Liter Sahne. Sechs Auslieferungsfahrzeuge verteilten die Backwaren, deren Qualität von einem eigens angestellten Lebensmittelchemiker ständig überprüft werde, an die 35 Filialen im Saarland.[5]

In Wahrheit standen die Zeichen zu diesem Zeitpunkt längst nicht mehr auf Expansion, sondern auf Rückzug. Ende April 1984 hatte Ellen Gespräche mit Bankern über Kapitalbeschaffungen geführt. Wie groß ihre Sorgen waren, belegt ihr Tagebucheintrag vom 3. Juni 1984: »Schwanken zwischen Aufgabe, sich Einfügen in eine Katastrophe und Sinnen auf Auswege… Gottfried [Ehemann Gottfried Schramm; Anmerkung des Autors] gibt sich große Mühe mit mir, ist vielleicht zu insistent in seinen Aufrüttelungsversuchen …«[6] Was sie dann am 12. Oktober 1984 niederschrieb, kam schon einem Offenbarungseid gleich: »Saarbrücken zu verschenken wäre ein Geschäft.«[7] Im Frühjahr 1985 ist endgültig klar, dass Gottlieb gezwungen ist, sich aus der Region zurückzuziehen. Das lässt sich auch der Öffentlichkeit gegenüber nicht mehr verheimlichen. Mitte Mai 1985 berichtet die Saarbrücker Zeitung:

Werbeaktion zur Eröffnung der Gottlieb-Großbäckerei in Heusweiler.

> Die zum Handelsgiganten Tengelmann (Mühlheim/Ruhr) gehörende Discount-Kette Plus Warenhandelsgesellschaft mbH + Co OHG (Umsatz 1984, rd. 4,2 Milliarden DM) will die Supermärkte der Lebensmittelhandelsfirma L. Gottlieb GmbH übernehmen. Der genaue Übernahmetermin steht noch nicht fest. Das Bundeskartellamt hat der Transaktion bereits zugestimmt. Die L. Gottlieb GmbH Saarbrücken ist eine 100%-ige Tochtergesellschaft der L. Gottlieb GmbH + Co KG Freiburg (Gruppenumsatz ca. 760 Millionen DM) und betreibt an der Saar und in Rheinland-Pfalz 35 Supermärkte mit 715 Beschäftigten. Mit einem Umsatz von ca. 148 Millionen DM (1983/84) war die Saarbrücker Tochter zuletzt in den roten Zahlen. Es besteht die Absicht, die Gottlieb-Filialen auf die ›Plus‹-Linie umzustellen, wobei der größte Teil der Filialen auch weiterhin mit einer Fleisch- und Wurstabteilung betrieben werden soll.[8]

Trotz erheblicher Anstrengungen sei die saarländische Tochter nicht in die Gewinnzone zu bringen gewesen. Im Interesse der Erhaltung möglichst vieler Arbeitsplätze habe man sich zu einem Verkauf entschlossen. Sechs Wochen später verlautet, Plus übernehme alle Gottlieb-Mitarbeiter.

In Freiburg und Südbaden dagegen war die Situation – zumindest die gesamten 1970er-Jahre hindurch – noch deutlich erfreulicher. Hier konnte sich Gottlieb noch immer als Platzhirsch fühlen, da man sich gegen konkurrierende Lebensmittelketten wie Vivo oder Spar souverän zu behaupten wusste. Von anderer Seite drängte jedoch Konkurrenz zunehmend in Gottliebs Revier, vor allem in Gestalt der ab Ende der 1970er-Jahre immer mehr an Zulauf gewinnenden Verbrauchermärkte mit ihren Riesen-Sortimenten. Der Karlsruher

Wertkauf-Konzern, schon seit 1966 in Freiburg präsent und anfangs noch ohne Lebensmittel-Abteilung, wurde jetzt zu einem starken Wettbewerber. Zeitgleich wuchs auch die Konkurrenz eines Discounters wie Aldi, wenngleich dieser anfangs nur mit sehr schmalen Angeboten in den sogenannten Trockenfutter-Abteilungen am Markt war. Doch gerade in diesen Teilmärkten machte er einem Vollsortimenter wie Gottlieb, der im Gegensatz zum Discounter durch gleichzeitig betriebene Frischeabteilungen deutlich höhere Personalkosten hatte, durch nicht zu unterbietende Kampfpreise immer mehr Marktanteile streitig. Auf die Dauer gesehen ließ das den Discounter gegenüber dem Vollsortimenter nicht nur profitabler werden, sondern stärkte gleichzeitig seine Verhandlungsposition gegenüber seinen Zulieferern, weil er durch immer größere Abnahmemengen in die Lage kam, Preise zu drücken, ja zu diktieren.

Der Kampf um Marktanteile nahm Anfang der 1980er-Jahre an Härte deutlich zu – vor und hinter den Kulissen. Als sichtbares Zeichen des sich verschärfenden Wettbewerbs in dieser Zeit kann das plötzliche Aufkommen der zuvor noch völlig unbekannten »Weißen Marken« gelten, die ja nicht mehr für teures Geld gestaltet und beworben werden mussten, aber jetzt eine neue Waffe im Preis- und Verdrängungskampf darstellten. Nicht weniger trickreich wurde hinter den Kulissen gekämpft. So trat Aldi, wie die meisten Lebensmittelfilialbetriebe selbst jahrelang Mitglied in der Gedelfi, aus dem Verband aus. »Die hatten«, so Ernst Funk, »schon vorher an den anderen Mitgliedern

Gottlieb-Filiale in Löffingen, Demetriusstraße 18, 1974.

Gottlieb-Filiale in Löffingen, Demetriusstraße, Kassenzone. Die Kassiererin rechts ist Erika Raufer aus Göschweiler, in der Mitte Elisabeth Isele, geb. Zepf. Beide arbeiteten viele Jahre in dieser Gottlieb-Filiale.

Eröffnung der Gottlieb-Filiale in Wolfach/Kinzigtal 1974.

der Einkaufsorganisation vorbei ihre Preise verhandelt.«[9] Umgekehrt versuchte Gottlieb, in Freiburg gut vernetzt, das Eindringen des Discounters in sein Revier zu verhindern. Sobald Avancen ruchbar wurden, Aldi plane die Eröffnung einer ersten Filiale im Stadtgebiet, bekam Gottlieb davon Wind und mietete kurzerhand in Frage kommende Räumlichkeiten an, um sie bei nächster Gelegenheit unterzuvermieten. Natürlich vermochte diese Strategie das Vordringen des Discounters nach Freiburg nicht aufzuhalten, allenfalls um Monate hinauszuschieben. Selbst nachdem sich Aldi in Freiburg festgesetzt hatte, wurde noch eine Zeitlang der Kampf-Slogan gefahren: »Wir verkaufen nicht aus Pappkartons«.[10] Der freilich verfing nur beim älteren gutbürgerlichen Publikum, das ohnehin (noch) nicht beim Discounter kaufte.

Auch wenn die einseitige Ausrichtung der Unternehmensziele auf Profitabilität (und sonst nichts) Aldi nun immer stärker werden ließ – von einer Million DM Umsatz 1962 auf 32 Milliarden DM 1995[11] –, letztlich konnte und wollte sich Gottlieb diesem Wettlauf gar nicht stellen. Schließlich war man kein von angestellten Managern geführter Konzern, sondern ein Familienbetrieb mit südbadischer Identität und Unternehmenskultur und sozialer Ausrichtung gegenüber seinen Mitarbeitern. Bei Ellen kam als persönliches Moment hinzu, dass sie die überaus großzügige Haltung, die sie im familiären Umfeld durch ihren sonst sehr sparsamen Vater erfahren hatte, nicht selten auch im Betrieb praktizierte. Es gehörte zu ihrem Selbstverständnis, durch Belohnungen zu motivieren und zurückzugeben, sei es als Gratifikation an ihre Untergebenen oder als Spende für die Stadt und die Bürgerschaft. Solange es dem Betrieb gut ging, stellte diese Haltung auch kein Problem dar. Noch heute wissen ehemalige Gottlieb-Mitarbeiter von Gesten großer Generosität zu berichten, die ihnen widerfahren seien. »Bei Gottlieb gehen die Uhren anders!« war denn auch ein geflügeltes, in Freiburg immer wieder zu hörendes Wort. In welch anderem Betrieb wäre es wohl vorgekommen, dass die Privatköchin der Familie mehrfach im Jahr in der Werkskantine die gesamte Belegschaft bekocht hätte? Natürlich verbreitete sich diese Botschaft dann immer gleich wie ein Lauffeuer und ließ sämtliche Mitarbeiter die Kantine stürmen, denn das Essen sei »immer ein Gedicht« (Romy Weber) gewesen. Selbst für so manch private Sorge ihrer Angestellten habe Ellen meist ein offenes Ohr gehabt, ihre Projekte unterstützt oder ihre Karrieren gefördert, selbst noch dann, wenn sie, wie Frau Weber, gar nicht mehr bei Gottlieb arbeiteten.

Zur spezifischen Gottlieb-Unternehmenskultur zählten auch die Rundreisen und Arbeitstagungen für die leitenden Mitarbeiter. Deren Fotoalben sind noch heute voll von Erinnerungsfotos an Reisen nach Schleswig-Holstein, Berlin, Trier, Straßburg, Brüssel oder Budapest, aber auch von gemeinsam verbrachten Freizeiten auf Grillplätzen oder Skipisten. So berichtet Bernhard Leupolz, eigentlich Leiter der Bauabteilung, er sei 1973 durch Gottlieb nach

Portugal und Madeira gereist, obwohl er gar nicht zum Kreis der Teilnahmeberechtigten gehört habe. Denn es habe sich dabei um eine nur für Einkäufer organisierte Reise gehandelt, an der auch Vertreter diverser Lebensmittelketten wie Nanz oder Pfannkuch teilnahmen. Doch da er kurz vor der Reise eine Kleinigkeit in der Villa repariert hatte, hätte Ellen ihn spontan zu der Reise eingeladen. Alle Kosten seien von Gottlieb getragen worden, und das ihm von der Firma zusätzlich gewährte Taschengeld habe er gar nicht gebraucht. Natürlich habe, solange die Zeiten gut waren, auch der Lohn bei Gottlieb gestimmt. Der Personalchef Hermann Vorwerk brachte es auf den Punkt: »Nie hat ein Fahrer bei Gottlieb gekündigt, sie wurden einfach zu gut bezahlt.«[12]

Gottlieb-Mitarbeiter bei einer Schleswig-Holstein-Rundreise 1971.

»Gottliebianer« beim Wintersport am Herzogenhorn 1979.

Dr. Ellen Gottlieb mit leitenden Mitarbeitern beim Besuch des AKW-Leibstadt 1981

Auch im Betriebsalltag, so eine ganze Reihe von Zeitzeugen, sei die Atmosphäre bei Gottlieb deutlich entspannter und kollegialer gewesen als in vielen anderen Firmen. Generös sei darüber hinweggesehen worden, wenn sich Mitarbeiter einen Beutel Orangen direkt aus dem Lager holten und mit nach Hause nahmen, ohne dass dies verbucht und abgerechnet worden wäre. Freilich bildete sich mit der Zeit bei so manchem Mitarbeiter eine Selbstbedienungsmentalität heraus. Die Hemmschwelle, sich an den verschiedensten Quellen im Betrieb, vom Benzin an der Gottlieb-eigenen Tankstelle bis hinunter zum Kaugummi im Regal, zu versorgen, sei im Lauf der Jahre immer weiter abgesunken. Noch heute zeigen sich viele Zeitzeugen entsetzt, in welchem Ausmaß bei Gottlieb gestohlen worden sei.[13] Natürlich versuchte die Geschäftsführung den Missständen entgegenzuwirken, indem nicht nur firmeneigene Detektivtrupps, sondern auch Kontrolleure und später auch die für bestimmte Regionen verantwortlichen Bezirksleiter, Kundendiebstähle und Unregelmäßigkeiten bei den Kassiererinnen aufzudecken versuchten.

Sicherlich behinderten auch traditionelle Vorstellungen eine zeitnahe Neuausrichtung der Firma. Seit den 1950er-Jahren hatte sich Ellen, der Denkweise ihres Vaters folgend, am Leitbild der ›sparsamen Hausfrau‹ als der typischen Gottlieb-Kundin orientiert. Getreu dieser Logik blieb sie eine beharrliche Verfechterin der Rabattmarke. Jüngeren Mitarbeitern der Leitungsebene wie ihrem Verkaufsleiter Ernst Funk erschien diese Einstellung spätestens in den 1980er-Jahren nicht mehr zeitgemäß. Dass sich die Verbraucher-Mentalität gewandelt hatte, dass es inzwischen den »gespaltenen Konsumenten« gab, der

Gottlieb-Rabattmarkenbücher aus den Jahren 1970 bis 1972.

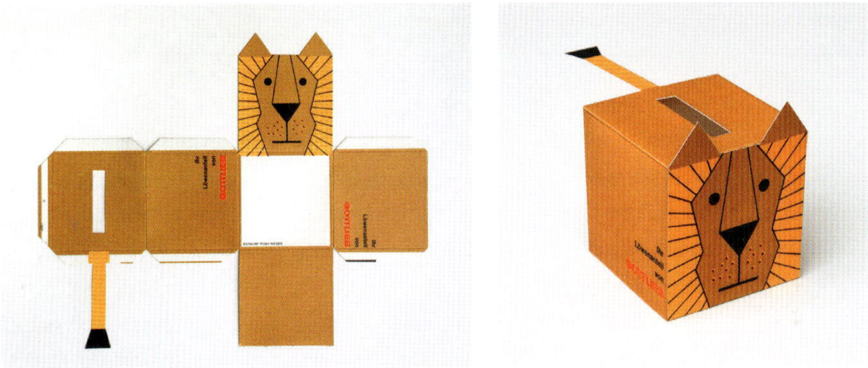

»Ihr Löwenanteil vom Gottlieb«: Gottlieb-Rabattsparmarken-Sammelbox zum Selber-Basteln. Werbeaktion zur Eröffnung einer Filiale im Saarland (ca. 1979).

sich einerseits mit Billig-Angeboten vom Aldi eindeckte, andererseits beim hochpreisigen Detailhändler kaufte, wenn es um seine ganz speziellen Interessen ging, schien Ellen entgangen zu sein. Kunden dieses Schlages waren mit Rabattmarken nicht mehr zu ködern oder gar zu binden.

Was man in der Geschäftsführung bei Gottlieb allerdings wahrnahm, war der mit Beginn der 1980er-Jahre in der bundesdeutschen Gesellschaft eintretende Mentalitätswandel, den der Soziologe Gerhard Schulze seinerzeit mit dem Schlagwort der »Erlebnisgesellschaft« beschrieben hat.[14] Um die Menschen in Kauf- und Konsumlaune zu versetzen, brauchte es immer mehr Unterhaltungs- und Animationsangebote. Das konnten die am biederen Volksfest orientierten Hocks mit Bierzelt und Wurststand nicht mehr leisten. Schließlich berichtete die Presse inzwischen nur noch dann über die Eröffnung einer neuen Filiale, wenn dies mit entsprechend attraktiven Eröffnungsspektakeln ›eingefeiert‹ wurde – mit Straßenfesten, Band-Auftritten, Kinder-Animations- und Betreuungs-Angeboten und Gewinnspielen. Zu derartigen Aktionen mit dem Ziel, im Gespräch zu bleiben und PR-Effekte zu erzielen, gehörten die schon in frühen 1980er-Jahren veranstalteten »Gottlieb-Fahrrad-Strampeltouren«, ein spektakulär mit dem Hubschrauber einfliegender Gottlieb-Nikolaus oder auffällig dekorierte, durch die Stadt rollende Werbemobile. Der wahre Zustand des Unternehmens zeigte sich dagegen eher in den wenig spektakulären allwöchentlich erscheinenden Publikums-Anzeigen: Nahmen die Inserate von Wertkauf oder Aldi in der örtlichen Presse in den 1980er-Jahren an Größe und Häufigkeit ständig zu, so wurden umgekehrt die Gottlieb-Inserate immer kleiner und rarer.

Natürlich dachte man auf der Leitungsebene bei Gottlieb intensiv darüber nach, was sich gegen das aggressive Vordringen der Discounter unternehmen ließe. Vor allem der stets an der Verkaufsfront operierende Marketingleiter Ernst Funk versuchte Ellen davon zu überzeugen, dass Gottlieb im Lebensmittelhandel keineswegs auf verlorenem Posten dastünde, sondern, mit einem veränderten Marktkonzept, den Discountern erfolgreich Paroli bieten könne. So entstanden, als Gottlieb-Ausgründung und -Untermarke, die Treff-Märkte, die, bei deutlich reduziertem Sortiment und minimalem Personaleinsatz (keine Frischetheken etc.) eine den Discountern vergleichbare Profitabilität erzielen konnten. Der erste dieser Märkte eröffnete mit 515 Quadratmetern Ende April 1979 in Kehl, es folgten Singen (20. Oktober 1980, 353 Quadratmeter), 1981 Rheinfelden (12. Februar 1981, 303 Quadratmeter) und Waldkirch-Kollnau (30. April 1981, 285 Quadratmeter). 1982 kam Ihringen hinzu, 1984 Villingen, 1985 Schopfheim, Lahr, Grenzach-Wyhlen und Schönau, 1986 Bad Säckingen und Freiburg (Sundgauallee) und 1987 schließlich Oberrottweil.

Die Grundfrage allerdings, wohin die Reise gehen sollte, war damit keineswegs geklärt, im Gegenteil: Wollte man in Zukunft auf beiden Märkten, dem der Vollsortimenter und dem der Discounter aktiv bleiben, oder nur noch einen davon bedienen und sich aus dem anderen zurückziehen? Bei ehrlicher Analyse musste sich die Gottlieb-Führungsetage eingestehen, dass man zwar punktuell und an einem guten Standort mit einem Branchenriesen wie Aldi zeitweise mithalten konnte, aber niemals in der Fläche und auf Dauer. Das wäre von vornherein aussichtslos gewesen, und man hätte (bei Aufgabe der Vollsortiment-Sparte) ein über Jahrzehnte gewachsenes Vertrauenskapital Zehntausender von Kunden geradezu verraten. Von den Arbeitsplätzen, die an der Firma hingen und die von einer radikalen Neuausrichtung betroffen gewesen wären, gar nicht zu reden. Schließlich existierten Hunderte langfris-

Gottlieb-Fahrrad-Strampeltour an der Filiale Fehrenbachallee in Freiburg 1981.

tig geschlossener Arbeitsverträge, deren betriebsbedingte Auflösung einen gewaltigen Berg an langwierigen und unerfreulichen Auseinandersetzungen mit sich gebracht hätte.

Die in den 1980er-Jahren rapide voranschreitende Ausdünnung des Personals verursachte ohnehin genug Probleme, da die Arbeitsverdichtung für die verbliebenen Mitarbeiter ständig zunahm und immer mehr Anlass zur Unzufriedenheit gab. Mehrfach haben die Lkw-Fahrer, mit diesen Zuständen tagtäglich konfrontiert, berichtet, wie sehr die Belastung etwa für die Filialleiter angestiegen sei, nachdem kaum mehr Hilfskräfte eingestellt worden seien, um die Pfandflaschen zu sortieren und ähnliche Hilfsarbeiten zu verrichten. All dies sei den Filialleitern zusätzlich aufgebürdet worden. Den größten Streitpunkt stellten jedoch die vielen unbezahlten Arbeitsstunden vor und nach den Ladenöffnungszeiten dar – wogegen die Gewerkschaften HBV (Handel, Banken und Versicherungen) und DAG (Deutsche Angestellten-Gewerkschaft) Sturm liefen.

Betroffen davon war vor allem das ›Fußvolk‹ der Verkäuferinnen, Kassiererinnen und Auszubildenden – im Gegensatz zur verwöhnten Leitungsebene, die Gottlieb im Gespräch bis heute als ›sozialen‹ Arbeitgeber rühmt. Gerade die vielen geringer bezahlen Mitarbeiter an der Verkaufsfront setzten große Hoffnungen darauf, dass nach dem Verkauf der Firma an die Bremer Handelsgesellschaft KaFu-Wasmund 1987 der Zeitpunkt gekommen sei, an diesen Zuständen grundlegend etwas ändern zu können, wenn nur ein neu aufgestellter Betriebsrat ihre Belange gegenüber der Geschäftsführung energisch genug verträte. In einem Werbefaltblatt zur Betriebsratswahl, in welchem sich 24 in der HBV organisierte Mitarbeiter als »die Richtigen« zur Wahl stellten, heißt es:

> … Fast in allen Filialen fehlt es an Personal. Filialleiter, Metzger und Verkäufer/innen werden dadurch oft bis an die Grenze der Belastbarkeit gefordert. Unter den jetzigen Bedingungen ist neues Personal kaum zu bekommen. Dieser Zustand muss sich ändern! Der erste Schritt dazu ist eine besser geregelte Arbeitszeit … Wir wollen in dieser Firma neue Wege gehen, und werden dies auch der neuen Geschäftsführung deutlich machen. [15]

Insbesondere die Situation der Auszubildenden sei katastrophal geworden, da man sie nur noch da einsetze, wo sie gerade gebraucht würden:

> Für eine gute Ausbildung, wie sie Gottlieb noch vor Jahren hatte, wollen wir uns stark machen. Deswegen kandidieren bei ›den Richtigen‹ auch Azubis. So sollen wieder regelmäßige Seminare ermöglicht werden.

Doch die Rückkehr zu den »soliden« Ausbildungsgängen der 1960er-Jahre war zu diesem Zeitpunkt längst eine Illusion. Dazu war der Gottlieb-Niedergang viel zu weit fortgeschritten – und spätestens nachdem sich Ellen im Frühjahr 1979 aus der Unternehmensführung zurückgezogen hatte, wohl auch kaum mehr aufzuhalten gewesen. Von diesem Zeitpunkt an hatte sie es »Mister Gottlieb« Hans Behrens überlassen, das Familienunternehmen bis zum bitteren Ende geschäftsführend abzuwickeln. Mit seinen Marktproblemen stand Gottlieb allerdings nicht alleine da: Das Geschäftsmodell des »Lebensmittelfilialbetriebs« war schlicht ans Ende seiner Entwicklungsmöglichkeiten gekommen. Das dokumentieren und belegen auch die Schicksale einer ganzen Reihe damaliger Gottlieb-Konkurrenten wie Nanz (1992/1993 zu Lidl-AVA), Pfannkuch (1998 zu Spar) oder Stüssgen (1989 zu Rewe), die in den 1980er- und 1990er-Jahren aufgekauft wurden. Wie schwer es in den 1990er-Jahren wurde, auf dem deutschen Markt zu überleben, musste letztlich sogar ein US-Gigant wie WAL-Mart erkennen. 1997 in Freiburg angetreten, den örtlichen Markt aufzurollen, kapitulierte der Riese nur neun Jahre später (2006) vor den deutschen Discountern, weil er sein vollmundig gegebenes Versprechen: »Wir sind die billigsten« nicht einzulösen vermochte.

Werbefaltblatt der in der HBV organisierten Gottlieb-Mitarbeiter im Vorfeld der Betriebsratswahl 1988 mit den »Richtigen«.

1987 war es für Ellen Gottlieb allerhöchste Zeit, den Verkauf ihrer Firma in Angriff zu nehmen, um neben einem guten Erlös auch steuerliche Vorteile mitzunehmen, die aufgrund einer anstehenden Steuerreform bald nicht mehr hätten wahrgenommen werden können. Über die »aktuell tobende Fusionswelle« im Handel führten Redakteure des Nachrichten-Magazins »Der Spiegel« im Juni 1988 ein Gespräch mit dem Rewe-Chef Hans Reischl. Fast täglich, so dieser, fragten Manager des Handels jetzt beim Bundeskartellamt wegen der drohenden Verschärfung des Kartellrechts an, ob und in welchem Umfang Fusionen noch möglich seien: »Das Tempo der Zusammenschlüsse ist in den letzten Monaten stark angestiegen.«[16] Eine der stärksten Triebfedern der derzeitigen Übernahmewelle sei der ab 1990 geplante Wegfall des ermäßigten Steuersatzes. Noch würden Gewinne beim Verkauf eines Unternehmens nur mit dem halben Steuersatz belegt, womit ab 1990 Schluss sein solle. Das habe zur Folge, dass sich viele Selbstständige gerade jetzt sagten:

> Ich bin jetzt 50 Jahre alt und habe einen Laden aufgebaut, der 20 Million Mark im Jahr umsetzt. Wenn ich jetzt verkaufe und mit dem halben Steuersatz davonkomme, ist das doch besser, als wenn ich mich noch 10 Jahre im harten Wettbewerb abplagen muss.[17]

Auf der Seite der Aufkäufer habe dies einen Wettlauf herbeigeführt, da diese nun alles zu übernehmen suchten, was noch zu übernehmen sei. Die Handelskonzerne warteten heute nicht mehr ab wie in der Vergangenheit, sondern gingen gezielt auf Mittelständler zu, um sie mit außerordentlich hohen Summen verkaufswillig zu machen. Und bei den gebotenen Beträgen werde da mancher schwankend. Vor einigen Jahren habe der Eigentümer eines Betriebs bei dessen Verkauf einen Erlös von vielleicht 5, 6 oder 7 Prozent des Umsatzes erzielt. Heute seien Preise normal, die zwischen 10 und 20 Prozent des Umsatzes, manchmal sogar noch darüber lägen:

> Schauen Sie sich mal an, was für ›Magnet‹ in Schleswig-Holstein oder ›Gottlieb‹ in Freiburg bezahlt worden ist. Das waren sicherlich Beträge, die in der von mir genannten Größenordnung lagen. Solche Summen sind betriebswirtschaftlich eigentlich nicht vertretbar.[18]

Nach Angaben von Hans Behrens' Sohn Martin erbrachte der Verkauf der Firma denn auch einen guten Erlös in Höhe eines zweistelligen Millionen-DM-Betrags.[19] Der Verkauf der Firma erfolgte an die Handelsgesellschaft KaFu-Wasmund Bremen, die, kaum größer als Gottlieb selbst und ebenfalls im Lebensmittelgeschäft tätig, Ende 1987.[20] Natürlich versuchten die neuen Geschäftsführer in der Öffentlichkeit den Eindruck zu erwecken, die Arbeitsplätze bei Gottlieb seien kaum bedroht, wenn es gelänge die Firma neu aufzustellen und zukunftsfähig zu machen. Die »Badische Zeitung« schrieb am 1. Juli 1988, die KaFu-Wasmund-Lebensmittelkette aus Bremen als der »neue Gottlieb-Besitzer« sei »auf der Suche nach neuen Zielgruppen.«[21] Dazu krempele man das Gottlieb-Image gründlich um mit dem Ziel »weiterer Expansionsbestrebungen in Südbaden.« Gottlieb, so die neue Geschäftsführung, sei »behäbig« geworden, gelte nach wie vor als »Nachbarschaftsladen für den täglichen Bedarf«.[22] Fortan solle jedoch »die Frische« dominieren. Dazu müsse »nicht nur das Sortiment und die Darbietung der Ware stimmen. Auch die

Gottliebs neues Logo in grün und blau (hier auf der Messe »Schalten & Walten der Hausfrau« 1989).

Farbgebung der Märkte muss dieses Imageziel unterstützen.« Statt traditionell badischem Rot-Gelb setze man jetzt auf eine Kombination von Blau und Grün: »Dieser Wechsel ist uns schwergefallen, aber mit Gelb und Rot erhalten Sie einfach keinen frischen Eindruck.«[23] Dazu werde man erhebliche Investitionen von 30 Millionen DM für die 135 Filialen tätigen.

Vor allem im Norden Badens sollen einige neue Filialen eröffnet werden. »Der Erfolg in den bisher modernisierten Filialen gibt uns recht!«[24] Einige müssten freilich geschlossen werden, dafür würden andere auf eine neue Vertriebsform umgestellt. Ebenso solle es mehr »Treff 500 Märkte«, dem erfolgreichen Discount-Ableger von Gottlieb, geben. Zu den anstehenden Umstrukturierungsmaßnahmen gehöre auch der Verkauf der Gottlieb-eigenen Metzgerei an die Großmetzgerei Gruninger: »Die war nicht konkurrenzfähig.« Immerhin 30 der vordem bei Gottlieb in der Metzgerei Beschäftigten seien übernommen worden. Der eigene Bäckereibetrieb, die Bäckerbub GmbH hingegen, solle bei Gottlieb verbleiben. Es würden keine Leute entlassen, aber die Personalstruktur solle wettbewerbsfähiger gestaltet werden. Man plane mehr mit Teilzeit- als mit Vollerwerbskräften zu arbeiten: »Der harte Konkurrenzkampf lässt uns keine Wahl!« Natürlich könne es zur »Umsetzung einiger Mitarbeiter in Gottlieb- oder Kafu-Filialen kommen.«[25] Auf der Agenda stünden außerdem die Erweiterung des Zentrallagers sowie die Modernisierung des Fuhrparks. Gottlieb-Geschäftsführer Hans Behrens bleibe, einige des zweiten Gliedes nicht. Ein Bremer komme als Marketing-Direktor. Das Ziel sei, 700 Millionen DM Umsatz zu erwirtschaften.

Die Gottlieb-Zentrale mit neuem Logo nach dem Verkauf an KaFu-Wasmund 1988.

Es sollte nicht lange dauern, bis sich herausstellte, dass die neuen Gottlieb-Besitzer vor allem eins waren: Blender. Nicht wenige Mitarbeiter der alten Leitungsebene wie der Betriebsratsvorsitzende Bernhard Leupolz sind bis heute davon überzeugt, ohne dies letztlich beweisen zu können, dass es sich bei der Übernahme um betrügerische Machenschaften gehandelt habe.[26] In der Tat sind die Vorgänge komplex und spielten sich größtenteils im Verborgenen ab, sodass nicht nur die Öffentlichkeit, sondern auch die Gottlieb-Mitarbeiter davon nur scheibchenweise erfuhren. Erst nach und nach kam ans Tageslicht, wer die treibenden Akteure im Hintergrund waren und welche Interessen sie verfolgten.

Zunächst starteten die neuen Gottlieb-Besitzer von KaFu-Wasmund furios und präsentierten sich der alten Belegschaft gegenüber, als seien sie Leute, bei denen Geld keine Rolle spiele. So wurde die Drogerie-Abteilung als eigene Kette unter dem Namen Drogita ausgegliedert, wobei in den ehemaligen Filialen so viel in Umbaumaßnahmen investiert wurde, dass manche Gottlieb-Mitarbeiter nur staunen konnten. Doch schon bereits zwei Monate nach der Gottlieb-Übernahme offenbarte die »Badische Zeitung« am 9. September 1988 ihren Lesern:

> Die Handelskette Kafu-Wasmund, die erst kürzlich die Filialkette Gottlieb übernommen hatte, steht nun offenbar selbst zum Verkauf. In einem ersten Schritt sollen 25,1 % veräußert werden, wie die Lebensmittelzeitung schreibt.[27]

Drei namhaften Großunternehmen solle das Angebot vorliegen. KaFu gelte zwar als Senkrechtstarter, doch die derzeitige Betriebsgröße reiche nicht aus, um im härteren Wettbewerb der 1990er-Jahre zu bestehen: Dazu sei die Finanzdecke zu dünn. Erstaunen habe im Übrigen ausgelöst, dass KaFu, dessen Umsatz kaum größer als der Gottliebs war, Gottlieb habe übernehmen können.

Dennoch schien sich der Erfolgskurs zunächst fortzusetzen. Am 28. September 1988 schreibt die Badische Zeitung:

Ganzseitige, Arbeitsplatz-Sicherheit suggerierende Gottlieb-Anzeige im »Freiburger Wochenbericht« vom 1. Februar 1990.

Parallel dazu (ebenfalls 1. Februar 1990) geschaltete KaFu-Wasmund Anzeige im »Freiburger Wochenbericht« für die großen, nunmehr als KaFu-Wasmund-Filialen firmierenden ehemaligen Gottlieb-Märkte in Freiburg-Weingarten und -Littenweiler.

Die Gottlieb-Handelsgesellschaft, die erst im November letzten Jahres von der Bremer Kafu Wasmund erworben wurde, schreibt bereits nach wenigen Wochen nach der Übernahme schwarze Zahlen. Das Freiburger Filial-Unternehmen, dessen Geschäftsjahr am 30. Juni 1988 endet, werde mit einem deutlichen Gewinn abschließen, teilt das Bremer Unternehmen mit. Im Geschäftsjahr 1987/88 habe man einen Umsatz von 662 Millionen DM erzielt, was einem Plus von etwa 8 % entspreche. Im laufenden Jahr rechne man mit über 700 Millionen DM.«[28]

Im Oktober wolle man dann auch die Sparte »aggressiver Verbrauchermarkt« abdecken. Bereits jetzt hätten sich die ergriffenen Maßnahmen wie die Abgabe der Wurstproduktion, die Übertragung der Frische-Distribution auf Broker sowie die Schließung und der Verkauf von Außenlagern kostensenkend ausgewirkt.

In Wahrheit sah es ganz anders aus: KaFu war selbst ein Sanierungsfall. Das berichtete die Zeitung ein halbes Jahr später am 19. März 1989. Auf ein »Sanierungskonzept der Handelskette Kafu-Wasmund, zu der auch der südbadische Einzelhandelsfilialist Gottlieb gehört, hätten sich Eigentümer und Gläubigerbanken geeinigt.«[29] Erstmals wurde jetzt auch der Haupteigentümer der Bremer Lebensmittelkette und ihres Schwesterunternehmens Gottlieb genannt: die Basler Handelsbank, eine Tochter des Schweizer Bank-Vereins. Diese, so hieß es, werde zusammen mit der co-op Genossenschaft auf 170 Millionen DM verzichten und für neues Eigenkapital sorgen. In diesem Zusammenhang musste eingeräumt werden, dass diese Bank bereits 1984 Kafu-Wasmund im Auftrag des Frankfurter Lebensmittelkonzerns co-op, ein Genossenschafts-Unternehmen des Deutschen Gewerkschaftsbundes, gekauft hatte. KaFu habe zwar in kurzer Zeit kräftig expandieren können und dabei unter anderem die Gottlieb Handelskette in Freiburg erworben. Doch sei das schnelle Wachstum mit Schulden erkauft worden. Das habe sich erst im Zuge der Bemühungen um eine Sanierung der co-op AG herausgestellt. Somit war Gottlieb unversehens in den Strudel um den die Medien damals stark beschäftigenden co-op-Skandal geraten.[30]

Für die Gottlieb-Mitarbeiter hieß das: Zwischen Frühjahr 1989 und Frühsommer 1992 lebten sie in völliger Unklarheit darüber, wie es mit KaFu-Wasmund / Gottlieb weitergehe und ob sie selbst eine Zukunft im Unternehmen haben würden. Zeitweise schien es tatsächlich so, als sei Gottlieb auf dem Weg der Gesundung. So wurden im Februar 1990 großformatige Anzeigen geschaltet, in denen Jugendlichen eine zukunftssichere »Ausbildung nach Maß« als Verkaufsmetzger oder Kaufmann/frau im Einzelhandel in Aussicht gestellt wurde. In einem Radiobeitrag des SWR stellte sich Gottlieb zeitgleich sogar als Vorreiter des Recyclings-Gedankens dar: Breisgaumilch und Gottlieb

KaFu-Lkw an der Rampe des Zentrallagers in der Hans-Bunte-Straße (1989).

hätten sich zusammengetan, um das Umweltbewusstsein zu fördern, indem gebrauchte Joghurtbecher jetzt in extra aufgestellten Eimern gesammelt und einer Neuverwendung zugeführt wurden. Den Praxistest machte ein Reporter gleich vor Ort und brachte vier leere Becher zurück. Gottlieb-Marktleiter Horst Wehrle: »Ja, das ist vorschriftsmäßig, genau wie sein soll.« – »Einer ist aber dabei, den hab' ich nicht hier gekauft.« – Wehrle: »Spielt keine Rolle.« – »Der ist nicht von Breisgaumilch ...« – Wehrle: »Kann man alles wieder verarbeiten, alles Plastik ...« Grundsätzlich äußerten sich die Kunden und Kundinnen positiv über die neue Aktion: »Gute Idee.« – »Hab' ich schon immer gemacht, immer in die grüne Tonne ... das aber ist noch besser.« [31] Doch letztlich waren Aktionen wie diese nicht mehr als ein letztes Strohfeuer.

Am 23. April 1992 schrieb das Handelsblatt:

> Ungeachtet der aktuellen Konzentrationsbestrebungen im Handel hat derzeit offenbar niemand Interesse an einer kurzfristigen Übernahme oder am Einstieg bei der Bremer Handelskette KaFu-Wasmund Handelsgesellschaft mbH und ihrem Freiburger Schwesterunternehmen Gottlieb Handelsgesellschaft mbH.[32]

Vom Schweizerischen Bankverein SBV seien beide kontrolliert. Beide Unternehmen mit insgesamt 1,6 Milliarden Jahresumsatz und insgesamt etwa 5000 Beschäftigten seien aber zu klein. Trotz großer Sanierungsbemühungen habe sich bislang kein Partner gefunden, vermutlich weil sich die Konsolidierung nicht so planmäßig vollzogen habe wie erwartet und erst 1993 erreicht werde.

Endlich, im Sommer 1992, fand die Hängepartie ein Ende. »Wie die Geschäftsführer von Edeka, Bartholomäus Werberger und Bernhard Kefer, der BZ bestätigten«, so die »Badische Zeitung«,

> hat das Bundeskartellamt der Übernahme zum 1. September zugestimmt mit der Auflage, dass das Handelsunternehmen einen Teil der Filialflächen von Gottlieb in Freiburg abstößt. Der Verkauf hat vor allem Folgen für die 300 Mitarbeiter der Gottlieb-Zentrale in Freiburg, die zum Jahresende aufgelöst werden soll. Auch der Name Gottlieb wird dem Vernehmen nach den Besitzerwechsel nicht überleben. Wie viele Mitarbeiter entlassen werden, darüber macht die Edeka-Geschäftsführung keine Angaben. Dies hängt wohl ab vom Ausgang der Verhandlungen über einen Sozialplan mit der Gewerkschaft HBV und DAG. Rechtlich wird es vom 1. September an den Namen Gottlieb nicht mehr geben. Die Edeka-Tochter Neukauf Markt wird mit der Gottlieb-Handelsgesellschaft mbH verschmolzen und mit dem Namen Neukauf GmbH versehen. Auf diesem Wege kann sich Edeka steuerlich in die Verlustvorträge zunutze machen, die bei Gottlieb, das schon lange rote Zahlen schreibt, ausgelaufen sind. Die Verlustvorträge seien denn auch ein ›Aktivposten‹ beim Kauf gewesen.[33]

De facto wurde Gottlieb also zwei Mal verkauft: das erste Mal 1987 an Kafu-Wasmund-Bremen und ein zweites Mal, nach einer Rückabwicklung, 1992 an Edeka-Offenburg.

Für die verbliebenen 123 Gottlieb-Märkte hieß das, dass sie zur Privatisierung anstanden, indem nun selbstständige Einzelkaufleute in jeweils eigener Regie die Märkte, die von Offenburg aus mit dem entsprechenden Produktsortiment versorgt würden, übernähmen. Entsprechend ihrer Größe erfolgte deren Umfirmierung, vom kleinen Edeka Aktiv Markt mit 500–600 Quadratmeter bis hin zum »Neukauf-Markt« mit über 1000 Quadratmetern. Durch die Gottlieb-Übernahme kletterte der Edeka-Gesamtumsatz von seinerzeit 2,4 Milliarden DM Umsatz auf über 3 Milliarden DM. Der Kommentator der »Badischen Zeitung«, das letzte Gottlieb-Kapitel zusammenfassend, konnte nur ein bitteres Fazit ziehen:

> Die Beschäftigten der traditionsreichen südbadischen Handelskette Gottlieb sind wirklich nicht zu beneiden. Seit gut fünf Jahren leben sie nun in ständiger Ungewissheit und mit wechselnden Eigentümern, sehen Geschäftsführer kommen und gehen und mit ihnen auch höchst unterschiedliche Unternehmenskonzepte. Dabei hatte die alte Eigentümerfamilie 1987 vor allem

> deshalb verkauft, um die Zukunft des Unternehmens auf einem zugegeben schwierigen Markt zu sichern. Eine mittelständische Lösung sollte es sein, so hieß es damals, die Identität des Hauses sollte erhalten bleiben. Pustekuchen. Man spielte sich über den schweizerischen Bankverein den Herren Co-op in die Hände und wurde dann, als deren Machenschaften aufflogen, zum ungeliebten Kind der Bank, die alles wollte, nur nicht Lebensmittel verkaufen. Statt Zukunftssicherung gab es Verunsicherung. Zum Verkauf angeboten wie Sauerbier schlingerte der einstmals renommierte Einzelhändler orientierungslos durch schwere Zeiten. Am Ende steht nun der Verkauf an Edeka. Mit der Eingliederung in die Edeka-Gruppe aber hört Gottlieb als eigenständiges Unternehmen auf zu existieren. Die Identität, die die alte Eigentümerfamilie sichern wollte, ist zerstört.[34]

Es ist aufschlussreich, die beiden Entwicklungsstränge von Aufstieg und Niedergang im Lebensmittelhandel von Edeka und Gottlieb nebeneinander zu halten. Noch in den 1960er-Jahren war die nach dem Genossenschaftsmodell arbeitende Edeka-Südwest ein deutlich kleinerer Wettbewerber als Gottlieb gewesen. Selbst nach einer ersten Fusion mit der Nachbar-Genossenschaft Rastatt 1964 erzielte man nur 80 Millionen DM an Jahresumsatz. Zu dieser Zeit baute Edeka – ähnlich wie Gottlieb in Freiburg – gerade ein neues Verwaltungsgebäude. Es folgte 1970 eine zentrale Fleischproduktion (bei Gottlieb bereits seit 1961 in Betrieb). Was Gottlieb schon 1967 erreichte – die 100 Millionen DM Umsatzschwelle zu übersteigen – gelang Edeka erst ein Jahr später. Von nun an jedoch sollten die Entwicklungslinien auseinanderlaufen. Schon 1977 konnte Edeka-Offenburg mit inzwischen über 700 lokalen Märkten (Gottlieb hatte zu diesem Zeitpunkt etwa 130) bereits eine halbe Milliarde DM an Umsatz erwirtschaften. Hinzugekommen waren die vielen neuen Filialen über Fusionen – im Genossenschaftssektor an der Tagesordnung –, die Edeka-Offenburg (als jeweils übernehmende Genossenschaft) hatte kontinuierlich wachsen lassen. Das wiederum sorgte für Synergieeffekte, die seine Marktpräsenz und -macht weiter stärkten und das Unternehmen profitabel hielten. Als 1990 Edeka-Offenburg mit Edeka-Neckar-Bodensee und Edeka-Staufen-Hohenlohe schließlich zur Edeka-Baden-Württemberg fusionierte, war ein Branchenriese entstanden, dem die Übernahme eines Mittelständlers wie Gottlieb keine allzu großen Probleme mehr bereitete. In einer Jubiläumsbroschüre zum 75. Geburtstag der Edeka-Genossenschaft Offenburg 2002 rekapituliert Geschäftsführer Bernhard Kefer: »Durch die Gottlieb-Übernahme hatte sich die Edeka in Süd- und Mittelbaden zum Marktführer entwickelt.«[35] Was für Edeka an Gottlieb besonders interessant war und der Geschäftsführung geradezu als Sahnestück erschien, war »ein neues Geschäftsfeld, die Bäckerei und der Betrieb von Back Shops. Durch die Hinzunahme von weiteren Backbetrieben und Back-Shops ist die Gruppe zwischenzeitlich einer der größten Bäcker in Deutschland.«[36]

Zur Profitabilität der ehemaligen Gottlieb-Filialen im härteren Wettbewerb der 1990er-Jahre trug nicht zuletzt die Umstellung auf das Franchise-System bei, das den einzelnen Filialleiter zu einem selbstständigen Unternehmer im Unternehmen machte. Dadurch wurde

> ein Modell geschaffen, das es dem selbständigen Kaufmann ermöglichte, sowohl vom Sortiment-Mix als auch von der finanziellen Absicherung Flächen mit 700 Quadratmetern und mehr zu betreiben. Das Modell setzte sich rasch durch. Die Flächenstruktur des selbständigen Einzelhandels verbesserte sich sprunghaft. Was fast noch wichtiger ist: Junge Kaufleute konnten wieder für ihre Selbständigkeit gewonnen werden.[37]

Durch neue Standorte und Privatisierungen habe der selbständige Einzelhandel so innerhalb von zehn Jahren über 50 % seiner Fläche erneuern können.

Auch im Marketing ging Edeka neue Wege und entwickelte – im Gegensatz zu Gottlieb – ein dem jeweiligen Standort angepasstes und ausdifferenziertes Ladenmodell mit vier unterschiedlichen Marktgrößen vom Nachbarschaftsladen bis hin zum Riesensupermarkt. Die Spanne reichte vom kleinen »nah und gut Markt« mit gerade einmal 200 Quadratmetern Fläche und nur 2700 Artikeln über den mittleren Edeka-Markt mit Verkaufsflächen zwischen 200 bis 600 Quadratmetern, aber schon mit Frischfleisch und -wurst-Theken und 5500 Artikeln, den E-Neukauf-Markt mit 800 bis 2500 Quadratmetern Fläche und 20 000 Artikeln und schließlich das große »E-Center« mit mindestens 2500 Quadratmetern Fläche und etwa 30 000 Artikeln.

Für viele der ehemaligen Gottlieb-Mitarbeiter jedoch waren die Arbeitsplätze für immer verloren. Einige von ihnen wagten den Sprung in die Selbstständigkeit und versuchten unter dem Namen »Toplieb« eine eigene Filiale zu führen. Die Mitarbeiter der Leitungsebene, ihrerseits alle bereits wenige Jahre vor der Verrentung, erhielten Abfindungen mit DM-Beträgen in mittlerer fünfstelliger Höhe. Personalleiter Hermann Vorwerk fand nach einem Jahr Arbeitslosigkeit in einem anderen Betrieb noch einmal eine ähnliche Position, Ernst Funk führte als selbstständiger Unternehmer bis zu seinem Ruhestand bis 2003 eine Edeka-Filiale in Teningen. Als Vorsitzender des Betriebsrats fiel Bernhard Leupolz, der bis 1999 bei Edeka blieb, die Aufgabe zu, die Sozialpläne für die freigesetzten Gottlieb-Mitarbeiter in der Zentrale auszuhandeln. Bis heute ist er stolz darauf, für sie ordentliche Abfindungen erkämpft zu haben. Am Ende habe der Sozialplan »Gottlieb-Zentrale auflösen« den neuen Eigentümer 13,5 Millionen DM gekostet.[38]

Ehemaliger Supermarkt an der Kreuzstraße in Freiburg 2021 mit noch immer erkennbarem – 29 Jahre danach! – Gottlieb-Schriftzug.

Wer sich jedoch auf der unteren Ebene beim Kampf um Arbeitnehmerrechte und / oder Verbesserungen der Arbeitsbedingungen besonders hervorgetan hatte wie etwa die Gewerkschafterin Iris B., war aus Sicht der neuen Unternehmensführung ›gezeichnet‹ und konnte auf keinerlei Weiterbeschäftigung im Lebensmittelhandel hoffen.

Mit der Auslöschung des Namens Gottlieb aus dem öffentlichen Raum und dem Lebensalltag der Menschen in Südbaden verschwand zugleich ein spezielles Stück Freiburger Identität und Unternehmenskultur. Das wurde so manchem, der bei der Firma Gottlieb gearbeitet und / oder mit den in ihr arbeitenden Menschen zu tun gehabt hatte, im anziehenden Turbokapitalismus der 1990er-Jahre bald bewusst. Umgekehrt blieb die Erinnerung an Gottlieb verbunden mit den nunmehr für immer vergangenen »guten alten Zeiten«. Dieser Eindruck jedenfalls hat sich in vielen Gesprächen mit Zeitzeugen immer mehr verfestigt. Es hat sogar Gottlieb-Mitarbeiter gegeben, die sich der Unternehmensgeschichte aus eigenen Stücken angenommen hatten, indem sie historisches Material sammelten, lagerten und dazu sogar eigens Räume anmieteten. Doch weder Ellen Gottlieb-Schramm noch das Stadtarchiv Freiburg zeigten dafür Interesse, sodass der gesamte Fundus vor etwa zehn Jahren entsorgt wurde. Das hat die Erarbeitung dieser Chronik nicht leichter gemacht. Dass sie hier nun dennoch vorgelegt werden kann, ist nicht zuletzt dem Material und den Erinnerungen der Zeitzeugen zu verdanken, die dieses Projekt mit großem Engagement unterstützt haben.

Erhältlich in allen Freiburger
Gottlieb — Verkaufsstellen
Eier mit Legedatum
LB-WV 20

9

»Bei Gottlieb gehen die Uhren anders«

Ein Familienunternehmen, seine Mitarbeiter und Mitarbeiterinnen

Von den besonderen »Gottlieb-Uhren« erzählen viele ehemalige Mitarbeiter noch heute gern. In der Tat spielte in dieser Firma ›der menschliche Faktor‹ eine überragende Rolle – mitsamt den damit verbundenen Auswirkungen: einerseits das von Menschlichkeit und Nähe bis hin zur Fürsorge geprägte Betriebsklima, andererseits die im Arbeitsalltag immer präsente Eigenart der Unternehmer(innen)persönlichkeit mit all ihren Ecken und Kanten.

Im Folgenden werden Menschen vorgestellt, deren Lebensgeschichten mit der Firma Gottlieb aufs engste verbunden waren. Dazu zählen die langjährigen Mitarbeiter der Leitungsebene, aber auch Mitarbeiter und Mitarbeiterinnen der Werbeabteilung, Lkw-Fahrer und Mitarbeitende in den Filialen wie z. B. eine Kassiererin.

Die Familien-Dynastie

Ludwig Gottlieb sen. (1808–1889) – Handwerker und Namensgeber

Ludwig Gottlieb sen. entstammte einer Familie, in welcher das Drechslerhandwerk schon seit vielen Generationen ausgeübt worden war. Schon Friedrich Georg Gottlieb, 1656 in Fechingen bei Saarbrücken geboren, war dortselbst Drechsler und Schulmeister gewesen. »Seinen Sohn Johann Jakob zog es in die Stadt, nach St. Johann, wo er das Haus am St. Johanner Markt Nr. 23 erwarb. Sein Sohn wiederum wurde im Jahr 1771 Bürgermeister von St. Johann. Ludwig Gottlieb sen., Enkelsohn des Bürgermeisters, wurde 1808 in St. Johann geboren. Auch er erlernte, wie in der Familie üblich, das Drechslerhandwerk.«[1]

Im reifen Alter von 60 Jahren eröffnete Ludwig Gottlieb 1868 am St. Johanner Markt einen kleinen Pfeifenladen, um die Produktion seiner im Hinterhaus gelegenen Werkstatt darin zu verkaufen. Als sich ihm drei Jahre später die Chance eröffnete, im selben Haus auch den Lebensmittelladen eines Herrn

Ludwig Gottlieb senior, ca. 1840.

Ludwig Gottlieb senior (ca. 1884) mit seinem Enkel Heinrich Francke (1881–1945).

Christmann zu übernehmen, entstanden Überlegungen, wie sich die nun gewachsene Verkaufsfläche am besten nutzen ließe. Eine Publikumsanzeige aus dem Jahr 1871 verkündet, dass das Sortiment an Raucherwaren erweitert und durch in der Drechslerwerkstatt produziertes Spielzeug ergänzt worden sei. Schon bald fand der Abschied vom Pfeifenhandel und der endgültige Wechsel ins Metier des Lebensmittelhandels statt. Hiermit setzt die eigentliche Geschichte der Firma Gottlieb als Lebensmittelfilialbetrieb ein.

Ludwig Gottlieb sen. war mit Sophie, geb. Knipper (1825–1904) verheiratet, die ihm drei Kinder gebar: Ludwig jun. (1848 –1917), Heinrich (1854–1887) und Karoline (1850–1940). Diese nahm 1877 den Kaufmann Andreas Günther Friedrich Francke (1852–1905) zum Ehemann und hatte mit ihm ebenfalls drei Kinder: Friedrich Ludwig (1878–1964), Ludwig Gottlieb (zweiter Eigenname hier nur Vorname, 6. 3. 1880–12. 4. 1880) und Heinrich (1881–1945). Karolines Mann betrieb am selben Ort ein Detailgeschäft, das er nun in das nun gemeinsame Unternehmen mit einbrachte. 1880 wurde er gleichberechtigter Teilhaber der Firma L. Gottlieb und leitete nach dem frühen Tod Heinrich Gottliebs (1887) gemeinsam mit seinem Schwager Ludwig Gottlieb jun. das Unternehmen.

Von Anfang an war die Firmen-Konstruktion darauf angelegt, ein Familienbetrieb zu bleiben, sodass jedem Mitglied darin eine bestimmte Rolle zufiel. Als Handwerker war Ludwig Gottlieb sen. kein kaufmännisches Talent beschieden, umso mehr seinem ältesten Sohn Ludwig jun. Der Senior war nur die »Galionsfigur« und der Namensgeber der Firma L. Gottlieb. Unter diesem Namen konnte sowohl er selbst als auch sein ältester Sohn Ludwig vorgestellt werden, was letzterem zu einer außerordentlich starken Position im Geschäftsverkehr (und ab 1901 in der Auseinandersetzung gegenüber seinem Schwager Fritz Francke) verhelfen sollte. Im noch erhaltenen Gesellschaftsvertrag von 1880 heißt es:

> In das unter der Firma L. Gottlieb zu St. Johann, bestehende Geschäft, zu welchem Herr Ludwig Gottlieb sen., ohne besonderen Stand in St. Johann wohnend, nominell als Theilhaber gehört, welches jedoch seit mehreren Jahren mit allen Aktiven und Passiven an seine beiden Söhne, die oben genannten Herren L. u. H. G. als alleinige Inhaber übergegangen ist, tritt mit dem ersten Januar 1880 der Schwiegersohn des Herrn L. G. sen. der genannte Herr F. F. als gleichberechtigter Theilhaber ein, indem gleichzeitig das dann Letzterem gehörige bisher für eigene Rechnung geführte Detailgeschäft zu St. Johann am Marktplatz mit an die Firma übergeht, welch letzteres unter dem Namen ›L. Gottlieb‹ fortgeführt wird.[2]

Ludwig Gottlieb jun. (1848–1917) – Kaufmann-Stratege im »Reichsland Elsass-Lothringen«

Ludwig Gottlieb junior mit Ehefrau Magdalena (ca. 1900).

Ludwig Gottlieb jun. muss ein harter Geschäftsmann gewesen sein. Das lässt sich aus dem noch erhaltenen Briefwechsel zwischen ihm und seinem Schwager Fritz Francke herauslesen. Er war es, der das System der Filialen aufbaute, deren erste außerhalb Saarbrückens schon 1878 in Dudweiler eröffnet wurde. Bereits 1880 sind 15 Filialen dokumentiert, u. a. in Neunkirchen (2), Völklingen, Burbach, Heusweiler, Püttlingen, Kaiserslautern, Friedrichsthal, St. Ingbert, Malstatt, Forbach, Saarlouis, Metz, Diedenhofen und Saargemünd. Schon 1895 gab es 75 Filialen, 1901, nachdem sich Ludwig Gottlieb jun. von Colmar aus auch nach Freiburg vorgearbeitet hatte, bereits 85. Dabei gab es freilich nicht nur Neueröffnungen: Rentierte sich eine Filiale nicht, weil der Standort ungünstig oder die Konkurrenz am Ort zu groß war, wurde sie kurzerhand auch wieder geschlossen.

Zwischen 1880 und Juni 1902 führten L. Gottlieb jun. und Fritz Francke die Firma gemeinsam, wobei letzterer den nördlichen Rayon im Saarland von St. Johann aus, Ludwig Gottlieb hingegen jun. den südlichen von Metz aus betreute. Hier errichtete er 1890 neben einem zentralen Lager auch seine Hauptniederlassung im Stadtzentrum in der Rue Ladoucette 22 (später Ecke Rue des Clercs / Rue du Palais). Im Vorort Sablon bezog er eine repräsentative Villa und gründete eine Familie. Mit seiner Frau Magdalena hatte er eine Tochter und einen Sohn (1889–1970), den er zielstrebig zu seinem Nachfolger aufbaute. Über den dritten Geschäfts-Rayon, den er und Fritz Francke als GmbH von Colmar und Straßburg aus gemeinsam betrieben, kam es aufgrund von Abrechnungsdifferenzen und nach Gottliebs Auffassung ungerechtfertigten Provisionsforderungen Franckes zum Streit, der schließlich damit endete, dass Francke 37 500 Mark als Ausgleichszahlung an L. Gottlieb zu zahlen hatte.[3]

Ludwig Gottlieb junior mit Ehefrau Magdalena (ca. 1910).

Das explosionsartige Wachstum des Unternehmens setzte nach der Trennung vom Geschäftspartner Fritz Francke ein. Werden auf den Briefköpfen von 1901 noch 85 Filialen genannt, so verdreifachte sich deren Zahl bis 1914 auf bis zu 230 Zweigstellen.

Dass Ludwig Gottlieb als selbstbewusster Geschäftsmann zu beträchtlichem Wohlstand kam, zeigen noch erhaltene Fotografien mit seiner Frau vor der Villa in Metz oder als stolzer Besitzer eines Automobils vom Typ De Dion Bouton kurz nach der Jahrhundertwende.

Arthur Gottlieb (1889–1970) – Unternehmer-Patriarch in schwerer Zeit

Arthur Gottlieb war es vorbestimmt, in die Fußstapfen seines Vaters zu treten. Eine Alternative dazu gab es für ihn nicht, erst recht nicht, nachdem sein Vater im Juli 1917 verstarb und er sich vor die Lebensaufgabe gestellt sah, nach dem verlorenen Ersten Weltkrieg aus den kümmerlichen Resten des einstigen Imperiums – mehr als 90 % aller Filialen waren durch den Versailler Vertrag verloren gegangen – wieder eine funktionierende Lebensmittelfilialkette zu machen.

Arthur Gottlieb bei einer Treibjagd (1942).

Arthur Gottlieb am Familiengrab in Metz (ca. 1968).

Ausgestattet mit einer soliden kaufmännischen Ausbildung und Berufserfahrungen schon vor dem Weltkrieg nahm Arthur Gottlieb im Alter von 30 Jahren den Wiederaufbau des Unternehmens mit Energie und Beharrlichkeit in Angriff. Trotz extrem schwerer Zeitumstände (Inflation, NS-Regime) gelang es ihm, die Zahl der Filialen in Freiburg und Südbaden von 6 (1919) auf 52 (1942) zu erhöhen. Nach dem Zweiten Weltkrieg musste er sich zum zweiten Mal, nunmehr mit Unterstützung seiner Tochter, an den Wiederaufbau seiner Firma begeben. Zum Zeitpunkt seines Todes 1970 unterhielt sie bereits wieder mehr als 100 Filialen.

Schon früh gehörte seine Leidenschaft dem Automobil. 1910 machte er seine Fahrprüfung, erwarb 1911 zusätzlich den Internationalen Führerschein. Als es mit der Firma Gottlieb nach der Inflation ab 1924 wieder aufwärts ging, kaufte er sich seinen ersten Horch 8. Arthur Gottlieb wusste gut zu leben; besonders gut kannte er sich in alkoholischen Getränken aus, was sich auch im Verkaufs-Sortiment seiner ausgesuchten und hochpreisigen Spirituosen und Weinen niederschlug. Arthur Gottlieb war ein Familienmensch. In ihrem Tagebuch bezeichnet seine Tochter Ellen ihn 1940 als einen »sehr großzügigen, aufmerksamen Vater«[4]. Als die Lebensmittelfilialbetriebe in der NS-Zeit als »unerwünschte Betriebsform« galten, sah sich Arthur Gottlieb unter wachsendem Druck, im Interesse seiner »christlichen Firma« mit den

Nationalsozialisten in Freiburg teilweise zu kooperieren, aber auch sich von ihnen abzugrenzen, wenn es um sein Privatleben und seine Familie ging. Die Öffentlichkeit suchte er stets zu meiden. Auch nach dem Krieg hielt sich der Firmenpatriarch alter Schule lieber im Hintergrund. Glanzvolle Repräsentantin des Unternehmens wurde ab Ende der 1950er-Jahre zunehmend seine Tochter Ellen.

Arthur Gottliebs Sparsamkeit galt als legendär: Das geht aus einer Beobachtung hervor, die der Marketing-Leiter Ernst Funk berichtet. Besonders am Herzen habe ihm stets der Warenbestand in den Filialen gelegen. Dazu seien die leitenden Angestellten zum Rapport bestellt worden:

> Was einem bevorstand, habe man schon gewusst, wenn man sich setzen durfte. Dann war alles in Ordnung. Musste man jedoch stehen bleiben, wurde es ernst. Einmal habe Arthur Gottlieb einen Marktleiter bestellt und ihn gefragt: ›Wissen Sie, wo das Geld geblieben ist?‹ Als keine Antwort kam, sagte er: ›Jetzt gehen Sie mal eine halbe Stunde hinunter auf den Hof und denken darüber nach, wo das Geld hingekommen sein könnte. Dann kommen Sie wieder hoch und sagen es mir.‹[5] Dr. Ellen Gottlieb-Schramm (1925–2011) – Unternehmerin mit Kultur-Ambitionen

Ellen Gottlieb hatte keine volks- oder gar betriebswirtschaftliche Ausbildung. Ihre Leidenschaft gehörte Kunst, Kultur und Lebensart. Ihre Souveränität als Unternehmerin bezog sie vor allem aus ihrer Menschenkenntnis. Am 20. Januar 1925 in Freiburg geboren, wuchs sie in großbürgerlichen Verhältnissen als »höhere Tochter« auf und machte 1942 ihr Abitur. 1946 nahm sie ein Studium der Psychologie, Psychopathologie und Kriminologie an der Universität in Freiburg auf und erlangte mit einer Arbeit über den »Ausdruck sozialer Gefährdung im Schriftbild« 1951 den akademischen Grad »Dr. phil.«.

Solange ihr erster Ehemann noch im elterlichen Betrieb mitarbeitete, dürfte sie mit einer Karriere im akademischen Milieu zumindest geliebäugelt haben. Ihre Verbindungen zur Freiburger Universität waren sehr intensiv und sie blieben es weit über ihre Zeit als Gottlieb-Geschäftsführerin hinaus. Nachdem ihre erste Ehe 1953 gescheitert war, übernahm sie an der Seite ihres Vaters zunehmend Verantwortung für die Firma und bestimmte in den 1960er-und 1970er-Jahren die Geschäftspolitik. Viele in ihrem Umfeld haben Ellen als hochintelligente Frau erlebt, die es verstand, fehlende Fachkenntnisse durch ihr damenhaftes, ja zuweilen königlich anmutendes Auftreten zu überdecken. Mit großem Geschick verstand sie es, sich mit qualifizierten Fachkräften zu umgeben, die ihrerseits bis heute respektvoll von ihr stets von »Frau Doktor« sprechen. Auf die Loyalität ihrer durchweg männlichen Leitungsebene konnte sie sich verlassen.

Ellen Gottlieb war drei Mal verheiratet. Ihr zweiter Ehemann war einer der berühmtesten Gelehrten der philosophischen Fakultäten der Freiburger Universität, der Romanist Hugo Friedrich (1904–1978), der vor allem durch sein Buch »Struktur der modernen Lyrik« (1956) weite Bekanntheit erlangte. Zu ihm, dem großen Romanisten und Träger des Ordens Pour le Mérite, konnte sie aufschauen und versäumte nach Möglichkeit keines seiner Kollegien. Seinerseits verließ Friedrich für Ellen seine Familie und heiratete sie im Februar 1959.

Arthur und Ellen Gottlieb auf dem Hof der Zentrale an der Hans-Bunte-Straße (ca. 1967).

Ihre dritte Ehe ging sie mit dem Osteuropa-Historiker Gottfried Schramm (1929–2017), Sohn des Mittelalter-Historikers Percy Ernst Schramm (1894–1970) im März 1982 ein (vgl. S. 158). 2007 setzte er ihr ein Denkmal:

> Dann aber habe ich doch die Richtige gefunden, hoffentlich die Lösung für uns beide. Meine Frau Ellen war die Witwe eines hochangesehenen Fakultätskollegen. Als geschäftsführende Inhaberin eines großen, weitausgefächerten Handelsbetriebes hatte sie mir viel voraus: nicht zuletzt Menschenkenntnis, den sicheren Umgang mit Mitarbeitern und Erfahrung in einer Fülle praktischer Fragen. Ihre Eleganz und ihr Geschmack waren mir schon beim ersten Kennenlernen aufgefallen. Von der Umwelt nahm sie mehr wahr als ich in meiner oft in mich gekehrten Art. Sie war durch die ständige Sorge erzogen worden, ob sie am Monatsende auch schwarze Zahlen schreiben würde. Ein Beamter wie ich schreibt niemals rote Zahlen. Das kann ihn leicht erschlaffen lassen. Ja, sie sparte nicht mit unumwundener Kritik, und die habe ich nötig. Ellen hat mich zum vermutlich bestumsorgten Professor in Freiburg gemacht.[6]

Und über seine Ehe:

> Nicht in allem passen wir Eheleute glatt zusammen. Sie sah sich verständlicherweise durch meine Achtlosigkeit im Alltag gestört. Schwer tat sie sich mit meiner SPD-Mitgliedschaft, aber ich wollte mein Fähnchen nicht nach

dem Winde drehen. Leicht wurden wir indes damit fertig, dass sie sich nicht tiefer in die osteuropäische Geschichte hineindachte und ich nicht in den Lebensmittelhandel. Denn wir haben genug gemeinsame Felder. Ohne eigenes musikalisches Talent lauschen wir gerne großen Meistern, sagen wir: von Bach bis Mahler. Bei der Beurteilung von Personen stimmen wir meist überein. Wir sind durch Europa und fremde Erdteile gereist und haben uns im Umkreis der Serengeti am wohlsten gefühlt. Meine Frau hat die seltene Gabe zu einem Gespräch, indem sie genau zuhört, nachfragt und Schlüsse zieht. Mit dem hat es bei uns angefangen, und dabei ist es geblieben. Von allen Geschenken meines Lebens ist sie das größte.[7]

Grabstein der Familie Gottlieb auf dem Bergäcker-Friedhof in Freiburg-Littenweiler unter dem Wahlspruch in altgriechischen Buchstaben »Pneuma o Theos« (= »Atem ist Gott«, Johannes 4, 24): Hugo Friedrich, Ellen Gottlieb-Schramm, Gottfried Schramm, Arthur und Maria Gottlieb.

Die Gottlieb-Mitarbeiter und Mitarbeiterinnen

Hans Behrens (1929–2000) – Geschäftsführer

Er galt als »Mister Gottlieb«: Rechtsanwalt Hans Behrens, Mit-Geschäftsführer der Firma Gottlieb GmbH, verstarb Ende Dezember 2000. Aus seiner Zeit im Unternehmen als einer der wichtigsten Akteure auf der Leitungsebene, nach dem Ausscheiden von Ellen Gottlieb aus der Geschäftsführung im März 1979 der mit Abstand Wichtigste, so ist aus der ehemaligen Führungsebene und dem gut informierten engsten Umfeld zu hören.

In seinen ersten Berufsjahren arbeitete Hans Behrens zunächst als einer von drei Gesellschaftern in der renommierten Freiburger Anwaltskanzlei Drischel, Schmidt und Behrens. Obwohl es Hans Behrens mit Stolz erfüllte, in einer von hohem Berufs-Ethos erfüllten Kanzlei zu arbeiten, reichte doch das Gehalt für die sechsköpfige Familie des jungen Anwalts nicht aus. In der Wirtschaft gab es damals wesentlich mehr zu verdienen.

Im Zuge der Scheidung von ihrem ersten Ehemann, Friedrich Merkel, war Hans Behrens in Kontakt mit Ellen Gottlieb gekommen. Zu ihr entwickelte sich rasch ein Vertrauensverhältnis, sodass er bald auch für die Firma in Rechts-, Wirtschafts- und Personalangelegenheiten eingebunden wurde.

Anfang der 1960er-Jahre wechselte er endgültig zur Firma Gottlieb, ohne deshalb in Übereinstimmung mit Frau Ellen Gottlieb seine anwaltliche Tätigkeit vollkommen aufzugeben. Sein Leben lang war er so, durchaus auch im Interesse von Gottlieb selbst, als Wirtschaftsanwalt und in diversen Aufsichtsräten, z. B. als Mitglied des Aufsichtsrats der Gedelfi und diversen Beiräten tätig sowie auch als Präsident der Regio-Gesellschaft. Am 24. Januar 1966 wurde er Mitglied der Geschäftsführung.[8] Von diesem Zeitpunkt an leitete er gemeinsam mit Dr. Ellen Friedrich-Gottlieb und dem Diplomkaufmann Dr. Hubert Klepsch die Firma.[9]

Der Einsatz von Ellen Gottlieb für das Unternehmen ließ allerdings nach dem groß gefeierten 100. Jubiläum im Oktober 1971 deutlich nach, wogegen umgekehrt jetzt immer mehr Führungsaufgaben auf Hans Behrens in alleiniger Verantwortung übergingen. Bald galt er überall als »Mister Gottlieb«, ob bei Verhandlungen mit Kreditinstituten, im kulturellen oder gesellschaftlichen Leben der Stadt, wo – etwa bei der »Freiburger Montagsgesellschaft« – die Anwesenheit eines Repräsentanten des größten Arbeitergebers am Ort unbedingt erwartet wurde.

Nach ihrem endgültigen Rückzug aus der Geschäftsführung am 5. März 1979 besuchte Ellen Gottlieb meist nur noch – gern unangekündigt – Filialen. Darüber hinaus gehende Tätigkeiten für die Firma erledigte sie fast nur noch von der Villa in der Maria-Theresia-Straße aus, wohin sie dann zu »Audienzen« lud. Von Hans Behrens erwartete sie, dass er ihre Vorstellungen umsetzte.

Dabei sei sie, so der Sohn von Hans Behrens, Martin Behrens, eine sehr bestimmende Person gewesen. Es gab bei diesen Zusammenkünften bestimmte Rituale: So hatte Herr Behrens sein eigenes Weinglas mit Gravur. Martin Behrens erinnert sich, wie sehr die Firma seinen Vater auch noch in der Freizeit beschäftigte. Nicht selten seien er oder Verkaufsleiter Ernst Funk am Wochenende in die Villa zitiert worden. Selbst beim Sonntagsausflug mit der Familie hätten seinen Vater Gedanken wie »Wo passt eine neue Filiale am besten hin?« umgetrieben.[10]

RA Hans Behrens auf dem Hof der Gottlieb-Zentrale (ca. 1971) im Gespräch mit Fuhrparkleiter Jarzina (Weißer Kittel) und anderen.

Martin Behrens beschreibt Ellen Gottlieb als eine ab diesem Zeitpunkt sehr zurückgezogen lebende Frau, die ihre Villa außer zu Spaziergängen und nahe gelegenen Ausflugszielen, bevorzugt in der Schweiz, im eng vertrauten Kreis, z.B. mit ihrem Ehemann Prof. Schramm und der Familie Behrens kaum mehr verlassen habe. Als Geschäftsführer und Hauptverantwortlicher musste Hans Behrens die Firma Gottlieb durch ihre schwierigste Phase führen. Immer wieder oblagen ihm heikle Aufgaben, wenn angesichts des sich abzeichnenden geschäftlichen Niedergangs der Unmut in der Belegschaft wuchs, die Gewerkschaften wegen der Arbeitsbedingungen Front machten und er sich mit dem Betriebsratsvorsitzenden zum Essen verabredete, um Konflikte zu entschärfen. Manche Projekte scheiterten auch wie die geplante Fusion der beiden in Baden-Württemberg größten Lebensmittelketten Gottlieb und Nanz. Die Fusion kam nicht zustande, weil das Kartellamt in Baden-Württemberg befand, damit entstehe in Südbaden eine zu große Marktdominanz.

Den Verkauf der Firma Gottlieb 1987, die zuletzt einen Jahresumsatz von knapp einer Milliarde DM erzielte, verhandelte Hans Behrens federführend. Das beeindruckende Umsatz-Ergebnis relativiert sich allerdings angesichts der geringen Margen, die im Lebensmittelhandel verdient wurden. Der Verkauf der Firma erbrachte einen zweistelligen Millionen-Betrag an Erlös. Im Zuge der Übernahme durch die Lebensmittelkette KaFu-Wasmund Bremen wurden am 27. Januar 1988 die Kaufleute Wolfgang Kiel (KaFu-Bremen) und Karl-

Heinz Seitz zu weiteren Geschäftsführern bestellt. Am 6. November 1990 gab Hans Behrens seinen Posten als Geschäftsführer endgültig ab, blieb aber bis zu seinem Tod Frau Gottlieb als Berater und Vertrauter eng verbunden.

Hans Behrens erarbeitete auch die Satzung der Dr. Ellen Gottlieb-Stiftung, die als einzigen Zweck die Förderung und Erhaltung des Freiburger Münsters hat.

Josef Enderle (geb. 1931) – Leiter Finanzen

Josef Enderle ist der dienstälteste lebende Mitarbeiter der Firma Gottlieb. Herr Enderle, 1931 geboren, trat im Alter von 15 Jahren am 1. Juli 1946 in die Firma Gottlieb ein. Diese Stelle wurde ihm über das Arbeitsamt vermittelt. Nach den üblichen drei Jahren Lehrzeit wurde er zunächst »Kaufmanns-Gehilfe« in der Abteilung Buchhaltung. Hier arbeitete er sich bald hoch und war schließlich als Leiter des Rechnungswesens verantwortlich für alle Fragen der Besteuerung und den gesamten Zahlungsverkehr der Firma. Ebenso erstellte er, gemeinsam mit dem Steuerberater Dr. Felix Stilz, die Jahresabschlüsse.

Josef Enderle (ca. 1983).

Als im April 1964 aufgrund des neuen Betriebsverfassungsgesetzes die Firma Gottlieb (da sie mehr als 500 Arbeitnehmer beschäftigte) einen Betriebsrat bilden musste, vertrat Josef Enderle im Aufsichtsrat die Seite der Arbeitnehmer. Dadurch konnte er lange Zeit keine Prokura erhalten. Zum Prokuristen wurde er erst 1978.

Noch heute erinnert sich Herr Enderle an die großen Umwälzungen im Betrieb wie etwa die Umstellung auf die elektronische Datenverarbeitung – EDV – gegen Ende der 1960er-Jahre, aber auch an so manche im damaligen Arbeitsalltag typische Abläufe. So habe er in den 1950er-Jahren noch an jedem Abend die Tageseinnahmen der Innenstadt-Filialen in der Eisenbahn- und der Schusterstraße sowie am Schwabentorplatz abgeholt und in einer einfachen Aktentasche in die Zentrale gebracht.

Herr Enderle weiß auch Anekdoten zu berichten, die weit vor seiner Zeit stattgefunden haben, nicht zuletzt, weil er einige Dinge aufbewahrt hat wie die Kopie des Leutnantsdiploms von Arthur Gottlieb. Nach Ansicht der Familie Gottlieb musste es – bei Kriegsausbruch 1914 – unbedingt eine »gehobene Einheit« sein, die ihrem Rang in der Gesellschaft durch eine vergleichbare

Gottlieb-Filiale am Schwabentor in Freiburg 1962.

Position in der kaiserlichen Armee entsprach. Also kam Arthur zu den »Dragonern«. Darüber hätten Offiziere anderer Waffengattungen gewitzelt: »Halb Mensch, halb Vieh: aufs Pferd gesetzte Infanterie.« Gern erinnert er sich Herr Enderle an die generöse Haltung der Familie Gottlieb ihren Angestellten gegenüber. Wenn etwa Maria, Arthur Gottliebs Frau, mit dem Auto unterwegs gewesen sei, habe sie ihren Chauffeur immer eingeladen, mit ihr in einem sehr guten französischen Restaurant essen zu gehen.

Lange habe man bei Gottlieb die Idee des »Nachbarschaftsladens«, der nur das nächste Umfeld versorgt, verfolgt, schließlich aber doch eingesehen, dass dieses Konzept nicht mehr trug. Dennoch habe man in den 1970er-Jahren sogar noch mit Aldi und den Verbrauchermärkten zeitweise mithalten können. Wenn dort ein bestimmter Artikel 1,50 DM gekostet hätte, habe man denselben eine Zeit lang für 1,45 DM angeboten. Doch auf die Länge gesehen gaben fast alle deutschen Lebensmittelfilialbetriebe (aus unterschiedlichen Gründen) auf, oder sie sahen sich nach anderen Partnern um – so auch Gottlieb, nicht zuletzt, weil das Volumen für den Einkauf über die Gedelfi-Großhandels GmbH zusammenschrumpfte. Noch heute ist Herr Enderle überzeugt: »Profitabel waren wir und hätten weiter profitabel sein können.«[11]

Als 1987 die Verkaufsverhandlungen anstanden, habe sich Geschäftsführer Hans Behrens mit der Gottlieb-Bilanz in der Tasche auf die Bühler Höhe begeben, um dort mit dem co op-Chef über eine mögliche Übernahme zu verhandeln. Der habe nur gesagt: »Die Personalkosten sind zu hoch!« Nach dem Verkauf der Firma Gottlieb an KaFu-Wasmund Bremen habe ihm Hans Behrens für seine letzten Berufsjahre eine Stelle vermittelt.

Wie die meisten seiner Kollegen hat Josef Enderle sehr gern bei Gottlieb gearbeitet, nicht nur die sozialen Leistungen (z. B. 100 % Weihnachtsgeld oder

Josef Enderles 40-jähriges Dienstjubiläum 1986 (v. l. nach rechts: Hermann Vorwerk, Kurt Meyen, Josef Enderle, Hans Behrens).

den »Unterstützungsverein e. V. Gottlieb« für in Not geratene Mitarbeiter) geschätzt, sondern auch das Betriebsklima und den Umgang miteinander und all dem bis heute ein ehrendes Andenken bewahrt.

Hermann Vorwerk (geb. 1937) – Leiter Personal

Hermann Vorwerk wurde 1937 in Hagen/Westfalen geboren. Am 1. Juli 1964 trat er im Alter von 27 Jahren bei der Firma Gottlieb ein, zunächst als Personalsachbearbeiter. Ab Januar 1966 war er als Personalleiter verantwortlich für das Personalwesen einschließlich der Lohn- und Gehaltsabrechnung. Ihm oblag die Aufgabe, für den stark expandierenden Betrieb die notwendigen Mitarbeiterinnen und Mitarbeiter einzuwerben und zu betreuen. Zeitweise war er zudem für die Schulung des Personals verantwortlich, bis – wegen der Aufgabenfülle – dieser Bereich ausgegliedert wurde. 1976 erteilte man ihm Gesamtprokura. Im Zuge der Gottlieb-Abwicklung musste er 1991, mit inzwischen 54 Jahren, in beiderseitigem Einvernehmen das Unternehmen verlassen. Nach einem guten Jahr Arbeitslosigkeit gelang ihm der Wechsel zur Emmendinger Firma Wehrle, wiederum als Personalleiter. Hier blieb er bis zu seiner Pensionierung im Jahr 1997.

Hermann Vorwerk hatte nach der mittleren Reife zunächst eine Ausbildung bei der DAK (1956–1959) absolviert. Ab Oktober 1961 war er bei der Firma Hussel, einer in Hagen / Westfalen ansässigen, aber im gesamten Bundesgebiet präsenten auf Süßwaren spezialisierten Filialkette, als Leiter der Lohn- und Gehaltsabrechnung und des Personalwesens tätig – bis zu seinem Wechsel zu

Gottlieb. Schon bei seinem ersten Besuch in Freiburg habe ihm Frau Dr. Friedrich-Gottlieb – trotz der Probezeit – spontan eine Wohnung zur Verfügung gestellt und nicht, wie es damals üblich war, ein möbliertes Zimmer. Ihre Meinung war: »Wenn man die Familie schon am Ort hat, geht man ungern gleich wieder.«

Hermann Vorwerk und Hans Behrens 1986.

Zum Zeitpunkt seines Eintritts bei Gottlieb am 1. Juli 1964 beschäftigte das Unternehmen 1121 Mitarbeiterinnen und Mitarbeiter, während seiner Zeit als Personalleiter kamen mehr als 2000 neue hinzu. 1969 hatte Gottlieb 3800 Mitarbeiter und Mitarbeiterinnen, davon 600 in Saarbrücken. Man beschäftigte bis zu 460 Lehrlinge in den verschiedensten Ausbildungsberufen, denen man schon bei der Einstellung eine Übernahmegarantie geben konnte. Auch für das Personal der damals neu hinzugekommenen Betriebszweige wie die Fleischwaren-, Bäckerei- und Backwarenproduktion hatte Hermann Vorwerk Sorge zu tragen. Zwischen 1969 und 1985 hatte er überdies die personelle Oberaufsicht über das Tochterunternehmen der L. Gottlieb GmbH Saarbrücken.

Als Personalleiter führte Hermann Vorwerk unzählige Einstellungsgespräche. Stand die Eröffnung einer neuen Filiale an, wurde dies durch entsprechende Berichte in der Tagespresse rechtzeitig publik gemacht. Zeitgleich erfolgte die Kontaktaufnahme mit potentiellen Mitarbeitern in einem Café oder einer Wirtschaft. Man musste den Menschen »damals schon etwas mehr bieten als andere, um gute Kräfte zu bekommen und zu halten«.[12] Vor allem brauchte es gute Argumente, um künftige Mitarbeiter angesichts der seit 1956 allgemein geltenden 40-Stunden-Woche (»Samstags gehört Vati mir!«) für die unbeliebte Samstagsarbeit zu gewinnen. Dazu gehörten neben der guten Bezahlung vor allem die Aufstiegschancen. Und: »Emanzipation wurde bei Gottlieb großgeschrieben, schließlich hatten wir ja auch eine Chefin, die dafür einstand. Das galt auch für den Bereich der Weiterbildung. Frauen hatten bei Gottlieb dieselben Aufstiegschancen wie Männer.«[13] Die Bewerbungsunterlagen wurden dann von den Bezirksleitern geprüft, die Einstellungen erfolgten stets in Absprache mit der Verkaufsabteilung und natürlich dem Betriebsrat.

Hermann Vorwerk engagierte sich zudem auf Verbandsebene im Personalausschuss der Arbeitsgemeinschaft der Lebensmittelfilialbetriebe (ALF, 1977–1988), in der Tarifkommission des Einzelhandelsverbandes Baden-Württemberg (1980–1991) sowie in regionalen Personalleiterkreisen (Heuweilerkreis 1977–1991, WVIB Freiburg 1993–1997).

Noch heute, mehr als 30 Jahre nach dem Ende von Gottlieb, weiß Herr Vorwerk viel Gutes über das Familienunternehmen zu sagen. Vor allem die sozialen Leistungen seien weit über dem Branchenniveau gewesen – wie etwa die Gewährung von 100 % Weihnachtsgeld (= ein Monatsgehalt). Das schlug sich nicht zuletzt im guten Betriebsklima nieder. Die Belegschaft identifizierte sich mit dem Unternehmen und dessen Zielen. Über seine Gottlieb-Jahre sagt er: »Es war eine gute Zeit!«

Ernst Funk (geb. 1941) – Verkaufs- und Marketingleiter

Ernst Funk stammt aus dem oberhessischen Mücke (Kreis Alsfeld) in der Nähe von Fulda. Zu Gottlieb kam er bereits 1961 – und blieb der Firma über 29 Jahre hin treu. Aufgrund zu knapper Mittel seiner Eltern war ihm der Besuch einer höheren Schule nicht möglich. Nach dem Volksschulabschluss arbeitete er sich dennoch durch Engagement und Fleiß bei Gottlieb zum Verkaufs- und (später) Marketing-Leiter hoch.

Die erste Stufe der Karriereleiter nahm er im Oktober 1963 mit seinem Wechsel in die Zentralverwaltung als »Verkaufsleiter-Assistent«. Zwischen Mai 1969 und Juni 1985 fungierte er als »Verkaufsleiter«. Schon in dieser Position arbeitete er weitgehend selbstständig und nahm teilweise Geschäftsführungsbefugnisse wahr. 1976 wurde ihm Gesamtprokura verliehen. Als man ihm 1985 auch den gesamten Einkauf unterstellte, wurde er – nunmehr Marketing-Leiter – Mitglied der Geschäftsleitung. Seine Berufung zum Geschäftsführer war vorgesehen, musste aber wegen des Verkaufs der Firma an Kafu-Wasmund Bremen 1987 unterbleiben. Nach seiner Zeit bei Gottlieb und zwei überaus interessanten Jahren beim Aufbau von Lebensmittelläden in den neuen Bundesländern übernahm er 1994 mit 53 Jahren als Franchise-Nehmer noch einmal einen Edeka-Markt (zuvor eine frühere Gottlieb-Filiale) in Teningen und führte ihn bis 2003.

Wie kein anderer Mitarbeiter der leitenden Ebene kannte Ernst Funk das Verkaufsgeschehen aus nächster Nähe. Gemeinsam mit seiner Chefin besuchte er nicht nur alle Filialen mindestens einmal im Quartal, sondern beobachtete deren Entwicklung am Standort genau, inspizierte die Konkurrenz am Ort und machte sich Gedanken über die Leistungsfähigkeit der Verkaufsstelle. Ebenso gab er immer wieder Empfehlungen im Hinblick auf die Gestaltung der Innenräume unter Marketing-Gesichtspunkten, die Auswahl des Warensortiments und dessen Platzierung in den Regalen.

Ernst Funk an seinem Arbeitsplatz (ca. 1972).

Die Zusammenstellung der Sortimente selbst – mitsamt der Verkostung neuer Produkte – erfolgte bei wöchentlich abgehaltenen Ein- und Verkaufssitzungen. Wurden neue Artikel ins Programm aufgenommen, testete man die Kunden-Akzeptanz zunächst in einer ausgesuchten Filiale. Nach erfolgreichem Probelauf wurde der Artikel auch in anderen Filialen angeboten. Das galt sowohl für die Reform- und Diätabteilung, aber auch für Non-Food-Waren wie Strumpfhosen und Socken, für die dann entsprechende Verkaufs-Displays (Präsentations-Ständer) benötigt wurden, insbesondere aber für regionale Artikel, die bei Gottlieb immer bevorzugt wurden. Nachdem die EDV ab 1969 gut funktionierte, wusste man sehr schnell, was gut abverkauft wurde. War dies nicht der Fall, konnte man entsprechend schnell nachjustieren. Natürlich führte Gottlieb immer einige Prestige-Artikel, die sich zwar nicht rechneten, aber für das Renommee als unverzichtbar galten. Ernst Funk oblag es, immer wieder mal Filialen der Konkurrenz (z. B. Tengelmann) unerkannt aufzusuchen und mit der Minox-Kamera zu dokumentieren, wie dort dieselben Artikel präsentiert wurden und zu welchen Preisen.

Seine Chefin sei eine extreme Verfechterin der Rabattmarke gewesen. Das führte dazu, dass noch in den 1980er-Jahren bis zu 10 Millionen DM an Kundenrabatten zurückgezahlt werden mussten. Doch die Entwicklung ging davon immer weiter weg, weil die Kunden das bei Preisvergleichen immer weniger schätzten. Ellen Gottlieb habe die Entwicklung zunächst nicht wahrhaben wollen, worauf er ihr, um ihr die Richtigkeit seiner Erkenntnis zu beweisen, ein Experiment vorschlug. Versuchsweise eröffnete man einen sogenannten »Gottlieb-500«-Markt in Kehl. Rabattmarken gab es hier nicht mehr, dafür war das gesamte Sortiment auf nur noch 1000 Artikel abgespeckt und es gab keinerlei Bedientheken. Dadurch ließ sich das Preisniveau noch einmal absenken. Als das neue Konzept sich als sehr erfolgreich bewährte, wurden einige Filialen zu Gottlieb-Vollselbstbedienungsläden mit minimalem Personaleinsatz unter der Marke »Treff« umgestellt.

Mit dem immer stärkeren Aufkommen der Verbrauchermärkte wie Wertkauf, Kolossa und anderen Ende der 1970er-Jahre gelangte man auch bei Gottlieb zur Überzeugung, man müsse unter allen Umständen der Platzhirsch bleiben. Das hieß, verkehrsorientiert liegen und gut anzufahren sein, also entweder am Ortsein- oder Ortsausgang einen Laden mit möglichst 1000 Quadratmetern haben. Freilich waren die Investitionen, die solche Projekte erforderten, sehr hoch und zudem extrem risikoreich, denn bis sich ein solcher Laden rechnete, gingen mindestens zwei Jahre ins Land. Rechtsanwalt Behrens, der gute Kontakte zu vielen Bürgermeistern hatte, konnte zumindest bei Neubau-Projekten einiges bewirken. Viele alte Gottlieb-Filialen dagegen litten an zu beengten Verhältnissen und konnten – aufgrund des Bedienungsaufwands und zugleich hoher Innenstadtmieten – bald nicht mehr rentabel geführt werden.

Zwischen den Verbrauchermärkten mit ihren Riesenangeboten und den Discountern mit ihren reduzierten, dafür extrem billigen Sortimenten wurden die klassischen Lebensmittelfilialbetriebe letztlich zerrieben. »Bei einem Discounter wie Aldi gab es damals kaum mehr als 2000 verschiedene Artikel, bei Gottlieb waren es in den 1980er-Jahren 8000. Heute hat ein mittlerer Edeka- oder Rewe-Markt etwa 15 000 Artikel.«[14]

Auch wenn es Ernst Funk nicht verborgen blieb, dass es der Firma in den 1980er-Jahren zunehmend schlechter ging, hat er bis zuletzt gern bei Gottlieb gearbeitet. Schließlich war die Zusammenarbeit nach wie vor von Wertschätzung geprägt. Dies zeigte sich nicht zuletzt zu Einladungen der leitenden Mitarbeiter zu Gesellschaftertagungen nach Madeira oder England. Auch die Studienreisen in die USA und Skandinavien hätten ihm viel mehr gebracht als die Fortbildungsseminare. Und eine für die Chefin so typische Aussage wie »An den Blumen hat Gottlieb sein Herz verloren« zeigte im schon damals knallharten Konkurrenzkampf eine nicht ausschließlich vom Gewinnstreben diktierte, aber sehr selten gewordene Haltung.

Bernhard Leupolz (geb. 1935) – Leiter der Bauabteilung

Bernhard Leupolz wurde 1935 geboren und kam 1964 im Alter von 29 Jahren zu Gottlieb. Von Haus aus Architekt hatte er zuvor in einem Architekturbüro in Freiburg gearbeitet, war allerdings mit der Entlohnung dort nicht zufrieden. Sein damaliger Nachbar Josef Enderle arbeitete bei Gottlieb, und so fragte Leupolz ihn eines Abends scherzhaft: »Braucht die Firma Gottlieb keinen Architekten, der viel Geld verdient, aber nichts arbeiten muss«.[15] Daraufhin habe ihn Frau Dr. Friedrich-Gottlieb angerufen und bald eingestellt.

Von 1964 bis 1991 leitete Herr Leupolz bei Gottlieb die Bauabteilung. In dieser Funktion war er verantwortlich für alles, was mit den Bauvorhaben der Firma in Freiburg, im gesamten südbadischen Raum und ab 1969 auch im Raum Saarbrücken zusammenhing. Das umfasste die Mithilfe bei der Standortsuche, die Bauplanung und Bauleitung aller Bauobjekte der Firma, die Beantragung entsprechender Genehmigungen zum Betreiben der Märkte bei kommunalen Behörden, die Ausschreibungen für die Aufträge der erforderlichen Gewerke und deren Betreuung, die Planung und Einrichtung der Märkte selbst wie den technischen Einkauf von Regalen, Kühlmöbeln etc., aber auch die Aufsicht bei der baulichen Unterhaltung der bestehenden Verkaufsstellen und – damit verbunden – den Einsatz und die Überwachung der Gottlieb-eigenen Handwerker wie der Maurer, Elektriker, Schlosser, Schreiner, Maler und Kältetechniker.

Bernhard Leupolz an seinem Arbeitsplatz (ca. 1964).

Bernhard Leupolz konnte von Rechts wegen nicht wie die anderen leitenden Gottlieb-Mitarbeiter nach dem Verkauf der Firma 1987 freigestellt werden, da er als Betriebsratsvorsitzender noch immer Sorge für die nunmehr gekündigten Beschäftigten zu tragen hatte, die weiterhin Anspruch auf gesetzliche Vertretung hatten. In dieser Funktion hatte er deren Sozialpläne mitsamt Abfindungen auszuhandeln bzw. Übernahmeverhandlungen durchzuführen. So blieb er auch nach dem Gottlieb-Verkauf bis Ende 1999 in seiner alten Funktion als Betriebsratsvorsitzender von nunmehr Edeka-Neukauf-Offenburg als der Firma, die Gottlieb übernommen hatte. Zunächst bestand der alte »L. Gottlieb-Betriebsrat« noch eine Zeitlang weiter, wurde dann 1994 umbenannt in »Betriebsrat Südlicher Oberrhein«». Herr Leupolz war weiterhin zuständig sowohl für die Mitarbeiter in der weiterhin genutzten Gottlieb-Zentrale als auch für die Angestellten in den noch immer unter dem Namen Gottlieb laufenden Märkten (inclusive der Treff-500-Märkte). Dass dieses Organ der Mitarbeitervertretung damals so erhalten werden konnte, sei ein großer Erfolg für alle Mitarbeiter gewesen.

Zum Betriebsratsvorsitzenden war Bernhard Leupolz bereits im Juli 1967 gewählt worden, ohne dass er zuvor Erfahrungen auf diesem Gebiet hatte machen können. Sich für Arbeitnehmerbelange einzusetzen war ihm schon zuvor aufgrund seiner katholischen Prägung nicht fremd:

> Ich war ja Mitglied in der Kolpingsfamilie, der Katholischen Arbeitnehmer Bewegung KAB und der CDA (Christlich Demokratische Arbeitnehmer). In

allen drei Vereinen ging es um die Arbeitnehmer. Ich besuchte Lehrgänge bei der KAB. Diese wurden von Spitzen-Personen gehalten. In die Gewerkschaft HBV bin ich erst viel später eingetreten. Nachdem mir die HBV zu links wurde, bin in zur Gewerkschaft DAG gewechselt.[16]

Noch heute erinnert sich Bernhard Leupolz an das gute Arbeitsklima aufgrund der ausgehandelten Betriebsvereinbarungen. Auch dass die Firma schon 1951 einen »Unterstützungsverein e. V.Gottlieb« mit dem Zweck »unverschuldet in wirtschaftliche Not geratene oder sonst hilfsbedürftige Arbeitnehmer der Firma L.Gottlieb GmbH« gegründet hatte, imponierte ihm. »Ich könnte da sehr viele Beispiele nennen, wo geholfen wurde.« Vor allem seien die sozialen Leistungen außerordentlich hoch gewesen – was man heute oft vergesse. So hätte es für die Kassiererinnen damals 30 DM Kassengeld pro Monat gegeben, und in guten Zeiten hätten die Angestellten an Weihnachten beim Einkauf auch Rabatt bekommen. Am 1. Mai, dem Tag der Arbeit, an welchem die Gewerkschaften traditionell auf die Straße gehen, um für bessere Löhne zu demonstrieren, hätten die Gottlieb-Mitarbeiter lange Zeit sogar ein Geschenk bekommen, und: »Wir bekamen ab 1967 Weihnachtsgeld bevor es ›tariflich‹ von den Gewerkschaften durchgesetzt wurde.« Auch herrschte bei Gottlieb bereits volle Gleichberechtigung: »Bei uns konnten Frauen im Außendienst Filialleiter, Bezirksleiter & Fachberater werden. In anderen Firmen (auch Neukauf / Edeka) ist das bis heute nicht üblich, sondern die Ausnahme.«[17]

In bester Erinnerung ist Bernhard Leupolz das 100-jährige Jubiläum der Firma im Oktober 1971 geblieben. Dabei sollten Motive für die Deckenplakatierung gefunden werden. Obwohl er dem Vorbereitungsteam nicht angehörte, sei er dazugezogen worden, weil er einen Projektor besaß, mit dem sich Dias im Großformat 6 x 6 cm vorführen ließen. Nachdem alle eingereichten Entwürfe begutachtet worden waren, Ellen Gottlieb aber kein einziges davon gefallen hatte, zeigte er den Anwesenden einfach zwei seiner eigenen Privat-Aufnahmen: Gerbera und Silberdistel. Als sie diese gesehen hatte, entschloss sie sich spontan, die Motive einzusetzen mit den Worten: »Herr Leupolz, jetzt haben sie 2000 DM verdient«.[18]

Er sei aus allen Wolken gefallen und fand sich mit sofortiger Wirkung auch im Festausschuss. Als sie ihn fragte: »Hätten Sie auch eine Idee mit Tiermotiven für die Werbung an unseren Lastwagen?«, sei ihm spontan die Idee gekommen: »Ein Elefant für die Stärke, eine Schildkröte für das Alter und ein Rabe für die Weisheit«.

Der Verkauf der Firma Gottlieb 1987 an Kafu-Wasmund Bremen macht Bernhard Leupolz noch heute zu schaffen. Nach wie vor ist er davon überzeugt, dass es damals nicht mit rechten Dingen zugegangen sein kann: »Was geschah, glaubt man eigentlich nicht: Die verschiedenen Abteilungen wurden

Der neue Neukauf-Betriebsrat in den Räumen der
Kaiser-Joseph-Straße 274 (ca. 1996).

zerschlagen: Aus der Obst- und Gemüse-Abteilung wurde die Firma ›Merkur-Frucht‹. Die Metzgereiabteilung wurde an die Firma Gruninger verkauft. Die gesamte Zentrale wurde für ca. 23 Millionen DM verkauft, die Filiale in der Eisenbahnstraße samt Gebäude für ca. 7,5 Millionen usw.« Als geradezu skandalös empfindet er die Tatsache, dass »mit dem Verkauf der Gottlieb-Abteilungen« dann »der Kauf der Firma L. Gottlieb finanziert« worden sei: »Meine persönliche Meinung: Wir wurden von Gaunern gekauft, entkapitalisiert. Diese Herren haben den Kauf von L. Gottlieb mit dem Verkauf von Gottlieb-Immobilien finanziert!«[19]

Natürlich waren dem späteren Neu-Eigentümer Neukauf-Edeka die geltenden Betriebsvereinbarungen ein Dorn im Auge, womit Bernhard Leupolz direkt zwischen die Fronten geriet. Zunächst habe man versucht, ihn zur Aufgabe seiner Funktion als Betriebsratsvorsitzenden zu bewegen; er müsse sich entscheiden »zwischen Betriebsrat oder Leiter der Bauabteilung.« Er habe nur entgegnet: »Das können Sie mir nicht vorschreiben. Solange ich beide Arbeiten zu aller Zufriedenheit erledige, können Sie dies von mir nicht verlangen.« Als es bald darum ging, die alten Betriebsvereinbarungen schnell zu kündigen, widersprach er: »Diese haben alle eine lange Laufzeit und können nicht ohne weiteres gekündigt werden.«[20]

Jetzt war der Betriebsrat gefordert, im Sinne der Beschäftigten zu handeln: Allein die Schießung der Gottlieb-Zentrale machte etwa 250 Mitarbeiter arbeitslos. Also galt es, einen Sozialplan aufzustellen. Anfangs glaubten die neuen Eigentümer von Edeka, das ließe sich innerhalb von zwei Tagen aushandeln. Aber der Einigungsprozess dauerte am Ende mehr als sechs Wochen, wobei oft bis spät bis in die Nacht hinein verhandelt wurde. Immer wieder habe er seinen Verhandlungspartnern seine Position deutlich gemacht: »Ich unterschreibe den Sozialplan erst dann, wenn ich jedem betroffenen Mitarbeiter in die Augen schauen kann«. Und: »Wenn es keinen Abschluss gibt wie wir uns ihn vorstellen, werden wir die Einigungsstelle anrufen und das kostet den Arbeitgeber sehr viel Geld.«[21] Am Ende habe ein für die ehemaligen Gottliebianer akzeptables Ergebnis gestanden. Etlichen wurde ein neuer Arbeitsplatz in Offenburg angeboten mitsamt einer Arbeitgeber-Beteiligung an den Fahrkosten. Alle Arbeitnehmer bekamen eine, nach Meinung von Bernhard Leupolz, ordentliche Abfindung. Erst Jahre später habe er erfahren, was der Sozialplan »Gottlieb-Zentrale auflösen« den neuen Eigentümer Edeka gekostet habe. Entgegen seiner eigenen Schätzung von etwa fünf Millionen DM seien es 13,5 Millionen DM gewesen.

Wie nah Bernhard Leupolz die Firma Gottlieb geblieben ist, kann jeder, der ihn besucht, sofort nachvollziehen. Das gesamte Treppenhaus ist mit Erinnerungsstücken ausgeschmückt, von Fotos historischer Lkw über Werbegrafiken bis hin zu einer Kollektion verschiedener Griffstangen alter Einkaufswagen im sich über die Jahre hin wandelnden Gottlieb-Design.

Robert Flad (geb. 1944) – Bäckereileiter

Robert Flad arbeitete von 1967 bis 1975 bei Gottlieb als Bäckereileiter, bevor er zu einer Beraterfirma wechselte und sich später mit Dienstleistungen für Bäckereibetriebe selbstständig machte.[22] Als Bäcker- und Konditormeister und zugleich gelernter Betriebswirt war er der richtige Mann, ein für die damalige Zeit im deutschen Lebensmittelhandel kühnes Projekt umzusetzen: Backtheken in der Vorkassenzone. So etwas hatte Ellen Friedrich-Gottlieb kurz zuvor in der Schweiz gesehen und bestaunt. 1967 fuhr sie mit ihm und dem Gottlieb-Controller Ernst-Wilhelm Busch eine Reihe von Migros-Läden in der Deutschschweiz ab und studierte, wie dort frische Backwaren als Teil eines Supermarkt-Angebots im Laden hergestellt und verkauft wurden. In der Kaiser-Joseph-Straße 274–276 neben dem Friedrichsbau bot sich dann die Gelegenheit, etwas Ähnliches auch in Freiburg einzuführen. Denn im Rückgebäude des Ladens gab es zwei Räume, mit denen man nichts Rechtes anzufangen wusste und die sich zur Einrichtung einer kleinen Backstube anboten. Dem Projekt kam entgegen, dass über dem Supermarkt das erste Gottlieb-eigene Restaurant »Karolinka« eröffnet werden sollte, in dem frisches Feingebäck, Kuchen und Torten willkommen waren. Noch 1967 wurden die Planungen aufgenommen; die Eröffnung der ersten Gottlieb-Backtheke fand im Oktober 1968 statt.

Freilich war der Anfang, verglichen mit heutigen Standards, bescheiden: »Es gab nur zwei Backöfen mit jeweils acht Quadratmetern, womit sich höchstens 20 000 Brötchen am Tag herstellen ließen«. Mit den Rahmenbedingungen sah es nicht viel besser aus: Studentische Hilfskräfte, die dort in den frühen 1970er-Jahren arbeiteten, erinnern sich noch heute, wie sie mühsam und von Hand Hunderte von Backblechen putzen und Tausende von Eiern aufschlagen und in eine große Milchkanne füllen mussten. Dennoch wuchs dieser Bereich kontinuierlich, sodass in der Backwarenherstellung 1975 bereits 72 Mitarbeiter tätig waren. Neben Brot und Brötchen wurden hier auch Kuchen und Torten hergestellt. Zu Stoßzeiten wie an Weihnachten kamen weitere Aufträge wie z.B. 1000 Schwarzwälder Kirschtorten hinzu, die dann in der Woche, in denen das entsprechende Sonderangebot in der Zeitung erschien, termingerecht produziert werden mussten.

Der erfolgreiche Start der Backtheke in der Kaiser-Joseph-Straße machte Mut, Ähnliches auch in anderen Freiburger Filialen einzurichten, was aber noch häufig an den begrenzten räumlichen Verhältnissen scheiterte. Nur in den Größeren wie in der Filiale in Landwasser oder in der Carl-Kistner-Straße in Haslach konnten problemlos neue Backtheken eröffnet werden. Dennoch entwickelte sich aus der Backstube in der Kaiser-Joseph-Straße Gottliebs Hausbäckerei, die dann alle 28 Freiburger Filialen mit Frischware belieferte.

Gern hätte Ellen Gottlieb das so erfolgreich gestartete Modell flächendeckend in allen anderen südbadischen Filialen eingeführt. Dazu war freilich Voraussetzung, die so schnell verderbliche Ware in dezentral arbeitenden Produktionsstätten herzustellen, um den Kunden vor Ort stets backfrische Brötchen, Brezeln und Feingebäck anbieten zu können. Das scheiterte viele Jahre lang aufgrund noch nicht vorhandener Backmöglichkeiten vor Ort. Erst 1973 ergab sich durch die Übernahme der Villinger Bäckerei Bueb die Chance, die im Hochschwarzwald liegenden Filialen von Villingen aus mit Frischware zu beliefern.

Nachdem die seit 1975 in Heusweiler bei Saarbrücken ansässige Bäckerei Treib übernommen werden konnte, waren auch im Saarland die notwendigen Kapazitäten vorhanden, um die etwa 30 Filialen rund um Saarbrücken beliefern zu können. Weitere Übernahmen dezentral arbeitender Großbackstuben erfolgten 1976 für die Region am Oberrhein, die fortan von Rheinfelden aus versorgt werden konnte und 1978, als es Gottlieb gelang, die Bäckerei Elmer und Hall in Hilzingen zu übernehmen, um den Bodenseeraum abzudecken. 1985 konnte Gottlieb von Heinz Usländer dessen Bäckerei am Stübeweg in Freiburg übernehmen, die Kapazitäten deutlich ausweiten, die von da an unter dem Namen »Stadtbäckerei Usländer« firmierte. Geschäftsführer wurde Wolfgang Valentini, Vertriebsleiter Herbert Behringer und Produktionsleiter Rudolf Dörle, womit Gottlieb nun über insgesamt fünf Großbäckereien verfügte.

Im Zuge der Übernahme Gottliebs durch KaFu-Bremen wurde die gesamte, attraktive Backsparte 1988 ausgegliedert und dem Schweizer Bankverein verkauft. Nachdem Gottlieb 1992 von Edeka-Offenburg übernommen worden war, wurde aus der Firma »Stadtbäckerei Usländer« schließlich die Firma KaWu & Usländer, kurz K & U.[23] Die Kurzbezeichnung sei, so Bernhard Leupolz, ein Wunsch des EDEKA-Geschäftsführers Bernhard Kefer gewesen. Unter Wolfgang Valentini wuchs K & U kontinuierlich und betreibt heute über 800 Filialen in Baden-Württemberg und Rheinland-Pfalz. EDEKA seinerseits richtete 1999 einen Bäckerei-Großbetrieb in Neuenburg ein, von wo aus alle EDEKA-Filialen auf der Rheinschiene beliefert werden.

Für ihn selbst, so Robert Flad, sei Gottlieb ein gutes Sprungbrett auf seinem Weg in die Selbstständigkeit gewesen. Schließlich bekam er dort die Gelegenheit, die Logistik eines Großbetriebs in allen Facetten gründlich kennen zu lernen. 1975 wurde er dann zunächst Mitarbeiter in einer Beratungsfirma, um sich dann später selbstständig zu machen und Backketten wie Kaiser oder Heitzmann und auch die K & U Bäckereien zu beraten.

Romy Weber (geb. 1936) – Werbegrafikerin

Die Grafikerin Romy Weber in ihrem Studio (1972).

Romy Weber wurde 1936 in Regensburg geboren und war gleich zweimal für Gottlieb tätig, das erste Mal zwischen 1958 und 1963, das zweite Mal von 1969 bis kurz vor dem 100. Jubiläum der Firma im Oktober 1971. Romy Weber lebt seit vielen Jahren abwechselnd in Freiburg und Basel und arbeitet als freie Malerin und Objekt-Künstlerin im Atelierhaus GSMBA-visarte Birsfelden. Zu Gottlieb kam sie zunächst als ausgebildete Einzelhandelskauffrau – allerdings nicht in den Verkauf, sondern in die Werbeabteilung. Hier war sie unter dem damaligen Werbeleiter Wolfgang Saumer gemeinsam mit zwei Kollegen bis 1963 sowohl für Werbegestaltung als auch für Dekoration zuständig, was damals noch zusammengehörte. Arthur Gottlieb habe ihre Arbeiten sehr geschätzt, schon weil er sie immer als »lustig« empfunden habe. Zum Arbeitsfeld Dekoration gehörten Tätigkeiten vor Ort wie die regelmäßige Beschriftung von Schaufensterscheiben mit Sonderangeboten, was damals noch ohne jede Schablone oder andere Hilfsmittel ausgeführt werden musste.

Romy Weber oblag die Betreuung von elf Gottlieb-Filialen zwischen Offenburg und Villingen, die sie regelmäßig anzufahren hatte. Einmal, so erinnert sie sich, habe sie – stehend freihändig wie immer – eine große Chianti-Flasche samt Preis auf ein Gottlieb-Schaufenster in Offenburg gepinselt und sich schon eine ganze Zeitlang gewundert, warum eine Dame sie dabei so

Romy Weber bei einer Gottlieb-Werbeaktion für Eier mit Legedatum (ca. 1970).

ausdauernd beobachtete. Als sie mit ihrer Arbeit fertig war, wurde sie von ihr angesprochen: »Falls Sie sich einmal verändern wollen, melden Sie sich bei mir«. Es war Aenne Burda. Romy nahm dies erfreut zur Kenntnis, blieb aber noch eine Weile bei Gottlieb, um schließlich doch, ihren Neigungen folgend, an der Kunstgewerbeschule Basel ein Studium aufzunehmen. Ellen Gottlieb, die das anfangs gar nicht habe glauben können, dass sie der Firma einfach so den Rücken kehrte, war darüber natürlich enttäuscht.[24]

Bei ihrem zweiten Gottlieb-Engagement zwischen 1969 und 1971 hatte Romy Weber zur Bedingung gemacht, nicht in der Zentrale arbeiten zu müssen, sondern unabhängig als freie, gleichwohl regulär bezahlte Mitarbeiterin angestellt zu sein. So wurde ihr ein Werkraum im – wie sie es nennt – »Hexenhäusle« unmittelbar über der Gottlieb-Filiale Loretto / Schwimmbadstraße gestellt, von wo aus sie ihre Arbeiten in die Zentrale oder gleich in die Maria-Theresia-Straße brachte. Zu dieser Zeit plante Romy Weber ein großes Kunst-Objekt unter dem Arbeitstitel »Can-Art«, wofür sie mindestens 800 leere und unbedruckte, aber dennoch schon zugeschweißte Blechdosen benötigte. Da nun einer von Gottliebs Lieferanten der Gemüsekonserven-Produzent Bassermann war, organisierte Ellen Gottlieb kurzerhand über ihren Geschäftskontakt eine Sonderauflage. Während dieser Zeit entwarf Romy Weber unter anderem die erste Gottlieb-Plastiktüte.

Was Romy Weber – auch als Künstlerin – damals besonders gefiel, waren die wundervollen farbigen polnischen Scherenschnitte, von denen eine große Anzahl für die Neueröffnung einer Filiale mit Restaurant in Konstanz, aber auch als Wand- und Tischdekorationen für das Karolinka-Restaurant in der Kaiser-Joseph-Straße beschafft wurden. Über ihre Gottlieb-Jahre sagt sie noch heute: »Es war eine ganz tolle Zeit mit netten Kollegen.«

Die Lkw-Fahrer Roland Ebner (geb. 1947), Oskar Heitzmann (geb. 1938), Karl-Heinz Schwaab (geb. 1944)

Die Lkw-Fahrer Roland Ebner, Oskar Heitzmann und Karl-Heinz Schwaab fühlten sich bei Gottlieb wie Mitglieder einer »ganz verschworenen Truppe«. Mit ihnen führte Markus Zimmermann, Mitarbeiter der Badischen Zeitung, bereits im April 2017 ein Gespräch.[25] Aus seinem Artikel werden hier Zitate wiedergegeben, durch eigene Aufzeichnungen aus einem zweiten Gespräch mit den Dreien ergänzt.[26] Schwaab fuhr von 1979 an 12, Ebner 14 Jahre für Gottlieb und Oskar Heitzmann von 1973 an bis zum Verkauf der Firma 1987 an KaFu-Wasmund Bremen, danach bis 2001 für die Edeka-Handelsgesellschaft.

Der Gottlieb-Fuhrpark umfasste zeitweise bis zu 32 Fahrzeuge. Es ging die Rede: »Man lernt bei Gottlieb das Lkw-Fahren«. Schließlich gab es wegen örtlich beengter Verhältnisse oft Anfahrtsprobleme, die nur erfahrene Fahrer meistern konnten. Junge Kollegen wurden deswegen zuerst auf einen Solo-Lkw gesetzt, bevor sie im Hängerbetrieb fahren durften. »In der Freiburger Filiale an der Bischofslinde war die Bucht so eng, dass man kaum reinkam, vor allem aber die Tür nicht mehr öffnen konnte. Da haben wir uns an der Dachrinne gehalten und uns durchs Fenster rausgezogen.« Natürlich kamen auch Kollateralschäden vor – mal an einem Mäuerchen oder einem Kupferdach, selten an anderen Fahrzeugen.

Von ihren Lastern in den typisch badischen Farben (roter Schriftzug auf gelbem Grund) sind die Fahrer noch heute sehr angetan: »Jeder von uns fuhr überwiegend immer dasselbe Fahrzeug, das er sich im Zweischichtbetrieb mit einem festen Partner teilte«. Das Netz der zu beliefernden Filialen zog sich bis von Bruchsal im Norden über Tübingen und Konstanz im Osten hin bis an die Schweizer Grenze im Süden und Breisach im Westen. Hinzu kam der Pendelverkehr nach Saarbrücken, etwa um Frischfleisch aus der Freiburger Metzgerei ins Saarland zu bringen. Solche Fahrten erfolgten stets im Zwei-Schicht-Betrieb, da bei diesen Entfernungen auch immer wieder mal Übernachtungen anfielen.

Natürlich mussten sie auch gefährliche Situationen meistern, vor allem im Winter, wenn die Touren über den Schwarzwald zur Tortur wurden und einsetzender Schneefall ihnen zu schaffen machte. Oskar Heitzmann fuhr einmal wegen streikender Bremsen den Blitzer beim Schiff an der Freiburger Schwarzwaldstraße einfach um. Das war noch die bessere Option als die Fahrzeuge vor ihm ineinanderzuschieben. Unvergesslich bleibt ihm auch der Unfall auf der Brücke der A 81 über den Neckar. Von hinten war ein Golf GTI unter seinen Auflieger gefahren, der Fahrer starb noch an der Unfallstelle: »Noch heute habe ich, wenn ich dort vorbeikomme, die Bilder im Kopf«. Um solche Erlebnisse zu verarbeiten, war der Kollegenkreis hilfreich.

Die Gottlieb-LKW-Fahrer Roland Ebner, Oskar Heizmann und Karl-Heinz Schwaab 2017.

Die Fahrer wurden gut bezahlt und von anderen Mitarbeitern im Betrieb beneidet. Sie erhielten verschiedenste Sonderzuwendungen wie Wochenend- und Nachtzuschläge. Dafür mussten sie sehr früh zum Dienst antreten. Schichtbeginn war um 4 Uhr nachts im Hof des Zentrallagers an der Hans-Bunte-Straße. Galt es weiter entfernte Filialen wie die in Konstanz oder Tübingen anzufahren, konnte der Arbeitstag auch ein oder zwei Stunden früher beginnen. Denn gegen 12 Uhr mittags mussten die Frühschichtfahrer wieder in Freiburg sein, da schon um 13 Uhr die Kollegen auf demselben Laster zur Spätschicht starteten. Auch war das Schichtende nicht immer mit dem Abstellen des Fahrzeugs erreicht, sondern erst dann, wenn gesichert war, dass der Kollege auch pünktlich vom Hof kam. »Da haben wir dann oft gemeinsam die Retouren aus- und die neue Lieferung eingeladen«, erzählt Schwaab. Und selbst nach der Spätschicht gingen viele nicht gleich nach Hause, sondern man saß noch in der Kantine zusammen und wartete, bis alle von den größeren Touren zurück waren.

Ihrer starken Stellung bei Gottlieb waren sich die Fahrer bewusst. So hätten sie, als damals die »Fahrerruhepausenverordnung« eingeführt werden sollte, demonstrativ nach der neuen Vorschrift Dienst gemacht, also nach exakt vier Stunden ihre Pause eingelegt, ganz gleich ob sie gerade an einer Filiale angekommen waren und bequem noch hätten ausladen können, zumal die Filialleiter samt Mitarbeitern schon parat standen. Doch nun setzten sie sich erst einmal, zur Verwunderung aller, gemütlich zur Pause hin. Diese Demonstration verfehlte ihre Wirkung nicht und hatte zur Folge, dass die Geschäftsleitung nicht mehr auf der Umsetzung der Fahrerruhepausverordnung bestand, die die Gewerkschaft durchgesetzt hatte. Ein Beispiel dafür, dass bei Gottlieb tatsächlich die »Uhren anders gingen« – und für die gute Bezahlung der Fahrer.

Oskar Heizmanns rot-gelber Kühlsattelzug (ca. 1980).

Der Großteil der Lkw-Fahrer bei Gottlieb war gewerkschaftlich organisiert, vorzugsweise in der als links geltenden HBV (Handel-Banken-Versicherungen), nicht wie viele andere Gottlieb-Mitarbeiter in der DAG (Deutsche Angestellten Gewerkschaft). Dafür wurde ihnen als Mitgliedsbeitrag 1 % des Lohns abverlangt. Im Gottlieb-Betriebsrat waren sie mit gleich fünf Personen überproportional gut vertreten.

Es sei bei Gottlieb unglaublich viel gestohlen worden. Vor allem an Zigaretten hätten sich etliche ihrer Kollegen gern bedient. In Denzlingen unterhielt Gottlieb ein zentrales Zigarettendepot, wo die Ware aufgenommen wurde. Beim Ausladen am Ziel gab es dann häufig Fehlbestände, sodass die Zigaretten schon bald in speziellen Käfigen transportiert wurden, zu denen nur noch die Filialleiter den Schlüssel hatten. Gestohlen wurde auch im Zentrallager. Sogar die Bezirksleiter, die bei Gottlieb ohnehin die heimlichen Könige gewesen seien, hätten ihre Stellung gnadenlos ausgenutzt und sich an der Gottlieb-Tankstelle ihre Benzin-Kanister gefüllt, ohne dass es auffiel.

Zu ihren schönsten Erinnerungen an ihre Gottlieb-Zeit gehören die internen Feiern im Betrieb, wenn etwa Fußballturniere oder Kegelabende ausgerichtet wurden, Ausflüge mit Kollegen und Familienangehörigen stattfanden oder Nikolausfeiern, wozu der Fuhrparkleiter Engelmann eigens die Räume seiner Kirchengemeinde zur Verfügung stellte. Im Großen und Ganzen haben die Fahrer sehr gern bei Gottlieb gearbeitet. Als Ausdruck ihrer Verbundenheit und Wertschätzung schmückten sie ihre Lkw, als Gottlieb 1992 an die Edeka-Handelsgesellschaft verkauft wurde, mit einem Trauerflor an den Außenspiegeln.

Herta Heilbronner (geb. 1939) – Kassiererin

Die in der Freiburger Gottlieb-Filiale neben der Hauptpost von 1960–1964 arbeitende Kassiererin Herta Heilbronner.

Herta Heilbronner arbeitete zwischen 1960 und 1964 bei Gottlieb in der Filiale in der Eisenbahnstraße neben der Hauptpost. Ursprünglich stammte Frau Heilbronner aus Nördlingen. Doch als junge Frau drängte es sie in die Welt.[27] Arbeiten wollte sie aber nur bei einer großen Firma, und so fiel ihre Wahl auf Gottlieb. Sie kam nach Freiburg, wo es ihr gut gefiel und fand Unterkunft in einem kleinen Zimmer im »Hexenhäusle« in der Lorettostraße. Hier lernte sie Familie Weber kennenlernte, insbesondere Romy, die bei Gottlieb als Werbegestalterin arbeitete und bei der sie später einen Plakatschriftkurs machte. Kurze Zeit arbeitete Frau Heilbronner auch in der Filiale Günterstalstraße / Erwinstraße, wo es allerdings noch keine Selbstbedienung gab: »Da standen wir als Verkäuferinnen noch in Reih und Glied an den Verkaufstheken«.

Gern erinnert sie sich an die damals größte und modernste, schon auf Selbstbedienung umgestellte Gottlieb-Filiale in der Eisenbahnstraße 39, wo sie an der Kasse saß. In dieser Filiale wurde – als Gratis-Verkostung – durch eine spezielle Dame sogar am »Fließband Kaffee ausgeschenkt«, und es gab auch schon eine Imbissecke und einen großen Obst- und Gemüsestand im Außenbereich vor dem Laden. Was ihr weniger gefiel, war die Gottlieb-Montur mit dem weißen Kittel und dem Häubchen, unter dem die Haare möglichst versteckt getragen werden sollten. Die habe sie nur gehasst. Doch die Uniform zu tragen war Pflicht, was durch umherstreifende Kontrolleure, insbesondere einen gestrengen Herrn Lippelt, penibel überwacht wurde. Mit den 250 DM, die sie als Lohn für ihre Vollzeit-Arbeit (40-Stunden-Woche) erhielt, sei sie allerdings nicht zufrieden gewesen. Also machte sie sich eines Tages auf zur Zentrale und sprach bei Frau Haas, der damaligen Personalchefin, vor. Als Ergebnis wurden ihr 280 DM zugebilligt. Bei einem großen von Gottlieb veranstalteten Freundlichkeitswettbewerb 1960, bei dem 8000 Einsendungen eingingen, wurde Herta Heilbronner von der Kundschaft zur freundlichsten Freiburger Kassiererin gewählt. Als Belohnung erhielt sie 50 DM.

Heute betreibt Frau Käferlein, geborene Heilbronner, ein Café in dem kleinen Ort Harburg zwischen Nördlingen und Donauwörth. Ihre Spezialität sind Springerle, zur Weihnachtszeit hergestellt und mit Lebensmittelfarbe handbemalt.

Gottlieb-Mitarbeiter und -Mitarbeiterinnen in einer der großen Filialen (ca. 1962).

Wir danken …

unseren verehrten Kunden für die Mithilfe bei unserem Freundlichkeitswettbewerb. Aus den über 8000 Einsendungen wurden 300 Kundenpreise ausgelost und den Gewinnern noch vor Weihnachten zugestellt.

Es war uns eine Freude, aus der Vielzahl der Zuschriften ersehen zu dürfen, daß unsere Kunden so bedient werden, wie sie es sich wünschen.

Dieses Ergebnis veranlaßte uns, über ein Drittel unserer Mitarbeiter in den Freiburger Verkaufsstellen mit einer Anerkennung auszuzeichnen.

Wir versichern Ihnen, daß der „Dienst am Kunden" auch weiterhin unsere vornehmste Aufgabe sein soll.

Gottlieb

Gottlieb-Freundlichkeits-Wettbewerb (1960).

10

Die Villa Gottlieb

Ein Unternehmerdomizil und seine Geschichte

Die Villa in der Maria-Theresia-Straße 8 im Stadtteil Wiehre war von 1938 bis zum Tod von Dr. Ellen Gottlieb-Schramm im Juli 2011 das Wohnhaus der Familie Gottlieb. Auf dem fast 3000 Quadratmeter großen Grundstück hatte der Freiburger Architekt Rudolf Schmid (1868–1947) im Auftrag des Hofmöbelfabrikanten Adolf Dietler (1862–1937) in den Jahren 1906/1907 eine repräsentative Jugendstil-Villa errichtet. An ihr fallen auch einige klassizistische Elemente auf wie etwa die hohen Säulen im Eingang, die einen Balkon tragen und dem Eintretenden Schutz bieten. Bis heute ist die der Straße zugewandte Fassade des Gebäudes – trotz einiger Schäden im Zweiten Weltkrieg – weitgehend im ursprünglichen Zustand erhalten geblieben.

Kopie eines Posaunenengels vom Freiburger Münster im Garten der Villa.

Die Firma Dietler, die ihre Möbel in der Salzstraße 12 herstellte, genoss in den zwanziger Jahren als einer der führenden Möbelproduzenten in Deutschland einen hervorragenden Ruf. Ihre Produkte wurden auf Messen und Ausstellungen mit zahlreichen Auszeichnungen bedacht und brachten Adolf Dietler 1924 den Titel eines Ehrensenators der Technischen Hochschule Karlsruhe ein.[1] Nach seinem Tod im Oktober 1937 erbte seine Witwe Therese das Anwesen, verkaufte es aber kurze Zeit später an Arthur Gottlieb, der mit seiner Familie zuvor in der Mozartstraße 72 gewohnt hatte.

Nach dem Tod Ellens im Juli 2011 fiel die Villa an die Dr. Ellen Gottlieb-Stiftung, die Grundstück und Gebäude verkaufte und den Erlös dem Stiftungskapital zuführte.

Gegenüberliegende Seite:
Die ehemalige Villa des Freiburger Möbel-Fabrikanten Dietler (Aufnahme von 1910).

Ellen-Gottlieb-Str.
Dr. Ellen Gottlieb-Schramm, 1925-2011
Unternehmerin und Stifterin

11

Dr. Ellen Gottlieb als Stifterin

Es ist in Freiburg gute Tradition, verdienten Persönlichkeiten, die sich für die Stadt und die Bürgerschaft eingesetzt haben oder als Stifter/Stifterin hervorgetreten sind, eine Straße oder einen Platz zu widmen. Zum Kreis der bekannten Stifterpersönlichkeiten wie Katharina Egg, Johann Christian Wentzinger, Philipp Merian, Heinrich Sautier oder Ferdinand Weiß gehört auch Dr. Ellen Gottlieb, nach der seit März 2014 eine Straße im neu entstandenen Viertel am Freiburger Güterbahnhof benannt worden ist.

Nach dem Verkauf der Firma 1987 wurde die als »Führungsholding« für die Unternehmensgruppe dienende Gottlieb-Stiftung ab 1991 in eine gemeinnützige Stiftung umgewandelt, die dem Natur- und Landschaftsschutz, dem Artenschutz, der Kulturförderung sowie der Erforschung der Geschichte Osteuropas gewidmet war. Ein Förder-Schwerpunkt in den ersten Jahren war der Erhalt der Günterstäler Wiesen in ihrer Artenvielfalt.

Doch schon bald führte Ellen Gottliebs außerordentlich großes kulturelles Interesse dazu, den Erhalt des Freiburger Münsters großzügig zu fördern. Sie gehörte zu den Gründungsmitgliedern der »Freiburger Münsterstiftung«, die am 6. Dezember 2000 entstand. Zusätzlich finanzierte sie aus eigenen Mitteln den Steinmetzen der Münsterbauhütte eine neue Arbeitskluft und stellte die Finanzierung einer studentischen Stelle zur Aufarbeitung des Münsterbauverein-Archivs für ein Jahr sicher.

Einer breiteren Öffentlichkeit wurde sie bekannt, weil sie ab 2002 die dringend notwendige Restaurierung der Renaissance-Vorhalle des Münsters mit einem Volumen von einer Million DM (ca. 500 000 Euro) förderte. Die Vorhalle mit der sie krönenden großen Marienfigur, baugeschichtlich der jüngste Teil des Münsters, befand sich um die Jahrtausendwende in einem schlechten Erhaltungszustand. Ursache dafür waren »ungenügende Abdichtung des Flachdaches, fehlerhafte Bauausführungen, die Alterung des Natursteinmaterials (Heimbacher Sandstein), Umwelteinflüsse durch Schadstoffgehalt der Luft, Beschädigungen durch parkende Autos und Verunreinigungen von Passanten.«[1] Entsprechend lang war die Liste der eingetretenen Bauschäden: »Durchfeuchtung des Gewölbes, Abwitterung der Steinoberflächen und der

Die nach der Stifterin Dr. Ellen Gottlieb benannte Straße im neu errichteten Stadtteil am Güterbahnhof.

Ornamente, Salzausblühungen im Sockelbereich, Rissbildungen«[2] und anderes mehr.

Nach eingehender Untersuchung des baulichen Zustands durch das Landesdenkmalamt konnte die Sanierung der Renaissance-Vorhalle dank der »großherzigen Spende« von Ellen Gottlieb ab dem Frühsommer 2002 in Angriff genommen und im Jahr darauf abgeschlossen werden.

Ihr Engagement für das Münster mündete schließlich in eine eigene neue Stiftung. 2006 gegründet, hat die Dr. Ellen Gottlieb-Stiftung als ausschließlichen Zweck die »Förderung und Erhaltung des Freiburger Münsters sowie die Förderung der kunsthistorischen Forschung über das Freiburger Münster«. In Ihrem Testament bestimmte Frau Gottlieb, dass diese Stiftung Erbe ihres Nachlasses werden sollte. Die Dr. Ellen Gottlieb-Stiftung hat im Laufe der Jahre ca. 900 000 Euro für den Erhalt des Münsters aufgebracht. Die größte Einzelspende erfolgte 2018 für das neu eingebaute Auxiliarwerk der Münsterorgeln.

Nachdem Ellen Gottlieb am 29. Juli 2011 verstorben war, würdigte die »Badischen Zeitung« vom 3. August 2011 ihre Verdienste um den Erhalt des Bauwerks auch mit den Worten der ehemaligen Münsterbaumeisterin Yvonne Faller: »Als Wohltäterin hat sie sich in Freiburg vielfältig engagiert, meist im Stillen«.[3] Mit Hilfe der Dr. Ellen Gottlieb-Stiftung kann dieses Engagement im Sinne der Stifterin weitergeführt werden.

Dr. Ellen Gottlieb-Schramm mit Dompfarrer Erich Wittner (links) und Dr. Felix Stilz (1928-2017 – Mitbegründer der Freiburger Münsterstiftung und langjähriger Schatzmeister des Münsterbauvereins) im Jahr 2000 vor der Renaissance-Vorhalle des Münsters.

Stiftertreffen der Freiburger Münsterstiftung im März 2005, von links nach rechts: Prof. Dr. Gottfried Schramm, Eugen Martin, Dr. Ellen-Gottlieb-Schramm, Weihbischof Rainer Klug, Weihbischof Dr. Paul Wehrle, Saal der Dommusik.

Anmerkungen

Einleitung

1 Ellen Gottlieb: Tagebuch 1940 bis 1942, Privatbesitz.
2 Ebda.
3 Ebda.
4 Ebda.
5 Ebda.
6 Vgl. dazu Christiane Eifert, die den Versuch unternommen hat, das Wirken vieler in der Öffentlichkeit bislang nicht wahrgenommener Unternehmerinnen in Deutschland zu würdigen. Als herausragendes Beispiel aus Südbaden widmet sie der Spediteurin Edith Dischinger aus Ehrenkirchen fast eine ganze Seite, Ellen Gottlieb jedoch bleibt unerwähnt, in: Dies.: Deutsche Unternehmerinnen im 20. Jahrhundert, München 2011 (Schriftenreihe zur Zeitschrift für Unternehmensgeschichte ZUG, Bd. 24), S. 52.

Kapitel 1

1 Anzeigentext abgedruckt in: Karl August Schleiden: Illustrierte Geschichte der Stadt Saarbrücken, Dillingen 2009, S. 292.
2 Gesellschaft-Vertrag vom 2. Februar 1880, Nr. 15813 (königl. Preuß. Notar Peter Edmund Krechel, amtlich domiziliert u. wohnhaft zu St. Johann, Landgericht), Privatbesitz.
3 Zitiert nach Ludger Vorberg: Vom Krämerladen zum Lebensmittelmarkt, Freiburg 1971. Zur Geschichte der Filialbetriebe im Einzelhandel (aus Anlass des 100-jährigen Gründungstags der L. Gottlieb GmbH Freiburg verfasst), Freiburg 1971, S. 39. Kleine »Kolonialwarenläden« gab es bis 1914 nahezu an jeder Straßenecke, in Freiburg bis zum Ersten Weltkrieg mehr als 150. Die damit verbundenen Problematiken in den weltweiten Handelsbeziehungen wurden aufgrund das damals herrschenden eurozentrischen Weltbilds aber noch keineswegs wahrgenommen.
4 Ebda., S. 25.
5 Ebda.
6 Ebda.
7 Weder Ludwig Berekoven: Geschichte des deutschen Einzelhandels, Frankfurt/M. 1986, S. 45/46 noch Uwe Spiekermann: Basis der Konsumgesellschaft. Entstehung und Entwicklung des modernen Kleinhandels, München 1999, S. 325–329 noch Lutz Niethammer, Karin Hartewig, Almut Leh, Daniela Rüther: Tengelmann im Dritten Reich. Ein Familienunternehmen des Lebensmittelhandels und der Nationalsozialismus, Essen 2020, gehen auf die Bedeutung Gottliebs ein. Nach Daniela Rüther habe Tengelmann jedoch 1914 schon 560 Filialen betrieben, in: Niethammer, 2020, S. 88.
8 Julius Hirsch: Die Filialbetriebe im Detailhandel. Unter hauptsächlicher Berücksichtigung der kapitalistischen Massenfilialbetriebe in Deutschland und Belgien (= Kölner Studien zum Staats- und Wirtschaftaleben H. 1), Bonn 1913, S. 30/31.

9 Robert Nieschlag: Zur Betriebsgrößenstruktur der deutschen Lebensmittelfilialbetriebe, in: Jahresbericht der ALF (= Arbeitsgemeinschaft der Lebensmittelfilialbetriebe), Bonn 1958, S. 35–41.
10 Zit. nach Vorberg, S. 39.
11 Ludwig Berekoven: Geschichte des deutschen Einzelhandels, Frankfurt 1986, S. 45.
12 Zit. nach Vorberg, S. 42.
13 Ebda.

Kapitel 2

1 Zitiert nach Francois Roth: Alsace. Lorraine. Histoire d'un «pays perdu". De 1870 à nos jours, Nancy 2010, S. 17.
2 Max Schlenker (Hg.): Die wirtschaftliche Entwicklung Elsass-Lothringens 1871–1918 (im Auftrage des wissenschaftlichen Instituts der Universität Frankfurt), Frankfurt 1931, S. 24.
3 Ebda., S. 22.
4 Ebda., S. 485ff.
5 Brief Ludwig Gottliebs an Fritz Francke vom 27. Juni 1899.
6 Brief Ludwig Gottliebs an Fritz Francke vom 29. März 1902.
7 Dirk Schindelbeck: Zur Geschichte des Markenartikels 1850–1933, in: Strategien der Werbekunst zwischen 1850 und 1933, Ausstellungskatalog des Deutschen Historischen Museums DHM Berlin (Ausstellung im Zeughaus »Unter den Linden« vom 21. 4. 2004–30. 8. 2004), S. 68–77, hier S. 70.
8 Volker Ilgen, Dirk Schindelbeck: Gummierte Petitesse – die kurze Blütezeit der Reklamemarke, in: dies.: Am Anfang war die Litfaßsäule. Illustrierte deutsche Reklamegeschichte, Darmstadt 2006, S. 66 / 67.
9 VI B stand für Oberelsass: Liste der deutschen Kfz-Kennzeichen (historisch); wikipedia, abgerufen 14. August 2021 .
10 Adressbücher der Stadt Freiburg, Jg. 1907.
11 Julius Hirsch: Die Filialbetriebe im Detailhandel. Unter hauptsächlicher Berücksichtigung der kapitalistischen Massenfilialbetriebe in Deutschland und Belgien (= Kölner Studien zum Staats- und Wirtschaftsleben H. 1), Bonn 1913), S. 34.
12 Ebda, S. 93.
13 Edeka 1907–1957, Hamburg 1957, S. 23ff.
14 Max Eli: Die Nachfragekonzentration im Nahrungsmittelhandel, Ausmaß, Organisation und Auswirkungen, Berlin 1968, S. 66.

Kapitel 3

1 Dirk Schindelbeck, Christoph Alten, Gerulf Hirt, Stefan Knopf, Sandra Schürmann: Zigarettenfronten. Die politischen Kulturen des Rauchens in der Zeit des Ersten Weltkriegs, Marburg 2014, S. 90.
2 Stadtarchiv Freiburg, C3/IX/19/3, Aushang der Warenpreise in Verkaufsräumen, Bad. Landesregierung No. 378, Do, 29. Juli 1915: Neue ortspolizeiliche Vorschrift über den Verkauf von Gegenständen des Kleinhandels.
3 Grundlegend dazu: Roger Chickering: Freiburg im Ersten Weltkrieg. Totaler Krieg und städtischer Alltag 1914–1918, Paderborn 2009.
4 Hans Latscha: Verbandsarbeit der Lebensmittelfilialbetriebe 1906 –1945. Vortrag auf der Jahresversammlung der ALF (= Arbeitsgemeinschaft der Lebensmittelfilial-

betriebe) am 5. September 1951 in Bad Dürkheim. Hektografiertes Manuskript, Bonn 1951.

5 Ernennungsurkunde Arthur Gottliebs zum »Leutnant der Reserve der Kavallerie«, Privatbesitz.

6 Fotoalbum Arthur Gottliebs mit Privataufnahmen aus dem Ersten Weltkrieg, Privatbesitz.

7 Verlustlisten des Ersten Weltkriegs (Gottlieb, Arthur, Lt. d. Res., 4.8.1889, beim Landen leicht verletzt): http://des.genealogy.net/search/show/5635706 (Digitalisat der UB Frankfurt/M.).

8 Konrad Fischer: »Wie die Franzosen in Elsass-Lothringen hausen«, Berlin 1919/20, S. 46.

9 Ebda., S. 49.

Kapitel 4

1 Adressbuch der Stadt Freiburg 1920. Digitalisat der UB Freiburg.

2 Felix Herzog: Solidarität unter Verdacht. Über den Versuch der Kriminalisierung der Gewerkschaften im Fall co-op, Köln 1995, S. 29.

3 Carola Schark: »Zu billigsten Tagespreisen«. Der Lebensbedürfnis- und Produktivverein« betrieb einst den »Konsum« im Stühlinger, in: Badische Zeitung vom 10. Februar 2022.

4 Stadtarchiv Freiburg C 3/IX/19/3 Preisschilderverordnungsfrage, vgl. auch Freiburger Zeitung vom 18.7.1923.

5 25 Jahre Freiburger Münzensammler-Verein e.V. 1972–1997, Freiburg 1997, S. 68.

6 Dirk Schindelbeck: Geldnot und Notgeld in Freiburg 1917–1923, in: Schau-ins-Land. 138. Jahrbuch des Breisgauer Geschichtsvereins 2019, Freiburg 2020, S. 115–134.

7 Zahlen nach Ludger Vorberg: Vom Krämerladen zum Lebensmittelmarkt. Zur Geschichte der Filialbetriebe im Einzelhandel, Freiburg 1971, S. 53.

8 Freiburger Zeitung, Erstes Blatt, Samstag, 18. April 1925, Seite 3.

9 Vorberg, S. 49.

10 Leo Hilberath: Berufs- und Lebensschicksal der Verkäuferin im Lebensmittelhandel, Köln 1934, S. 61.

11 Ebda, S. 146.

12 Thomas Weibel: Klapprige Lastwagen auf der Straße des Erfolgs, https://finanzblog.lgt.com/migros-klapprige-lastwagen-auf-der-strasse-des-erfolgs.

13 Staatsarchiv Freiburg, Akte B 741/1 Nr. 147: »Kraftwagenwandergewerbe des Lebensmittelgeschäfts Gottlieb im Amtsbezirk Staufen (1928).

14 Dirk Schindelbeck: Werbung für alle? Kleine Geschichte der Gemeinschaftswerbung von der Weimarer Republik bis zur Bundesrepublik Deutschland, in: Clemens Wischermann / Peter Borscheid / Karl-Peter Ellerbrock (Hg.): Unternehmenskommunikation im 19. und 20. Jahrhundert. Neue Wege der Unternehmensgeschichte, Dortmund 2000, S. 63–98, hier S. 68 –74.

Kapitel 5

1 Bernd Hainmüller: Franz Anton Kerber (1901–1945) – Oberbürgermeister von Freiburg 1933–1945, in: Peter Kalchthaler, Robert Neisen, Tilmann v. Stockhausen: Nationalsozialismus in Freiburg. Begleitbuch zur Ausstellung des Augustinermuseums in Kooperation mit dem Stadtarchiv, Freiburg 2016, S. 86/87.

2 Paul Wald: Die Ausbreitung der deutschen Lebensmittelfilialbetriebe, ihre Bekämpfung und Einordnung in die nationale Wirtschaft, Augsburg 1934, S. 1.
3 Hans Latscha: Verbandsarbeit der Lebensfilialbetriebe 1908–1945. Vortrag auf der Jahresversammlung der ALF (= Arbeitsgemeinschaft der Lebensmittelfilialbetriebe) am 5. 9. 1951 in Bad Dürkheim. Hektografiertes Manuskript, zit. nach Ludger Vorberg, S. 50.
4 Ebda.
5 Ebda.
6 Ebda., S. 51.
7 Ebda.
8 Hans Schadek: Robert Grumbach 1875–1960: jüdischer Rechtsanwalt, Sozialdemokrat und Stadtrat, Ehrenbürger der Stadt Freiburg im Breisgau, Freiburg 2007; Lotte Paepcke: Ein kleiner Händler, der mein Vater war, Bühl 1989; Heinz Siebold, Dirk Schindelbeck: Eine Bank wie keine andere. 140 Jahre Volksbank Freiburg, Freiburg 2007, S. 62/63.
9 NSDAP-Gaukartei / BArch R 9361-IX KARTEI / 11550244 Gottlieb Arthur: Aufnahme beantragt: 1.5.1940; Aufnahme: 1. Juli 1940.
10 Thomas Schnabel: Freiburger Pressekampf zu Beginn des »Dritten Reiches«, Teil 1 und 2 in: Freiburger Almanach 1986, S. 61–67 und 1987, S. 63–67.
11 Dutzende von Gottlieb-Anzeigen in der gesamten Freiburger Tagespresse bis zum Beginn des Zweiten Weltkriegs beweisen, dass das Verbot der Inseratenwerbung für die Filialbetriebe in der Praxis nicht durchgesetzt wurde. Ludger Vorberg: Vom Krämerladen zum Lebensmittelmarkt. Zur Geschichte der Filialbetriebe im Einzelhandel, Freiburg 1971, S. 52.
12 Thomas Schnabel: Freiburger Pressekampf, Teil 2, 1987, S. 64.
13 Ebda.
14 Heiko Haumann, Dagmar Rübsam, Thomas Schnabel, Gerd R. Ueberschär: Hakenkreuz über dem Rathaus. Von der Auflösung der Weimarer Republik bis zum Ende des Zweiten Weltkriegs (1930–1945), in: Heiko Haumann, Hans Schadek (Hg.): Geschichte der Stadt Freiburg im Breisgau, Bd. 3, S. 297–370, hier S. 318.
15 Ulrich Kurzer: Nationalsozialismus und Konsumgenossenschaften, Göttingen 1995, S. 3.
16 Umsatzzahlen nach Ludger Vorberg: Vom Krämerladen zum Lebensmittelmarkt. Zur Geschichte der Filialbetriebe im Einzelhandel, Freiburg 1971, S. 53.
17 Löffingen Damals: https://loeffingen-damals.de/?s=gottlieb (Website, betreut von Werner Waßmer, Löffingen).
18 Stadtarchiv Freiburg C4/X1/10 Gewerbe und Handel. Gesuche um Erlaubnis zum Handel mit Likör und Branntwein.
19 Vgl. Uwe Westphal: Werbung im Dritten Reich, Kapitel »Werbung muss Deutsch sein«, Berlin 1989, S. 50–57.
20 Thorsten Mietzner: Blumberg. Zwischen Demokratie und Diktatur. 1919–948, in: Joachim Sturm (Hg.): Blumberg. Geschichte einer außergewöhnlichen Stadt, Vöhrenbach 1995, S. 195–231, hier S. 205.
21 Stadtarchiv Blumberg, Rubrik III, zit. nach Mietzner.
22 Ellen Gottlieb: Tagebuch 1940–1942, Archiv der Ellen Gottlieb Stiftung.
23 Personal-Verzeichnis (Stand Dez. 1940) der Albert-Ludwigs-Universität Freiburg i. Br., S. 11: Dr. rer. Pol et phil. Philipp Witkop, Professor der neueren deutschen Literaturgeschichte (1. 8. 1922), Maria-Theresia-Str. 8, Tel. 4558 (über Gottlieb).

24 Ellen Gottlieb: Tagebuch 1940–1942, Archiv der Ellen Gottlieb Stiftung.
25 Staatsarchiv Freiburg Entnazifizierungsakte D180/2 Nr. 164 598 Gottlieb, Arthur.
26 Ebda. [»Ich danke Ihnen für all das, was Sie für die Widerstandsbewegung und für Frankreich getan haben und hoffe Sie bald wieder zu sehen.«]
27 Ebda. [»Herr Gottlieb ist mir als Anti-Nazi wohlbekannt. Er ist ein wahrhafter Demokrat und half anderen von den Nationalsozialisten verfolgten Demokraten wo immer er konnte. Ebenso ist er ein Freund des jüdischen Volkes. Meine geschäftlichen wie auch meine persönlichen Beziehungen zu Herrn Gottlieb, seiner Familie und seiner Firma waren immer äußerst angenehm. Ich bestätige, dass Herr Gottlieb absolut ehrenhaft ist.«]
28 Diese Angabe in seiner Entnazifizierungsakte im Staatsarchiv weicht von der NSDAP-Gaukartei des Bundesarchivs ab, nach der Arthur Gottlieb bereits im Juli 1940 in die Partei aufgenommen worden war.
29 Ebda.
30 Ebda. [»… durch Ellen Gottlieb gerettet, versteckt und versorgt durch die Familie Gottlieb. Ich bestätige, dass diese deutsche Familie ehrenwert ist und niemals der NS-Ideologie anhing.«]
31 Ebda.
32 Ebda.
33 Ebda.
34 Bundesarchiv Berlin BArch (Slg. BDC) Führerkartei (Vorschläge Kriegsverdienstkreuz) 206 802 Poetter, Curt.
35 Staatsarchiv Freiburg, Entnazifizierungsakte D 180/2 Nr. 213878 Poetter, Curt.

Kapitel 6

1 Robert Neisen: Und wir leben immer noch! Eine Chronik der Freiburger Nachkriegsnot, Freiburg 2004, S. 68–90, hier S. 68.
2 Maschinenschriftliche Mitteilung des Zeitzeugen Josef Enderle vom 15. Februar 2022: »Haben Sie eine Zugangsberechtigung zum Lager?« – »Folgen Sie mir bitte.«
3 Ebda, S. 89.
4 Zur Durchsetzung der »Sozialen Marktwirtschaft« als in der Öffentlichkeit positiv wahrgenommener Wirtschaftsordnung vgl. Dirk Schindelbeck, Volker Ilgen: »Haste was, biste was!« Werbung für die soziale Marktwirtschaft, Darmstadt 1999.
5 Bei Einmarsch der französischen Armee am 21. April 1945 hatte Friedrich Merkel, gemeinsam mit zwei Kollegen, ein Blutvergießen verhindert. Den Rechtsanwälten gelang es, den Plan einer Hitler-Jugend-Kampfeinheit, sich den Franzosen an der Schwabentorbrücke mit Panzerfäusten entgegen zu stellen, zu vereiteln. Hans Schneider, Freiburger G'schichten, Freiburg 1985, S. 5.
6 Amtsgericht Freiburg im Breisgau – Registergericht – Historischer Ausdruck: HRB 20 sowie chronologischer Ausdruck HRB 471402 (Firma L. Gottlieb / Edeka – Neukauf).
7 Adressbücher der Stadt Freiburg 1798–1970, Digitalisat der UB Freiburg.
8 Hans Schneider: Freiburger G'schichten, Freiburg 1985, S. 61.
9 Ellen Gottlieb: Tagebuch 1957, Privatbesitz.
10 Felix Herzog: Solidarität unter Verdacht. Über den Versuch der Kriminalisierung der Gewerkschaften im Fall co op, Köln 1995, S. 40.
11 »Die Eklöh-Furcht«, in: Der Spiegel, Heft 35/1959.
12 Ebda.

13 So zeichnet ihn etwa Hans Domizlaff (1892–1971), der Werbeberater von Reemtsma, Siemens und der Deutschen Grammophongesellschaft, in: ders.: Die Gewinnung des öffentlichen Vertrauens. Ein Lehrbuch der Markentechnik, Hamburg 1951.
14 Zahlen nach Wolfgang Karl Anton Disch: Der Groß- und Einzelhandel in der Bundesrepublik, Köln / Opladen 1966. S. 108.
15 Badische Zeitung vom 4. August 1959.
16 Die hohe Wertschätzung Hugo Friedrichs dokumentiert auch seine Rede anlässlich des 500. Gründungstages der Freiburger Universität 1957, die er als einer wenigen Universitätslehrer vor 3000 Menschen auf dem Münsterplatz, darunter Bundespräsident Theodor Heuss, halten durfte. Hans Schneider, Freiburger G'schichten, Freiburg 1985, S. 88.
17 Ellen Gottlieb: Tagebuch der Italien-Reise vom 24. März bis 30. April 1955, Privatbesitz.
18 Badische Zeitung, 27. August 1964.
19 Ellen Gottlieb, Tagebuch 1967, Privatbesitz.
20 Ebda.
21 Ellen Gottlieb: Tagebuch 1968, Privatbesitz.
22 Ebda.
23 Ebda.
24 Ebda. »Opa« nennt Ellen hier liebevoll ihren 78-jährigen Vater.
25 Zitat aus der IGLO-Fernsehwerbung, mit welchem die Mutter ihrem Sohn sein Lieblingsgericht versprach. Vgl. Dirk Schindelbeck: Marken, Moden und Kampagnen. Illustrierte deutsche Konsumgeschichte, Darmstadt 2003, S. 47.
26 Uwe Spiekermann: Künstliche Kost. Ernährung in Deutschland, 1840 bis heute, Göttingen 2018, S. 700.
27 Maschinenschriftliche Mitteilung des Zeitzeugen Josef Enderle vom 15. Februar 2022.
28 Ellen Gottlieb: Tagebuch 1969, Privatbesitz.
29 Maschinenschriftliche Literaturliste Hugo Friedrichs als Kollegvorbereitung für seine Frau vom 23. März 1968, Privatbesitz.
30 Ellen Gottlieb: Tagebücher 1964 und 1968, Privatbesitz.
31 Ellen Gottlieb: Tagebuch 1969, Privatbesitz.

Kapitel 7

1 Ellen Gottlieb: Tagebuch 1969, Privatbesitz.
2 Ebda.
3 Ebda.
4 Ebda.
5 Ebda.
6 Ebda.
7 Staatsarchiv Freiburg G 1260/1 Nr. 4713 und 4716 Gewerbeaufsicht Betriebsbesichtigungen. Betriebsakten Gottlieb.
8 Maschinenschriftliche Mitteilung des Zeitzeugen Josef Enderle vom 15. Februar 2022.
9 Badische Zeitung vom 14. Oktober 1970.

10 Dirk Schindelbeck: Marken, Moden und Kampagnen. Illustrierte deutsche Konsumgeschichte, Darmstadt 2003, Kapitel »Die siebziger Jahre: »Ich trinke J., weil ...«: Von alternativen Gesellschaftsträumen zu den Lightprodukten, S. 63–78.
11 Georg Michael Weinberg: Entwicklungstendenzen der Filialunternehmen. Karl Christian Behrens zum 60. Geburtstag, in: Johannes Bidlingmaier (Hg.): Absatzpolitik und Distribution, Wiesbaden 1967, S. 265–293, hier S. 271.
12 Gottlieb-Bildbroschüre aus Anlass des 100. Firmenjubiläums 1971.
13 Brief Ellen Gottliebs an die Mitarbeiter des Unternehmens anlässlich des 100. Firmenjubiläums am 1. Oktober 1971, Privatbesitz.
14 Ellen Gottlieb: Tagebuch 1971, Privatbesitz.
15 Ebda.
16 Ebda.
17 Matthias Claudius: Ausgewählte Werke, Stuttgart 1990, S. 72–74.
18 Ab Januar 1974 wurden dann 10 Pfennig pro Tüte vom Kunden verlangt. Zit. nach Hans Schneider: Freiburger G'schichten. Bericht aus einer kleinen Großstadt II, Freiburg 1986, S. 45.
19 Ellen Gottlieb: Tagebuch 1971, Privatbesitz.
20 Ebda.

Kapitel 8

1 Rainer Freyer: Saar-Nostalgie, Wirtschaft: L. Gottlieb. Lebensmittelfilialbetrieb https://www.saar-nostalgie.de/, abgerufen am 18. 8. 2021.
2 Saarbrücker Zeitung vom 15. Dezember 1972.
3 Ellen Gottlieb: Tagebuch 1975, Privatbesitz.
4 Saarbrücker Zeitung vom 7. Oktober 1977.
5 Saarbrücker Zeitung vom 5. September 1984.
6 Ellen Gottlieb, Tagebuch 1984, Privatbesitz.
7 Ebda.
8 Saarbrücker Zeitung vom 11. Mai 1985.
9 Aussage des ehemaligen Marketing-Leiters bei Gottlieb Ernst Funk, Interview vom 8. März 2021.
10 Ebda.
11 Heinz Diller: Discounting. Erfolgsgeschichte oder Irrweg? In: Otto Beisheim (Hg.): Distribution im Aufbruch, München 1999, S. 351–352.
12 Aussage des ehemaligen Personalchefs bei Gottlieb Hermann Vorwerk, Interview vom 25. März 2021.
13 Aussagen der ehemaligen Lkw-Fahrer bei Gottlieb Karl-Heinz Schwaab, Roland Ebner und Oskar Heitzmann, Interview vom 17. Juni 2020.
14 Gerhard Schulze: Die Erlebnisgesellschaft. Kultursoziologie der Gegenwart, Frankfurt/M. 1992.
15 Werbefaltblatt der in der HBV organisierten Gottlieb-Mitarbeiter im Vorfeld der Betriebsratswahl 1988 mit den »Richtigen«.
16 »Wir sind auf einem gefährlichen Weg!« Spiegel-Gespräch mit Rewe-Chef Hans Reischl über Konzentration, Wettbewerb und Nachfragemacht im Handel, in: Der Spiegel, Nr. 23/1988, S. 104–112.
17 Ebda.
18 Ebda.
19 Aussage von Martin Behrens im Gespräch vom 15. Februar 2022.

20 Am 27. Januar 1988 wird Wolfgang Kiel, Kaufmann in Bremen, als neuer Geschäftsinhaber und persönlich haftender Gesellschafter eingetragen. Amtsgericht Freiburg Registergericht. HRB 471402.
21 Badische Zeitung vom 1. Juli 1988.
22 Ebda.
23 Ebda.
24 Ebda.
25 Ebda.
26 Aussage des ehemaligen Leiters der Bauabteilung bei Gottlieb Bernhard Leupolz. Interview vom 8. März 2021.
27 Badische Zeitung vom 9. September 1988.
28 Badische Zeitung vom 20. September 1988.
29 Badische Zeitung vom 19. März 1989.
30 Peter Kramper: Das Ende der Gemeinwirtschaft. Krisen und Skandale gewerkschaftseigener Unternehmen in den 1980er Jahren, in: Archiv für Sozialgeschichte 52, 2012, S. 111–138.
31 Staatsarchiv Stuttgart: R 1/001 D 900038/18. Sammelstelle für Joghurtbecher SWR Filmbeitrag 1990.
32 Handelsblatt vom 23. April 1992.
33 Badische Zeitung vom 26. Juni 1992.
34 Badische Zeitung vom 26. Juni 1992.
35 Bernhard Kefer, Sprecher des Vorstands: Feiern Sie mit uns! 75 Jahre Edeka Südwest, Offenburg, Festansprache 2002, S. 9 (Broschüre zum 75. Edeka-Jubiläum 2002)
36 Ebda.
37 Ebda.
38 Aussage des ehemaligen Leiters der Bauabteilung bei Gottlieb Bernhard Leupolz. Interview vom 8. März 2021.

Kapitel 9

1 Nicole Baronsky-Ottmann: Serie Historische Firmen: Avantgardistisches im Lebensmittelhandel, Saarbrücker Zeitung, 3. September 2020.
2 Gesellschaft-Vertrag vom 2. 11. 1880 Nr. 15813, Privatbesitz.
3 Trennungsvereinbarung vom 19. Dezember 1901, Privatbesitz.
4 Ellen Gottlieb, Tagebuch 1940–1942, Privatbesitz.
5 Aussage des ehemaligen Marketing-Leiters bei Gottlieb Ernst Funk. Interview vom 8. März 2021.
6 Gottfried Schramm (Hg.): Ein Philologe als Historiker, in: 550 Jahre Universität Freiburg. Erzählte Erfahrung. Nachdenkliche Rückblicke Freiburger Professoren aus den Jahren 1988 bis 2007, Freiburg 2007, S. 515–528, hier S. 522.
7 Ebda., S. 523.
8 Amtsgericht Freiburg i. Br. Registergericht, Firma Gottlieb HRB 471402.
9 Ebda. Am 18. April 1969 schied Dr. Hubert Klepsch als Geschäftsführer aus.
10 Aussage von Martin Behrens im Gespräch am 15. Februar 2022.
11 Aussage von Josef Enderle, des ehemaligen Leiters Finanzen bei Gottlieb, Interview vom 7. April 2021.
12 Aussage des ehemaligen Personalleiters bei Gottlieb Hermann Vorwerk, Interview vom 25. März 2021.

13 Ebda.
14 Ebda.
15 Aussage des ehemaligen Leiters der Gottlieb-Bauabteilung Bernhard Leupolz, Interview vom 10. März 2021.
16 Ebda.
17 Ebda.
18 Ebda.
19 Ebda.
20 Ebda.
21 Ebda.
22 Aussage des ehemaligen Gottlieb-Bäckereileiters Robert Flad. Interview vom 24. April 2021.
23 Der Name KaWu stand für den Firmengründer Karl Wucherer, einer der Bäckereien, aus denen, im Zuge mehrerer Übernahmen schließlich die Großbäckerei K & U entstand, vgl.: Tradition, die schmeckt. 100 Jahre Backkultur, Freiburg 2018.
24 Aussage der ehemaligen für Gottlieb arbeitenden Grafikerin Romy Weber, Interview vom 23. April 2021.
25 Markus Zimmermann: »Wir waren eine verschworene Bande, eine besondere Gemeinschaft« (Porträt der Gottlieb-Lkw-Fahrer Roland Ebner, Oskar Heitzmann und Karl-Heinz Schwaab), Badische Zeitung, 9. Juni 2017.
26 Aussagen der ehemaligen Gottlieb-LKW-Fahrer Roland Ebner, Oskar Heitzmann und Karl-Heinz Schwaab, Interview vom 26. Juni 2020.
27 Aussage der ehemaligen Gottlieb-Kassiererin Herta Heilbronner, Interview vom 6. Mai 2021.

Kapitel 10

1 Manfred Gallo: Die Villa des Möbelfabrikanten. Die Fassade der Villa Dietler hat sich in mehr als 100 Jahren zur Straße hin nur wenig verändert, Badische Zeitung, 19. Oktober 2020.

Kapitel 11

1 Manfred Saß: Ein Stück Italien in Freiburg. Die Sanierungsarbeiten an der Renaissance-Vorhalle, in: Münsterblatt, Nr. 9/2002, S. 4–7, hier S. 6.
2 Ebda.
3 Aussage der ehemaligen Münsterbaumeisterin Yvonne Faller. Interview vom 2. März 2021.

Literatur und Quellen

Arbeitsgemeinschaft der Lebensmittelfilialbetriebe (ALF): Die Entwicklung der Lebensmittelfilialbetriebe von 1949 bis 1969, dargestellt im Rahmen der volkswirtschaftlichen Entwicklung, Bonn 1970.

Ausschuß zur Untersuchung der Erzeugungs- und Absatzbedingungen der Deutschen Wirtschaft: Massenfilialunternehmen im Einzelhandel mit Lebensmitteln und Kolonialwaren, Berlin 1929.

Ausschuß zur Untersuchung der Erzeugungs- und Absatzbedingungen der Deutschen Wirtschaft: Einzelhandel mit Lebensmitteln, Kolonialwaren und Drogen, Berlin 1929.

Batzer, E.: Starker Wandlungsprozess im Lebensmittelhandel, in: Wirtschaftskonjunktur. Berichte des ifo-Instituts für Wirtschaftsforschung, München 17 (1965).

Berekoven, Ludwig: Geschichte des deutschen Einzelhandels, Frankfurt/M. 1986.

Boetticher, Karl W.: Die Geschichte der Gedelfi: Großeinkauf Deutscher Lebensmittel-Filialbetriebe GmbH, Köln 1955.

Braun, Luise: Die Verkäuferin. Forderungen, Leistungen, Aussichten in diesem Berufe, Leipzig 1903.

Chickering, Roger: Freiburg im Ersten Weltkrieg. Totaler Krieg und städtischer Alltag 1914–1918, Paderborn 2009.

Die wirtschaftliche Entwicklung Elsass-Lothringens 1871–1918 (hg. im Auftrage des wissenschaftlichen Instituts der Uni Frankfurt von Dr. Max Schlenker) Frankfurt 1931.

Disch, Wolfgang Karl Anton: Der Groß- und Einzelhandel in der Bundesrepublik. Köln, Opladen 1966.

Eckhardt, Klaus: Sonderangebotspolitik in Warenhandelsbetrieben: eine empirische Studie, Wiesbaden 1976.

Edeka 1907–1957 (Chronik zum 50. Geburtstag des Unternehmens), Hamburg 1957.

Ehrlicher, Harald: Das Massenfilialsystem. Die Voraussetzungen seiner Anwendbarkeit auf den Einzelhandelsbetrieb (= Schriften zur Einzelhandelsforschung H. 8), Stuttgart 1931.

Eifert, Christiane: Deutsche Unternehmerinnen im 20. Jahrhundert, München 2011.

Eli, Max: Die Nachfragekonzentration im Nahrungsmittelhandel, Ausmaß, Organisation und Auswirkungen, Berlin 1968.

Fischer, Konrad: Wie die Franzosen in Elsass-Lothringen hausen, Berlin 1919.

Fritz, Wolfgang: Die Aldisierung der Gesellschaft – eine ökonomische Perspektive, in: Lehmann, Hanna (Hg.): Aldisierung. Ist Geiz geil? Oder: Die Entwicklung einer neuen Konsumkultur, Freiburg 2007, S. 35–66.

Geschichte der Stadt Freiburg i. Brsg. (hg. im Auftrag der Stadt Freiburg i. Breisgau von Heiko Haumann und Hans Schadek), 3 Bd., Stuttgart 1992.

Gartmayr, Eduard: Nicht für den Gewinn allein. Die Geschichte des deutschen Einzelhandels, Frankfurt/M. 1964.

Gröner, Helmut (Hg.): Wettbewerb, Konzentration und Nachfragemacht im Lebensmittelhandel, Berlin 1989.

Hasselmann, Erwin: Geschichte der deutschen Konsumgenossenschaften, Frankfurt/M. 1971.

Herzog, Felix: Solidarität unter Verdacht. Über den Versuch der Kriminalisierung der Gewerkschaften im Fall co-op, Köln 1995.

Hilberath, Leo: Berufs- und Lebensschicksal der Verkäuferin im Lebensmittelhandel, Köln 1934.

Hirsch, Julius: Die Filialbetriebe im Detailhandel. Unter hauptsächlicher Berücksichtigung der kapitalistischen Massenfilialbetriebe in Deutschland und Belgien (= Kölner Studien zum Staats- und Wirtschaftsleben H.1), Bonn 1913.

Hirsch, Julius: Der moderne Handel, seine Organisation und Formen und die staatliche Binnenhandelspolitik, Tübingen 1929.

Ilgen, Volker, Schindelbeck, Dirk: Am Anfang war die Litfaßsäule. Illustrierte deutsche Reklamegeschichte, Darmstadt 2006.

Jahresbericht der Arbeitsgemeinschaft der Lebensmittelfilialbetriebe e.V. 1949–1970, Bonn 1952 –1971.

Kahn, Herbert: Die neuere Entwicklung des Filialsystems im Lebensmittelhandel. Unter hauptsächlicher Berücksichtigung von Deutschland und Amerika, Köln 1927.

Kalchthaler, Peter/Tilmann v. Stockhausen (Hg.): Freiburg im Nationalsozialismus, Freiburg 2017.

Kalchthaler, Peter (Hg.), Carola Schark, Joachim Scheck, Hans Sigmund: Wiedersehen! Das Freiburger Stadtbild im Wandel der Zeit (3 Bd.), Freiburg, 2016, 2017, 2018.

Kalchthaler, Peter: Freiburg: Das Stadtbild am Vorabend der Zerstörung (Museum für Stadtgeschichte, Städtische Museen Freiburg im Breisgau), Erfurt 2018.

Kaufmann, Heinrich: Kurzer Abriss der Geschichte des Zentralverbandes deutscher Konsumvereine, Hamburg 1928.

Kieling, H.: Die wirtschaftliche Situation des deutschen Einzelhandels in den Jahren 1920 bis 1923: Die Beispiele des Lebensmittel- und Bekleidungseinzelhandels, in: Zeitschrift für Unternehmensgeschichte, 1996.

Klepsch, Kurt: Die Verkaufsrationalisierung in integrierten Organisationen des Lebensmittelhandels (Einkaufsgenossenschaften, freiwillige Ketten). Eine kritische Untersuchung ausgewählter Probleme unter besonderer Berücksichtigung schweizerischer und deutscher Verhältnisse, Köln 1961.

Klugermann, Günther: Alt-Freiburg auf den ersten Blick, Gudensberg-Gleichen 2000.

Klugermann, Günther: Waisch noch? Samstags war Badetag … und abends gings zum Backfischball. Freiburger Geschichten aus Wirtschaftswunderzeiten, Kassel 2006.

Koninski, Josef: Die Markenware und ihre Bedeutung für den Handel, 1932.

Kramper, Peter: Das Ende der Gemeinwirtschaft. Krisen und Skandale gewerkschaftseigener Unternehmen in den 1980er Jahren, in: Archiv für Sozialgeschichte 52, 2012, S. 111–138.

Kricheldorf, Hans R: Freiburger Warenwelt um 1900: Geschäftsleben und Industrie in der Gründerzeit, Freiburg 2018.

Kurzer, Ulrich: Konsumgenossenschaften im nationalsozialistischen Deutschland 1933–1936, Göttingen 1995.

Langer, Lydia: Revolution im Einzelhandel: die Einführung der Selbstbedienung in Lebensmittelgeschäften der Bundesrepublik Deutschland (1949–1973), Köln, Weimar, Wien 2013.

Lampert, Karl Heinz: Strukturwandlungen des deutschen Einzelhandels, Erlangen 1956.
Latscha, Hans: Erinnerungen, Frankfurt 1969.
Latscha, Hans: Verbandarbeit der Lebensmittelfilialbetriebe 1908–1945. Vortrag auf der Jahresversammlung der ALF am 5. September 1951 in Bad Dürkheim, Bonn 1951.
Leonhard, Jörn: Der Versailler Friedensvertrag: Das kollektive Trauma, in: Peter Kalchthaler, Robert Neisen, Tilmann v. Stockhausen (Hg.): Nationalsozialismus in Freiburg. Begleitbuch zur Ausstellung in Kooperation mit dem Stadtarchiv, Freiburg 2017, S. 27–33.
Merkel, Ellen (d. h. Ellen Gottlieb): »Der Ausdruck sozialer Gefährdung im Schriftbild«. Inaugural-Dissertation zur Erlangung der Doktorwürde der philosophischen Fakultäten der Albert-Ludwigs-Universität Freiburg, Freiburg 1951.
Mietzner, Thorsten: Blumberg. Zwischen Demokratie und Diktatur 1919–1948, in: Joachim Stirm (Hg.): Blumberg. Geschichte einer außergewöhnlichen Stadt, Vöhrenbach 1995, S. 195–231.
Neisen, Robert: Und wir leben immer noch! Eine Chronik der Freiburger Nachkriegsnot, Freiburg 2004.
Nieschlag, Robert: Der Handel in der Zeit – die Zeit im Handel: eine Untersuchung des Zeitproblems am Beispiel des Lebensmitteleinzelhandels, Frankfurt / M. 1960.
Nieschlag, Robert: Der Klein- und Mittelbetrieb im Handel: Schicksal und Chancen, Berlin 1976.
Nieschlag, Robert: Die Gewerbefreiheit im Handel, Köln / Opladen 1953.
Niethammer, Lutz (Hg.), Karin Hartewig, Almut Leh, Daniela Rüther: Tengelmann im Dritten Reich: Ein Familienunternehmen des Lebensmittelhandels und der Nationalsozialismus, Essen 2020.
Reichsleitung NSDAP, Hauptamt NS-Hago: Die deutsche Hausfrau als Käuferin, Schriftenreihe zur Wirtschaftaufklärung, H. 3, Berlin 1935.
Roth, Francois: Alsace. Lorraine. Histoire d'un «pays perdu". De 1870 à nos jours, Nancy 2010.
Rothenberger, Heinrich: Neue Ortsnamen in Elsaß-Lothringen: eingeführt durch Kaiserliche Verordnung vom 2. Sept. 1915, Metz: Lothringer Zeitung, 1915.
Sass, Manfred: Ein Stück Italien in Freiburg. Die Sanierungsarbeiten an der Renaissance-Vorhalle, in: Münsterblatt, Zeitschrift des Freiburger Münsterbauvereins e. V., Heft 9 / 2002, S. 4–7.
Säuberlich, Kurt: Filialen im Detailhandel, Leipzig 1913.
Schindelbeck, Dirk, Ilgen, Volker: Haste was, biste was!« Werbung für die soziale Marktwirtschaft, Darmstadt 1999.
Schindelbeck, Dirk: Marken, Moden und Kampagnen. Illustrierte deutsche Konsumgeschichte, Darmstadt 2003.
Schindelbeck, Dirk: Werbung für alle? Kleine Geschichte der Gemeinschaftswerbung von der Weimarer Republik bis zur Bundesrepublik Deutschland, in: Clemens Wischermann / Peter Borscheid / Klaus-Peter Ellerbrock (Hg.): Unternehmenskommunikation im 19. und 20. Jahrhundert. Neue Wege der Unternehmensgeschichte, Dortmund 2000, S. 63–98.
Schindelbeck, Dirk: Zur Geschichte des Markenartikels 1850–1933, in: Strategien der Werbekunst zwischen 1850 und 1933, Ausstellungskatalog des Deutschen Histori-

schen Museums DHM Berlin (Ausstellung im Zeughaus / Unter den Linden vom 21. 4. 2004–30. 8. 2004), S. 68–77.
Schindelbeck, Dirk / Christoph Alten / Gerulf Hirt / Stefan Knopf / Sandra Schürmann: Zigarettenfronten. Die politischen Kulturen des Rauchens in der Zeit des Ersten Weltkriegs, Marburg 2014.
Schindelbeck, Dirk: Geldnot und Notgeld in Freiburg 1917–1923, in: Schau-ins-Land. 138. Jahrbuch des Breisgauer Geschichtsvereins 2019, Freiburg 2020, S. 115–134.
Schleiden, Karl August: Geschichte der Stadt Saarbrücken, Dillingen 2009.
Schnabel, Thomas: Freiburger Pressekampf zu Beginn des »Dritten Reiches«, Teil 1, in: Freiburger Almanach, 1986, S. 61–67, Teil 2 in: Freiburger Almanach, 1987, S. 63–67.
Schneider, Hans: Freiburger G'schichten. Bericht aus einer kleinen Großstadt (2 Bd.), Freiburg 1985 / 1986.
Schramm, Gottfried: Ein Philologe als Historiker, in: Erzählte Erfahrung. Nachdenkliche Rückblicke Freiburger Professoren aus den Jahren 1988 bis 2007, Freiburg 2007, S. 515–528.
Seyffert, Rudolf: Ergebnisse längerfristiger Beobachtungen der Entwicklung mittelständischer Einzelhandlungen: 1320 Betriebe 1959–64, 236 Betriebe 1951–1964, Köln 1970.
Siebold, Heinz, Schindelbeck, Dirk: Eine Bank wie keine andere. 140 Jahre Volksbank Freiburg. Freiburg 2007.
Spiekermann, Uwe: Basis der Konsumgesellschaft: Entstehung und Entwicklung des modernen Kleinhandels in Deutschland 1850–1914, München 1999.
Spiekermann, Uwe: Künstliche Kost. Ernährung in Deutschland, 1840 bis heute, Göttingen 2018.
Der Spiegel: »Wir sind auf einem gefährlichen Weg!« Spiegel-Gespräch mit Rewe-Chef Hans Reischl über Konzentration, Wettbewerb und Nachfragemacht im Handel, in: Der Spiegel, Nr. 23/1988, S. 104–112.
Tradition, die schmeckt. 100 Jahre BackK&Ultur, Freiburg 2018.
Vorberg, Ludger: Vom Krämerladen zum Lebensmittelmarkt. Zur Geschichte der Filialbetriebe im Einzelhandel (Chronik zum 100. Gründungstag der L. Gottlieb GmbH 1971).
Wald, Paul: Die Ausbreitung der deutschen Lebensmittelfilialbetriebe, ihre Bekämpfung und ihre Einordnung in die nationale Wirtschaft, Augsburg 1934.
Weinberg, Georg Michael: Absatzpolitik und Distribution, Karl Christian Behrens zum 60. Geburtstag, darin: Entwicklungstendenzen der Filialunternehmen, in: Bidlingmaier J., Jacobi H., Uherek E.W. (eds) Absatzpolitik und Distribution. Studienreihe Betrieb und Markt, Wiesbaden 1967, S. 265–293.
Westphal, Uwe: Werbung im Dritten Reich, Berlin 1989.
Weuster, Arnulf: Theorie der Konsumgenossenschaftsentwicklung: die deutschen Konsumgenossenschaften bis zum Ende der Weimarer Zeit, Berlin 1980.
Zellekens, Hermann-Josef, Horbert, Claudia: Eigenmarken im Lebensmittelhandel, Köln, Deutsches Handelsinstitut 1996.

Freiburger historische Tages-Zeitungen (Online-Quellen)

Adressbücher der Stadt Freiburg (1798–1970, hier: 1898–1970), Digitalisat der UB Freiburg.
Freiburger Zeitung (1784 – 1943, hier 1898–1943), Digitalisat der UB Freiburg.

Freiburger Tagespost (1911–1950), Digitalisat der UB Freiburg.
Volkswacht (1911–1933), Digitalisat der UB Freiburg.
Breisgauer Zeitung (1871–1926, hier 1898–1926), Digitalisat der UB Freiburg.
Staufener Wochen- bzw. Tageblatt (1875–1978, hier 1929–1962), Digitalisat der UB Freiburg.
Freiburger Nachrichten (Sept. 1945 bis Januar 1946), Digitalisat der UB Freiburg.
Der Alemanne. Kampfblatt der Nationalsozialisten Oberbadens (1931–1945). Digitalisat der UB Freiburg.

Online-Quellen und Tageszeitungen

Autour des Arènes de Metz-Sablon: Alimentation en gros Gottlieb http://promenade.temporelle.free.fr/dotclear/index.php/post/2009/05/23/L-entreprise-Gottlieb abgerufen am 8. 8. 2020.
Adressbuch Metz 1900/01 http://wiki-de.genealogy.net/w/index.php?title=Datei:Metz-AB-1900.djvu&page=1 (Digitalisat der UB Frankfurt/M.) abgerufen am 14. 3. 2021, abgerufen am 8. 11. 2020.
Einwohnerstatistik Freiburg https://de.wikipedia.org/wiki/Einwohnerentwicklung_von_Freiburg_im_Breisgau abgerufen am 15.9.2020.
Verlustlisten des Ersten Weltkriegs (Gottlieb, Arthur, Lt. d. Res., 4.8.1889, beim Landen leicht verletzt): http://des.genealogy.net/search/show/5635706 (Digitalisat der UB Frankfurt/M.) abgerufen am 12. 3. 2021.
Metzer Zeitung, 23. Oktober 1914: Anzeige »Keinem Truppenteil dürfen nachstehende Lebensmittel fehlen…« https://sammlungen.ub.uni-frankfurt.de/varia/periodical/pageview/10580078 (Digitalisat der UB Frankfurt/M.) abgerufen am 2.12 2020.
Thomas Weibel: Klapprige Lastwagen auf der Straße des Erfolgs, https://finanzblog.lgt.com/migros-klapprige-lastwagen-auf-der-strasse-des-erfolgs abgerufen am 2. 2. 2021.
Rainer Freyer: Saar-Nostalgie, Wirtschaft: L. Gottlieb. Lebensmittelfilialbetrieb https://www.saar-nostalgie.de/ abgerufen am 7. 8. 2020.
Löffingen Damals (Projekt von Werner Waßmer): Gottlieb https://loeffingen-damals.de/?s=gottlieb abgerufen am 7. 11. 2020.
Joachim Röderer: »Trauer um die einstige Chefin der Gottlieb-Märkte«, Badische Zeitung, 2. August 2011.
Markus Zimmermann: »Wir waren eine verschworene Bande, eine besondere Gemeinschaft« (Porträt der Gottlieb-Lkw-Fahrer Roland Ebner, Oskar Heitzmann und Karl-Heinz Schwaab), Badische Zeitung, 9. Juni 2017.
Manfred Gallo: Die Villa des Möbelfabrikanten. Die Fassade der Villa Dietler hat sich in mehr als 100 Jahren zur Straße hin nur wenig verändert, Badische Zeitung, 19. Oktober 2020.
Nicole Baronsky-Ottmann: Serie Historische Firmen: Avantgardistisches im Lebensmittelhandel, Saarbrücker Zeitung, 3. September 2020.
Carola Schark: »Zu billigsten Tagespreisen«. Der Lebensbedürfnis- und Produktiv-Verein betrieb einst den »Konsum« im Stühlinger, in: Badische Zeitung, 10. Februar 2022.

Archive

Bundesarchiv Berlin

NSDAP-Gaukartei | BArch R 9361-IX KARTEI / 11550244, 1. 5. 1940 (Arthur Gottlieb).
Sig BDC. Führerkartei (Vorschläge Kriegsverdienstkreuz) 1. 9. 1942 (Curt Poetter).

Staatsarchiv Freiburg

DNZ-Akte Spruchkammer 180/2 (1946–1952) Nr. 164598 (Entnazifizierung Arthur Gottlieb, geb. 4. 8. 1889).
DNZ-Akte Spruchkammer 180/2 Nr. 213878 (Entnazifizierung Curt Poetter, bis 1945 Personalchef bei Gottlieb, geb. 16. 3. 1903).
G 1260/1, Nr. 4713 und 4716 Gewerbeaufsicht Betriebsbesichtigungen / Betriebsakten Gottlieb.
B 741/1 Nr. 147, Kraftwagenwandergewerbe des Lebensmittelgeschäfts Gottlieb im Amtsbezirk Staufen (1928).
J 191 Gottlieb, Arthur. Zeitungsausschnittsammlung zur Personengeschichte (1964) (Generallandesarchiv Stuttgart).
R 1/001 D 900038/18. Sammelstelle für Joghurtbecher SWR Filmbeitrag 1990.
Bestand W 134; Bild-Nachlass des Freiburger Fotografen Willy Pragher (ca. 250000 Fotos).

Stadtarchiv Freiburg

C4/X1/10 »Gewerbe und Handel. Gesuche um Erlaubnis zum Handel mit Likör und Branntwein«.
C3/IX/19/3 »Aushang Lebensmittelpreise in Verkaufsräumen«.
C3/390/1 »Anbringung von Firmentafeln«.
Bildarchiv (Bestand M 70 S): Fotos Freiburger Straßen von 1929–1931.

Kultur- und werbegeschichtliches Archiv Freiburg kwaf

(Privatarchiv des Autors)

Privatarchiv Dr. Heinz Francke

Gesellschafts-Verträge Firma der Firma L. Gottlieb von 1880, 1890 und 1893.
Trennungsvereinbarung vom 19. Dezember 1901.

Amtsgericht Freiburg im Breisgau – Registergericht – Historischer Ausdruck:

HRB 20 sowie chronologischer Ausdruck HRB 471402 (Firma L. Gottlieb / Edeka – Neukauf).

Freiburger Wochenbericht (seit 21. März 1952)

Lebensmittelzeitung
Saarbrücker Zeitung
EDEKA-Mitarbeiterzeitung, Nr. 2 / 1992: Edeka hat Gottlieb übernommen – eine Firma mit interessanter Geschichte: »Gestatten, Ludwig Gottlieb & Co.«, S. 4–7.
Festansprache vom Sprecher des Vorstands Direktor Bernhard Kefer: Feiern Sie mit Uns! 75 Jahre Edeka Südwest Offenburg (Broschüre 2002).

Sonstige Quellen

Ellen Gottlieb Tagebücher

1.) 1940–1942
2.) 1953
3.) 1955 (Reisetagebuch Italien März/April)
4.) 1957
5.) 1959–1963 (5-Jahres-Tagebücher)
6.) 1964–1968
7.) 1969–1973
8.) 1974–1978
9.) 1979–1983
10.) 1984–1986 (3-Jahres-Tagebuch)
11.) 1987–1991 (5-Jahres-Tagebücher)
12.) 1992–1996
13.) 1997–2001
14.) 2002–2006

Dr. Felix Stilz: Firmengeschichte der Firma L. Gottlieb (tabellarisch, in Stichworten), anlässlich des 80. Geburtstags von Arthur Gottlieb.
RA Hans Behrens: Zur Geschichte der Firma Gottlieb (Manuskript), 2. Juni 2000.
Bernhard Leupolz: Was Sie über L. Gottlieb, Edeka / Neukauf & K & U wissen wollen (2 Mappen).
Maschinenschriftliche Mitteilung Josef Enderles vom 15. Februar 2022.
Maschinenschriftliche Literaturliste Hugo Friedrichs als Kollegvorbereitung für seine Frau vom 23. März 1968.

Zeitzeugen-Interviews

Martin Behrens (Sohn von RA Hans Behrens, Gottlieb-Geschäftsführer 1966–1991)
Josef Enderle (Leiter Finanzen)
Hermann Vorwerk (Personalleiter)
Ernst Funk (Leiter Verkauf und Marketing)
Bernhard Leupolz (Leiter Bauabteilung)
Robert Flad (Bäckereileiter)
Romy Weber (Werbegrafikerin)
Paul Seeger (Werbeleiter)
Herta Käferlein, geb. Heilbronner (Kassiererin)
Roland Ebner, Oskar Heitzmann, Karl-Heinz Schwaab (Lkw-Fahrer)
Yvonne Faller (ehem. Münsterbaumeisterin Freiburg)

Bildnachweise

Dr. Ellen Gottlieb-Stiftung: S. 12, 15, 16, 26 o.+u., 30 o.+u., 31 l., 32, 34, 37, 52, 54 o., 59, 60, 61 o.+u., 62, 63, 67, 72, 82, 99, 102 r., 111 r. 119 u., 124, 125, 127 o.+u., 133 o., 136, 139, 140 o.+u., 144, 146, 148, 150 o.+u., 154, 155 o., 156, 157 o. l.+u., 159, 166 o.+u., 194 r., 195, 196, 197 r., 199, 200, 202 sowie Umschlag hinten r.

Universitätsbibliothek Freiburg (Digitalisate Breisgauer u. Freiburger Zeitung, Volkswacht, Tagespost, Der Alemanne, Staufener Wochenblatt): S. 45, 46 l.+r., 47 l.+r., 48 l., 49, 50 l.+r., 51 l.+r., 66 o.+u., 69 l., 74 l., 75 l., 76 l.+r., 77 o.+u., 88, 89 l.+r., 90, 91, 92 l.+r., 95 u., 96 o.+u., 97 l. u. m., 112 o., 123 o.

Privatarchive Dr. Richard / Dr. Heinz Francke, Saarbrücken / Oelde: S. 19 r., 20, 25 r., 39 o.+u., 40, 194 l., 167.

Landesarchiv / Staatsarchiv Stuttgart / Freiburg: S. 73 l.+r., 103, 113 u. 130 (Willy Pragher), 152, 204 sowie Umschlag hinten u. (Willy Pragher).

Stadtarchiv Freiburg: S. 64, 78, o. l+r., u., 79 o.+u., 80 o.+u., 100, 108.

Kultur- und werbegeschichtliches Archiv Freiburg kwaf (Privatarchiv Dirk Schindelbeck): S. 41 l., 43 o. u. u., 57, 68, 68, 69 r., 75 r., 97 r., 109, 113 o., S. 137 l.+r., 164, 177 o., 191, 224, 226.

Freiburger Wochenbericht: S. 114 u. l.+r., 115, 116, 117 o.+u., 121, 133 u., 134, 141, 143 l.+r., 153, 161 o., 185 l.+r., 221 u.

Karl August Schleiden: Geschichte der Stadt Saarbrücken: S. 19, 25 l.

www.loeffingen-damals.de (online-Projekt von Werner Waßmer, Löffingen), S. 94+95 o. (Monika Huber), 114 o. (Rosemarie Hauser-Metzger), 172 (Rita Willmann), 173 o. (Priska Zehmann).

Werner Wild: S. 105, 112 u.

Yvonne Faller, Münsterbaumeisterin: S. 223, 227 o.+u.

Wilhelm Busch: Das Schönste von Wilhelm Busch, Köln 1992: S. 18

EDEKA-Mitarbeiterzeitung, Nr. 2/1992: S. 132 sowie Umschlag vorn

Metzer Zeitung, Digitalisat der Universität Frankfurt/M.: S. 55.

Birgit Sasse, Badische Zeitung: S. 8, 222.

Tradition, die schmeckt.100 Jahre BackK&Ultur, Freiburg 2018: S. 31 r.

Autour des Arènes de Metz Sablon: Alimentation en gros Gottlieb; http://promenade.temporelle.free.fr/dotclear/index.php/post/: S. 56.

Henkel AG, Düsseldorf: S. 41 r.

Oskar Heitzmann: S. 44, 106, 119 o., 129 m., 181, 187, 219.

Bundesarchiv Berlin, Oscar Tellgmann 1914, Bild 146-1994-022-19A, S. 54.

Mitteilungen des Vereins deutscher Reklamefachleute VDR, Heft 9/1916: S. 58.

Herbert Kahn: Die neuere Entwicklung des Filialsystems im Lebensmittelhandel, Köln 1927: S. 74.

Dr. Karin Groll-Jörger: S. 123 u., 129 u.

Günther Klugermann: Alt-Freiburg. Auf den ersten Blick, Freiburg 2000: S. 102.

Geoamt Stadt Freiburg: Karte 1943 S. 101.

Unser Geld. Ein dokumentarisches Bildwerk über das Geld, Deutscher Genossenschaftsverlag 1954: S. 111, l.

Uwe Spiekermann, Künstliche Kost, Göttingen 2018: S. 118 r.

Josef Enderle: S. 118 l., 128, 129 o., 176.

Bernhard Leupolz: S. 155 u., 160 o., 161 u., 173, 184, 197 l., 210, 212.

Ernst Funk: S. 142, 162, 175 o.+u., 179 o. m+u., 208.

Hermann Vorwerk: S. 151, 203, 205, 206.

Romy Weber: S. 133 m. l.+r., 157 o. r., 177 u., 192, 215, 216, 220, 221 o.

Paul Seeger: S. 135, 160 u., 173 u., 183.

Robert Flad: S. 170, 171.

Markus Zimmermann, Badische Zeitung: S. 218.

Dank

Dieses Buch hätte nie zustande kommen können ohne die bereitwillige Unterstützung vieler Menschen. Sie haben dafür nicht nur ihre Geduld und ihre Zeit geopfert, sondern beförderten die Entstehung des Projekts entscheidend durch vielfältige Informationen und immer wieder auch großzügige Überlassung von alten Fotos und anderem historischen Material.

RA Martin Behrens, Freiburg

Dr. Mona Djabbarpour, Stadtarchiv Freiburg

Roland Ebner, Waldkirch

Josef Enderle, Freiburg

Yvonne Faller, Freiburg

Robert Flad, Emmendingen

Dr. Heinz Francke, Oelde / Westfalen

Dr. Richard Francke, Saarbrücken

Rainer Freyer, Riegersberg

Ernst Funk, Teningen

Dr. Karin Groll-Jörger, Freiburg-Günterstal

Christine Gutzmer, Stadtarchiv Freiburg

Oskar Heitzmann, Kirchzarten

Dr. Hans-Christian Hermann, Stadtarchiv Saarbrücken

Herta Käferlein, Harburg / Donau

Bernhard Leupolz, Freiburg

Robert Luther, Bundesarchiv Berlin

Anette Riek, Staatsarchiv Freiburg

Sybille Rombach, Badischer Verlag Freiburg

Dr. Marcus Schröter, UB Freiburg

Alexander Rosner, Flieden bei Fulda

Karl-Heinz Schwaab, Sexau

Paul Seeger, Sipplingen

Dr. Anita Stilz, Dr. Ellen Gottlieb-Stiftung Freiburg

Dr. Sven von Ungern-Sternberg, Landesverband Badische Heimat. e. V. Freiburg

Wolfgang Valentini, Waldkirch

Ludger Vorberg, Freiburg

Hermann Vorwerk, Emmendingen

Werner Waßmer, Löffingen

Romy Weber, Freiburg / Basel

Werner Wild, Freiburg

Markus Zimmermann, Denzlingen

Rudi Zink, Stadt Freiburg

Stephanie Zumbrink MA, Freiburg

Zum Autor

Dirk Schindelbeck, geboren 1952 in Unna / Westfalen, Dr. phil, studierte Germanistik, Geschichte und Philosophie an der Albert-Ludwigs-Universität Freiburg; Kulturwissenschaftler, Werbehistoriker und Wissenschaftspublizist, Essayist und Lyriker; von 1992 bis 1997 DFG-Projekt »Propagandageschichte der beiden deutschen Staaten im Vergleich zwischen 1948/49 bis 1971«, zuletzt im BMBF-Projektverbund Hamburg – Jena – Wien »PolitCiGs. Die Kulturen der Zigaretten und die Kulturen des Politischen« (2013 – 2016); Chefredakteur von Forum Schulstiftung (2003 – 2013) und Dozent an der PH-Freiburg (2002 – 2013); seit 2016 freier Wissenschaftspublizist, schreibt u.a. für »Damals. Das Magazin für Geschichte.«

Zahlreiche Veröffentlichungen zur Kultur- und Kommunikationsgeschichte, u.a. Marken, Moden und Kampagnen. Illustrierte deutsche Konsumgeschichte, Darmstadt 2003; Am Anfang war die Litfaßsäule. Illustrierte deutsche Reklamegeschichte, Darmstadt 2006; Der aus Reklame Werbung machte, Johannes Weidenmüller. Werbewissenschaftler und Agenturgründer, Berlin 2016; »Das wirst du nicht los, das verfolgt Dich ein Leben lang«. Die Geschichte des Waisenhauses in Freiburg-Günterstal, Freiburg 2013; Tropfenfänger und kreisende Kolben. Deutsche Marken-Sonette 2.0.15, Freiburg 2015. Zuletzt: Notgeld. Zu schön, es auszugeben, Weimar 2021.

Mehr unter www.Dirk-Schindelbeck.de